土地家屋調査士白書 2024

日本土地家屋調査士会連合会

「土地家屋調査士白書 2024」の発刊にあたって

　隔年発刊している「土地家屋調査士白書」ですが、平成 26 年の創刊以来 6 冊目を数えるに至りました。近時、所有者不明土地問題に関連する一群の法整備として、民法等の一部を改正する法律により重要な変革が導入されるとともに、相続等により取得した土地所有権の国庫への帰属に関する法律が施行されました。そしていよいよ、本年 4 月からは、相続登記の申請義務化が実施されています。これらの社会状況を分析してみても、私たち土地家屋調査士を含む資格者を取り巻く環境は、大きな変化の渦中に在ると理解しているところです。

　また、社会的環境と人々の価値観の変化や加速度を増す技術革新の渦中においても、隣接法律専門職たる資格者としての立ち位置を的確に発信するために、土地家屋調査士としてのデータを収集・蓄積し、整理・分析のもと活用し、未来にわたり、私たちの能力を生かした社会貢献の在り方と方策を模索し続けることは、専門資格者としての存在意義を問われる生命線だと言えます。つまり、これらの活動実態を本白書にてデータとして編纂しておくことは、次代に備える意味からも、資格者として必然だと考えています。

　なお、今回の白書編集における特集企画として、現役土地家屋調査士でもある参議院議員・豊田俊郎代議士及び国土交通省住宅局市街地建築課・村上慶裕課長に当職も加わり「狭あい道路の解消に向けて―土地家屋調査士の新たなる取組」と題した座談会の内容を掲載しています。近年における私たちの取り組みとして、地図づくりへの参画とともに幅員 4m 未満のいわゆる「狭あい道路」の解消に向けた活動と発信を強化してまいりましたが、介護車両や緊急車両の乗入れ困難な道路環境の整備、火災時の延焼防止、自然災害時の避難経路の安全確保等、私たち土地家屋調査士の経験と能力、特性を活かした方策を提言し、実行することにより、地域互助と地域防災という形で国民生活の安心と安全に寄与することが肝要だと理解しています。さらに、地球規模で掲げられている持続可能な開発目標（SDGs）のうち、「目標 11・住み続けられるまちづくりを（包摂的で安全かつ強靭（レジリエント）で持続可能な都市および人間居住を実現する）」をも念頭に入れた活動と捉え、社会が直面している高齢化をはじめとした問題にも対処するとともに、「土地家屋調査士白書 2024」が、多くの皆様と土地家屋調査士を結ぶ架け橋として、また、隣接法律専門職として土地家屋調査士の未来地図を思い描く一助となれば幸いです。

　最後に、本白書の編集に当たり、法務省、国土交通省、最高裁判所、株式会社不動産経済研究所をはじめ関係団体及び各土地家屋調査士会の皆様には、数多くの貴重なデータの提供等ご協力いただきましたことに深く感謝いたします。

　令和 6 年 6 月

日本土地家屋調査士会連合会

会　長　　岡　田　潤一郎

土地家屋調査士白書 2024
【目次】

※本白書中においては、発行元である「日本土地家屋調査士会連合会」を原則的に「日調連」と表記しています。
※本白書では、記事中に、関連する二次元バーコードを掲載して情報の閲覧を可能としている箇所があります。

第4章　研究、研鑽し、発信する 　67

第5章　日本全国あなたの近くの土地家屋調査士　　83

参考資料　国土交通省発表「土地白書」から ···················· 143

狭あい道路の
解消に向けて
―土地家屋調査士の新たなる取組―

登壇者 （発言順／肩書きについては座談会当日のものを使用）

豊田 俊郎 氏

参議院議員

村上 慶裕 氏

国土交通省住宅局
市街地建築課 課長

岡田 潤一郎 氏

日本土地家屋調査士会連合会
会長

久保 智則 氏

日本土地家屋調査士会連合会
常任理事

司会

特 集

日時：令和6年2月16日（金）
場所：参議院議員会館　豊田俊郎事務所

狭あい道路の解消に向けて─土地家屋調査士の新たなる取組

1　はじめに

久保：皆様おそろいになりましたので、座談会「狭あい道路の解消に向けて─土地家屋調査士の新たなる取組」を始めさせていただきます。

私は、本日、司会を務めます、日本土地家屋調査士会連合会（以下、「日調連」と表記する。）広報部長の久保智則と申します。どうぞよろしくお願いいたします。日調連では、2年に1度、全国15,000人余りの土地家屋調査士が行っている活動や実態の統計資料を『土地家屋調査士白書』として発刊しております。これまでも、白書の冒頭において、各種の特集記事を掲載してきました。令和2年に土地家屋調査士制度制定70周年記念シンポジウムを開催し「狭あい道路問題」を取り上げたことをきっかけに、令和5年10月、日調連主催により、兵庫県神戸市において「狭あい道路解消シンポジウム」を開催しました。このシンポジウムでは、日調連の岡田会長から、「狭あい道路解消促進宣言」がなされております。

そこで、本日は、『土地家屋調査士白書2024』の特集記事として、「狭あい道路の解消に向けて」をテーマに座談会を行うことにいたしました。

「狭あい道路」にいち早く着目し、その解消に向けた取り組みを支援してくださった、元国土交通副大臣であり、土地家屋調査士でもある豊田俊郎参議院議員と、実務に関係の深い国土交通省住宅局市街地建築課長である村上慶裕様にお越しいただきました。皆様方にはご多忙の中貴重なお時間を頂きまして、感謝申し上げます。本日はどうぞよろしくお願いいたします。

それではまず始めに、自己紹介を豊田議員から順にお願いいたします。

豊田：今日は、お忙しいところをお集まりいただ

狭あい道路の解消に向けて―土地家屋調査士の新たなる取組

豊田 俊郎 氏
参議院議員

きましてありがとうございます。また、座談会のご案内をいただいたこと、改めて感謝申し上げます。

私は、現在、参議院議員を務めております豊田俊郎と申します。実は、土地家屋調査士として昭和49年4月1日に登録をしておりますので、既に土地家屋調査士歴50年ということでございます。土地家屋調査士の先生方におかれましては、土地の表示に関する登記に関し、今日まで国民の財産の安定性確保のためにご尽力をいただいたことを、この場をお借りして御礼を申し上げたいと思います。

今回、一連の土地法制の見直しが行われました。約10年間で、相当な数の法改正が行われたわけでございますけれども、日調連をはじめとして全国の土地家屋調査士会では、その法改正された法律をもとに、さらなる狭あい道路の解消に向けての取り組みを開始したと伺っております。我々自民党では、議員連盟という組織を形成しております。この議員連盟において、それぞれの専門分野での議論を重ねておりますので、私も、一国会議員としてその場でもしっかり働いていきたいと思っています。

久保：ありがとうございます。では、村上課長、お願いします。

村上：昨年7月から、国土交通省住宅局市街地建築課課長を務めております村上と申します。よろしくお願いいたします。

市街地建築課配属は3回目になります。本日は狭あい道路に関する座談会ということで、お招きをいただきました。ありがとうございます。

狭あい道路ですが、解消に向けての機運が一番盛り上がっているのは今かな、というように思います。これは豊田先生をはじめ、日調連の皆さん方が、熱心に取り組んでいただいているおかげでもあろうかと思います。

昨年の神戸で行われたシンポジウムにも参加させていただきました。実はその場でも発言しましたが、私は、阪神・淡路大震災が起きた時に役所に入りまして、さらにその時ちょうど兵庫県に出向していましたので、色々と思い出が蘇ってきたのです。狭あい道路の問題は、建築基準法の関係でずっと取り組んでいますが、なかなかうまく進まない部分もあります。こうして皆様方に取り上げていただいて、色々な方面から議論が進んでいくというのはいいことだと感じております。今後も引き続きご協力をいただきながら進めていけたらと思っておりますのでよろしくお願いいたします。

久保：ありがとうございます。岡田会長お願いします。

岡田：日本土地家屋調査士会連合会で都合三期目の会長を務めております岡田潤一郎でございます。地元は愛媛県でして、昭和60年にこの資格に合格をして平成元年に登録をしました。以来35年目になりますが、親の家業を継承したわけでもないのですけれど、この仕事一筋でここまで参りまして、そのような中で、今のお役目をさせていただいているところでございます。

この『土地家屋調査士白書』との関わりといたしましては、今から10年ほど前、2014年版が、創刊号になるのですけれども、その時、私が白書をまとめさせていただきました。この『土地家屋調査士白書』を初めて世の中に出して、私たちのいろいろなデータ、それから、国民の皆さんとの結びつきを書籍にいたしました。そのため、この白書には人並みならぬ思い入れがございます。本日はお忙しい中、豊田先生、そして、村上課長には、ご参集いただきまして誠にありがとうございます。どうぞよろしくお願いいたします。

2 狭あい道路の現状とその問題点

久保：それでは、早速、座談会に入っていきたいと思います。まず、狭あい道路の現状とその問題点

というテーマで、村上課長にお尋ねします。

基本的なところになるのですけれども、「狭あい道路」とはどのようなものなのか、国土交通省が行っている狭あい道路整備等促進事業なども併せてご説明をいただきたいと思います。また、狭あい道路の現状と問題点についても教えていただければと思います。

村上：「狭あい道路」、我々の建築行政で「問題」と考えているものがどういうものかということと、どういうところに課題があるかということ、それと実際に、今取り組んでいる内容までざっと説明をしたいと思います。

建築行政上、問題になるのは、いわゆる建築基準法第42条第2項に規定されている、いわゆる「2項道路」と言われているものになります。

法の施行時と言っておりますが、建築基準法が施行された時点、もしくは都市計画区域に入った時点で、沿道に建物が建ち並んでいた幅員4メートル未満の道が該当します。これには、地方公共団体が管理をされる公道もありますけれども、そうではない、私道も含まれているというのが実態となっております。

現状、この2項道路の実態についての正確な数字はつかみにくいのですが、実は平成30年に行われた住宅土地統計調査があります。これは総務省で実施されたもので、必ずしも2項道路とは限らないのですけれども参考にはなります。この中で、幅員4メートル未満の道路に接して、実際に住まわれている住宅の戸数でいうと、全国で1,664万戸ということになっていまして、居住者ありの住宅の約3割を占めているという実態になっています。時系列的な推移を見ると、平成10年と平成30年の調査の結果、20年間でどう変わっているかを見てみますと、幅員4メートル未満に接している住戸総数は、ほぼ横ばいという形になっていました。

一方で、昭和55年以前に建築されたもの、築年数の古いものの割合を見ると、約1,000万戸から500万戸に半減している形になっています。なので、半分ぐらいは、建て替わっています。前面道路が2項道路であれば、基本的にはセットバックをして、建て替わっているのではないかと思います。

一方で、この狭あい道路であることによる問題でいいますと、非常時では、火災発生時とか急病人等が発生したときに、消防車や救急車などが進入し辛いこと。災害時においては、建物が倒壊をすると避難が困難になること。平時では、福祉サービス車両であったり、ゴミ収集車が奥まで入っていけないという、日常生活上の支障になるということ。経済的な話でいうと、狭あい道路かどうかわかりにくいとか、狭あい道路であることに起因して、不動産取引時においてトラブルが生じたり、建築時において、建築確認申請手続等に手間取って着工が遅れたりといったことが起こり得るところが問題点と考えております。

建築行為をするときに、建築主の方が、自分が建てようとしている建物の敷地が狭あい道路に面しているかどうかわからないことも問題です。例えば、2項道路で「セットバックしなければいけないかどうかもわからない」ということになりますと、まずは、どこに何があるかという情報を明らかにするということが出発点になると考えております。また、いわゆる木造住宅密集市街地と言われている場所も問題です。このたびの能登半島地震でもかなりの火災が発生しました。あの辺りもかなり狭い道が幾つもありました。こうした木造住宅密集市街地の安全性を向上させるために、道路等の公共施設の整備、公園等のオープンスペースの開放、また、それらを実施するために、住宅等の建物を協同して建て替えていただいたりすることも必要です。協同化するこ

村上 慶裕 氏
国土交通省住宅局 市街地建築課 課長

とによって、公共施設用地を生み出しやすくなり、協同して建て替えることによって、まとまって後退をしていただくような取り組みに対して、総合的に補助を行う、支援をする、密集住宅市街地整備促進事業というものも、並行して取り組んでいくことになります。こうした取り組みを、平成20年ぐらいからずっとやってきて、令和3年3月に住生活基本計画が閣議決定されました。重点的に安全性を確保すべき地域の把握と対策の推進をうたいまして、政策課題として明確に位置づけた流れになってきています。

これらの流れや、日調連からもご意見、ご協力をいただいて「狭あい道路整備に関するガイドライン」を、今年度内に取りまとめるべく、作業を進めさせていただいております。[1] さらには、こうした動きとあわせて、狭あい道路の整備、改善に向けて、路線単位で、なるべく改善を図っていこうという取り組みを応援しようと、重点路線を指定して、整備方針を策定してもらいます。住民の方々、沿道の建築主の方々に働きかけ、普及・啓発を行っていただくところを支援しようと、狭あい道路情報整備モデル事業を新しく創設するべく、予算案に盛り込みました。

先ほども、狭あい道路整備促進事業は、地方公共団体が行う情報整備と、道路の拡幅等に対する支援を行うということと申し上げました。道路拡幅の方を申しますと、狭あい道路の調査を行ったり測量を行ったり、さらには分筆登記をする費用がそれに当たります。実際に道路拡幅をするときの、後退用地取得費や占用物件の除去費用などについて支援をすることになっております。

実際、その道路拡幅整備については、なるべく柔軟に整備が進むような形での応援をさせていただいているところです。

久保：豊田議員にはこれまでにも、狭あい道路に関して、土地家屋調査士制度制定70周年記念シンポジウム、神戸での狭あい問題解消シンポジウム、愛知の境界シンポジウムなどにおいて講演を行っていただいております。また、国土交通副大臣としても、ご活躍いただいたところですが、豊田議員から見た、地方自治体における狭あい道路の問題点や解消への取り組み、国会での議論などについてお話しいただければと思います。

豊田：全国的な課題・問題というのは、一議員や一自治体では、調査や情報の収集というものがなかなかできないのです。国では令和2年7月にとりまとめられました、狭あい道路解消のための取組に係る調査及び事例集で、いろいろな問題が指摘されてます。全国規模の調査は、国が率先して調査をし、対応策を打ち出してもらうことが大事だと思います。

令和2年の調査対象がおおよそ1,720の自治体だったと思いますが、狭あい道路整備等促進事業の活用予定ありが約280の自治体、うちアンケートに回答のあったのが約270の自治体でした。さらに狭あい道路の拡幅整備に対する補助を予定しないとしていたのが、28自治体であったとのことです。この問題に対する自治体間の温度差も、こういうところから伺えます。ただ、自治体によって、特に過疎地域等を抱える自治体においては、2項道路の問題よりも他の課題が多いということであろうと思います。この狭あい道路の問題は、人口密集地に特化した課題ではないかというような気がいたします。

この中で、どれをとって見ても、解決しなければならないとは思いますが、正直言って私は、相当な時間と期間がかかるのではないかなと思います。

国も色々なメニューを揃えておりますが、単年度予算で事業に取り組んでいますので、なかなかそれを実際使うということになりますと、同意の問題や路線の長さとか路線に張りついている家の数によってもなかなか事業化が進んでいないと思います。

村上：市街地の置かれている状況が違うので、自治体によって関心の程度が違うということですね。

豊田：全然違います。良い例があったので参考までに挙げますが、先日、高さ日本一、330メートルの麻布台ヒルズが開業しました。全体の敷地の3割が緑地であることが大きな話題になっていました。地権者は300人ほどいたそうです。この事業に着手したのは、平成元年だそうです。

まさに市街地密集地域の代表的なパターンでした。平成元年から、計画も含めて地権者の同意の取得等を行ってきて、30年かかって初めて工事着工ということですから、やはり人口密集市街地、住宅密集市街地の課題は、一朝一夕というか、短期的な取り組みでは解決できないだろうという1つの例になります。しかし、取り組むことによって、大きな成果が生まれるモデルにもなると思っております。

---

[1] 座談会実施日時点

私も狭あい道路の問題は、3回ほど国会で議論を行ってまいりました。最初は、平成31年4月でした。参議院の決算委員会でしたけれども、国土強靭化の観点から、所有者不明土地の対策、または地籍調査の重要性を訴えつつ、狭あい道路について、私自身も、初めてここで取り上げました。

その後、令和2年11月には、法務委員会でもこの問題を取り上げました。そして、令和3年4月の、決算委員会でしたけれども、これも、今、村上課長から話があった住生活基本計画が閣議決定されたこと、その内容についての質疑を行いました。密集市街地の解消、住宅市街地における狭あい道路の現状分析と対策というのは、初めて住生活基本計画に、盛り込まれました。

その後、具現化することが重要な問題になってくるわけですから、狭あい道路の解消に向けた取り組みの中で、これは新たに法律を作るのか、何か特別支援策的なものを作る必要があります。住生活基本計画を受けて行っている取り組みとしては、1つは、ガイドラインをつくるということと、さらには、先ほど申し上げました、モデル事業を行うということです。

いわゆる「横ぐし」という表現を使って、全国同一規格の規制を作ることを政府に投げかけました。例えば、私は千葉県民ですが、市川市等は、要綱で対応していますし、条例で対応しているところもあるということです。

これは市川市の例ですが、要綱で事業化する条件を、道路の通行する人の数、さらに通る車の台数によって優先順位をつけていく取り組みをしています。

内訳は、自動車1時間あたりの交通量は30台以上であり、かつ、自動車、原付及び軽自動車の1時間あたりの交通量と、歩行者の1時間あたりの通行量との和が100以上であることという具体的に示した中で、その事業の優先順位をつけています。これによって幅の狭い場所に「まごころゾーン」として車の待避スペースを確保する事業を実施しています。

しかし、最終的に課題のすべてを解消するには、これは全体的に区域を定めた上で、区画整理事業や住宅市街地総合整備事業等の事業がございます。その事業の基本となるのが、やはり地籍調査と14条地図作成だと思います。事業区域を定めたら、まずは14条地図の作成を地籍調査とセットにして行うことが必要である。私は、区域又は路線を決めた中で、筆界確認を先行して行っていくことが、この狭あい道路解消に向けて大きな成果を得る前提であろうと思っております。

久保：ありがとうございます。国会での住生活基本計画というのは、豊田議員からご提案されたことでしょうか。

豊田：これは改正であって、基本計画は以前からございました。10ヵ年の計画で、5年毎に見直しを行う形になっています。

令和3年の時に都市化に伴い、無秩序に形成された住宅市街地における狭あい道路等の現状分析を行い、防災まちづくり部局等と連携して、重点的に安全性を確保すべき地域の把握と対策を推進するというのを、位置づけたものになっています。

村上：先ほど豊田先生から、14条地図作成と地籍調査が大事だというお話がありましたけど、結局、情報がないと、どこをやらなければいけないかがはっきりしない。どこまでがその対象かというのをはっきりしないと対策が打てないし、建築行為する人は、それこそ、どこまでうちは影響をするのか、ということがわからないので、まずはその情報を整備しましょうというところからスタートしたということになっています。

豊田：自治体の長とか、議会が、自分達のまちづくりを進めていく上で、特に対応が困難な地域をどうしていくか。それは水道事業やガス事業などで、既にやってきていることなんです。この狭あい道路の解消だけではなくて、井戸であったところに水道を引くとか、浄化槽であったところに公共下水道を整備して、都市形成するとかの一環なんですよね、この狭あい道路の解消も同様のことですね。必要に迫られてやるところは率先してやっていますけども、関係ないというか、そういう需要がないところは、なかなか進みません。

やはり、まず一番要望があるのは水道、それから排水。それからガス。もちろん、電気はもっとその前に要望があるだろうけども。やはり、ある程度そういうものが充実してくると、今度は、車で通りづらいとか、狭いとか、交差点で隅切りが小さいとか。さらに、右折レーンが必要だとか、だんだん、市民のニーズというのが膨れてきます。その中の1つとして、この狭あい道路問題の場合は、災害対策上、特に、最近大きく取り上げられています。糸魚川の火事の現場、それから能登半島地震の被災地にも、直接行ってきました。輪島朝市の状況も全て視察をして、それらの状況をこの目で確認してきたの

ですが、輪島朝市の場合には、復興の際に道路を拡張して、建物も耐震化して新しくしても、再び観光名所になるかといったら、未知数なんですね。昔からの姿であり続けてきたからこそ観光名所になってきたので、対応が難しいと思います。道を広げて、全部、耐震の建物を建てればそれでいい、それで行政が役割を果たすかというと、一概にもそうは言えないということです。

狭あい道路の解消というニーズも、水道もガスも電気も下水施設整備が完了した上で、住環境をどうさらに良くしようかという1つの流れが一般的な考えであります。そのことに土地家屋調査士の皆さんが携わっている成功事例を、どんどん作り出していただき、それを政府において広報していくことが重要なことだと思います。

久保：これまでのお話を伺っていると自治体によっての温度差というのも感じられるのですね。

次に、岡田会長にお話をお伺いさせてください。この狭あい道路問題に関して、自治体が想定する必要性に対して、温度差があるとご指摘を受けました。私たち土地家屋調査士も、この問題に対して、すごく関心を持っている方と、そうでない方と、いろいろと温度差があると思います。関心の薄い土地家屋調査士にとっては、建築基準法上の問題とも捉えがちですけども、土地家屋調査士と狭あい道路との関わりについて、お話をいただけますか。

岡田：私たち土地家屋調査士、あるいは土地家屋調査士業界と、この狭あい道路の解消とのかかわりを振り返ってみますと、やはり大きな転機となったのは、令和元年の、土地家屋調査士法の改正が大きな転機になったのだろうと思っています。

この法改正によって、第一条に使命規定が設けられました。「土地家屋調査士は、不動産の表示に関する登記及び土地の筆界を明らかにする業務の専門家として、不動産に関する権利の明確化に寄与し、もつて国民生活の安定と向上に資することを使命とする」という条文ですけれども、この使命規定を社会に宣言したことによって、私たちは、不動産の表示に関する登記だけをしていればいいという国家資格者ではなくなったと認識しております。過去においても現代においても、社会貢献をしない国家資格者は、国民の皆さんからは受け入れてもらえないと考えています。その社会貢献の一環として、土地家屋調査士法の改正以前から、一部地域においては、この狭あい道路について、問題意識を持って取り組

んでいただいていた土地家屋調査士、あるいは、土地家屋調査士会も存在しておりました。しかし、全国の土地家屋調査士が塊りとなって、この問題に対峙したきっかけは何時なのかと問われれば、令和元年の法改正が大きかったのではないかなと考えております。時を同じくして、土地基本法の大改正もありました。こちらも、土地所有者の責務、利用と管理に関しての責務を明確にしていただいたことが、やはり国民的な議論といいますか、国民の皆さんの認識の変化のきっかけとなる法改正だったと感じております。それらを踏まえて、私たち土地家屋調査士は、70周年の記念の年に、狭あい道路の解消をテーマとしたシンポジウムを開催したというような流れになっているのではないかと思っております。

今、久保部長がおっしゃったように、それぞれの役所において、自治体によって、この取り組み方が違う、温度差があるというのは、これはもう仕方のないことだと思います。能登半島地震に代表される、毎年のように起こるいろいろな水害を初めとする災害のたびに、この問題はクローズアップされてくるでしょう。そのときに、私たち土地家屋調査士の、専門家としての立ち位置というか、関わり方というのは、とても大事なことになってくるはずです。そのようなことで、次年度以降の、私たち日調連の事業方針の中でも大きなウエートを占めて、この狭あい道路の解消問題について携わっていこうと考えているところです。

岡田 潤一郎 氏
日本土地家屋調査士会連合会 会長

久保 智則 氏
日本土地家屋調査士会連合会 常任理事（司会）

昨年は、神戸でシンポジウムを開催して、宣言も出させていただきましたけれども、このシンポジウムにつきましては、継続的に開催をしていきたいと考えているところです。

まだまだ、一人の土地家屋調査士がどれほどの問題意識を持っているかというと、いろいろな考え方の方もいるとは思いますが、組織としては、やはり社会貢献をする団体として、この狭あい道路の解消に対する取り組みというのは欠かせないなと考えているところです。

久保：土地家屋調査士ならではの社会貢献ですね。

岡田：はい。その対応のためにも、今回のガイドラインにはすごく期待しています。

3 狭あい道路の解消策

久保：では、次に狭あい道路の解消策についてお話しいただきたいと思います。

先ほどのお話しの中で、平成10年から30年の間で、幅員4メートル未満の道路に接している住戸総数がほぼ横ばいというお話がありましたね。

村上：総数は変わっていないということです。建て替えたところは一応セットバックしているのですけども、結局それは個別のセットバックになってしまっています。

狭い道路を部分的に後退しても、全体として道路の幅は狭いままなので、路線の幅として変わっていないということになります。そうすると、その路線に面する住戸総数は変わらないということです。建て替わったところだけが下がっているだけとなります。そういう意味でも、思いきって面的にやるか路線単位でやるかという取り組みをやっていかなければいけないということになります。

豊田：だから路線又は面でやらなければならないということです。

村上：それは、先ほどご紹介いただいたように、都心の、本当に地価の高いところであれば、市街地再開発事業を使うという手もありますし。駅前だったら、区画整理事業とか、面的なやり方もあるわけです。

豊田：国も狭あい道路解消のための補助金を準備しています。しかし、事業費全体の2分の1しか補助できない。残りの2分の1は自治体負担になります。もっと出してほしいと言われても、これは他の事業との兼ね合いもあるので難しい。ですから、私も、社会資本総合交付金以前はまちづくり交付金などの交付金を使っていろんな事業を行ってきたのですが、なかなか、この狭あい道路の解消にだけ集中させることができなかったのです。

岡田：豊田先生は、（千葉県の）八千代市長もされていました。八千代市長時代、この交付金を使って問題解消に取り組まれたけれども、優先順位として、道路部分にはそれほど使えなかったとお聞きしています。

豊田：そうですね。

村上：効果が波及する範囲が狭いということもあると思います。そうすると、全体的な位置づけが、どうしてもなかなか上にいかないので。本当に、防災とか、そういう観点で、皆さんの関心を持っていただかないといけない。

岡田：そういう意味からも、やはり応援団を増やさないといけないと思います。応援団というのは、業界からの応援団ではなくて、議会とか、やはり一般市民の皆さんですよね。議員の先生方に説明すると理解はしていただける。地方議員も含めてほとんどの先生には理解いただけるのですけど一般市民までは届いていないと感じています。

豊田：これは市川市の例ですが、（紙を広げながら）これだけ立派な道路作っていても、こういう昔の4メートル未満の道がある。この事例などは解決

するのに、個別でやっても無理だろうと思います。やはり区域指定した中で考えていかないといけない。

岡田：こういう場面でこそ、やはり、面という考え方が必要ですね。

豊田：そういうことです。

村上：区画整理と補助事業を組み合わせてやるか、手続として区画整理で換地指定して、あとは補助金入れて、道路用地を買うとかしないと難しいですよね。

豊田：これも（地図を広げながら）何で頓挫したかといったら、この喉元敷地、この2軒が反対したので頓挫したらしいです。この路線で実施しようと思ったんだけれども、この2軒が、「私には関係ない」ということで。

村上：この人は、別の道路に接道しているからですね。

豊田：そう。だから、こういうケースを「○○区域」とかっていう、こう、何か別枠で新たな、区画整理でもない……。

村上：密集市街地整備事業が使えるのであれば、これを使えばいいと思います。

豊田：密集市街地だって、みんな家を動かさないでしょう。

村上：そうですね。いずれにしても、どこかで調整しない限り、道の用地が生み出せないです。

豊田：とりあえず、できるところからやっていくしかないと思っています。とにかく、認識を深めていくための、住民に対する広報、周知活動が重要かなと思っています。

岡田：それも応援団を増やすことですね。あとは、住民の皆さん、あるいは自分も含めて国民全体の皆さんのリテラシーの向上をしてもらうようなことを考えていかないと。もう一点、さっき豊田先生がおっしゃっていただいた、14条地図の作成事業とのコラボというのはすごくいいなと思います。市町村が違うので難しいのかもしれませんが。

豊田：いや、地籍調査でもいいし、14条地図作成でもいいから、こういう地域こそ、まず筆界をきちんとした中で、セットバックを確実にしてもらうことです。今、建築基準法だけで行っていると、建築敷地図面そのものが現況測量によって作成されているということですよね。

岡田：今さらの話になるのでしょうけど、場面としては多い印象です。

豊田：そうだね。任意というか、測量図という

か、敷地図面そのものがね。

岡田：建築確認自体は、人の命を預かる建物の安全性に重点を置いた審査が中心なので。

豊田：「建築」確認だからね。

久保：そういったところも進んでいかない要因の1つなのかというふうに感じてはいるのですが。

豊田：そうは言っても道路後退線が確定しなかったら家を建てられませんというわけには、なかなかできないですよね。

村上：難しいですね。昨年の神戸でのシンポジウムのときに、ちょうど神戸市は、事前協議をやっていると伺いました。指定道路図は作っているので、指定道路図にひっかかるところは、民間の指定確認検査機関に申請する前に事前協議を神戸市でやるということでした。

豊田：指定道路というのは、市で指定する道路ということですか。

村上：いえ、2項道路とか、要は、建築基準法上の指定する道路をまとめた指定道路図を作っているので、これに該当する道路に接する敷地については、事前協議をかけるということをしているということでした。そういうことをやっていれば、多分、余りトラブルになることはないというか、そこで順次決めていくということになるのだと思います。そういった意味もあって、今回のガイドラインの中にも、その事前協議の重要性を書いています。

路線単位でなるべく実施するということです。路線単位で、住民に対して働きかけるために、専門家の方々を派遣するという費用も含めて補助をするということです。

久保：事前協議というのは、岡崎市もそうだったと思いますけど、私は、標本調査でいろいろな市町村に電話したりとかして調査したんですが、その中では、事前協議を行わないと確認済証が交付されない自治体が、結構ありました。そういったところが増えてくると、徐々に解消されていくのかなという感じはするんですが。

岡田：事前協議は市町村には費用がかかりませんからね。民間が費用を負担して、事前協議してもらうわけです。そこが最終的な結論というか、そこで、協議は誰がやるんだという話になってくると、現場主義の土地家屋調査士が関わらないといけないところかなと思っています。

村上：とっかかりとしては、後の手続のための事前協議なので、多分、そこは、建築士が行かなけれ

ばならないんですが、そのときに、結局、2項道路だったときに、道路の範囲がどこかというのを協議で決めないと次のステップへ進めないということになってきます。

豊田：いわゆる売買を伴う場合は、自己用で、自分の家のところの問題と、それから分譲とか、所有権移転を伴う場合は行っているでしょう。協議をするもしないも、それをやらなかったら売れないのではないかと思います。

久保：建築基準法だと、現状道路というフレーズを良く耳にしますが、その現状道路がどこなのかということも、土地家屋調査士には判断ができなくて。

村上：（現状道路の判断は）できないです。だから、そこは行政庁と建築主、要は、敷地所有者との協議です、あとは道路中心線をまずは決めるのか、2メートルセットバックした位置に境界杭を打つか打たないかという問題は出てくると思います。それらを、測量して明確にするというときに、その境界を確認する立場の人として土地家屋調査士の方々にご活躍いただくのではないでしょうか。

岡田：はい。ただ実際携わっている中で、自治体によっては、やはりルールがわからないので進められないという市町村もあります。要は、中心線を定めきれない。そういった問題を抱えているところもあります。

村上：それは、特定行政庁ではない市町村ということですか。

岡田：それが多いです。

村上：特定行政庁ではない市町村は権限がないので決められないですからね。

岡田：県庁レベルで協議してほしいという話になっています。

村上：そうです。特定行政庁になっている市町であれば、市がやりますけど、特定行政庁でなければ、そこは県にやってもらうという形にしないとだめだと思うんですね。

なので、今回のガイドラインも結構難しいのですけど、実際の道路の拡幅整備してもらうのは、多分、市町村になるのですけど、その前提になる、情報とか、どこまでがそうかというのは、実は、都道府県ではないとできない部分もあったりするんで、そのあたりを、本当はうまく交通整理をしないといけない。

岡田：これは、都道府県においてもですか

村上：一応、両方です。最初の部分に、そういう

つもりで、冒頭のところに書いてあります。

岡田：土地家屋調査士の声として、我々を活用せよというのは、重々わかるんです。現場力とか、いわゆる地域力とかというカテゴリーにおいて、私たちは、現場、あるいは周りの人の声を聞くのが仕事みたいなところがあるので、その特性を生かしてくださいという意味だと思うんです。

久保：私は地元が長野県の上田市なんですけど、実は、去年、令和5年度から、狭あい道路利用促進事業を使って狭あい道路解消事業が始まりました。私も土地家屋調査士業務をやっていて狭あい道路に面した宅地をどのように扱えばよいか困っていました。不動産取引もそうですし、実際に、宅地として使っていい範囲はどこなのかというのは決められなかったし、土地家屋調査士では決められないことなので、行政に問い合わせても、はっきりした回答をもらえないんですね。ですから、どうすればいいのかという話を、逆にこちらから、徐々に提言していって、10年近くたって、やっと理解してもらえた。行政の窓口も困ってて、来る人来る人に違う回答をしてて、そんな問題があったんです。で、ようやく市長も含めて理解していただいて、それで去年から始めました。

どういったことをやっているかというと、官民境界立会ですね。私たち土地家屋調査士が行う官民境界確定協議に関して、そこが2項道路だった場合、建築指導課も一緒に立ち会って、皆さんで見て、ここが中心だよと言って、中心鋲を打っていく、それが一番コストもかからなくて、明確に判断できるなというところで事業化しました。

村上：いいことですね。公道の2項道路、官民境界を確定しなきゃいけないので、多分おっしゃるようなやり方が、比較的、行政側も、道路部局が協力

してくれれば動きやすいのですね。

久保：そうですね。

村上：完全な私道のときが、一番、うまく動かないんだとは思います。

久保：そこから、後退部分の分筆とか寄附とか道路整備までというのは、まだそこまで進んでないのですけども、徐々に進歩していければいいなと思っています。なによりも市長を味方につけたのが事業化のスタートだったんですけど。

村上：それは、すごいですね、市長さんをうまく口説き落とした方法は何だったんですか。それをほかの土地家屋調査士会にもお伝えしたほうが早いかもしれない。（笑）

久保：私が個人的にずっと説得していたということもあったので。他にも議会で、とある議員から質問していただいたりとか。きっかけは私の業務で境界立会のときに、たまたま市長の奥さんが来られたんですけど、その時に市長に手紙を書いたんです。個人的にも狭あい道路を発端にしたトラブルを経験したことが直訴する思いにつながったのかもしれません。

村上：確かに、近隣トラブルの発端にはなりやすいですよね。

岡田：それは、境界の立会のときに、一緒に道路部局も来てくれて、中心線、後退線まで決めるイメージですか？

久保：そうです。

岡田：何か別の申請をするわけですか。同時に、

久保：してないです。今は要綱的なことでお願いレベルですが、官民境界立会のときに、同時にします。人口15万人ぐらいの市ですが、本当に、まだ始まったばかりなんですけども。

豊田：要綱も条例もなくて、特別な取り計らいみたいな感じですか。

岡田：でも、理想的ですね。

村上：でも、2項道路であれば、そこは法律上決めなければいけないことになります。

岡田：法律がある以上はやらなきゃいけないことですね。

4 狭あい道路の解消と土地家屋調査士の役割と責任

久保：最後のテーマになります。狭あい道路の解消と土地家屋調査士の役割と責任として、土地家屋

調査士の必要性とか、この問題にかかわることについて期待する事をお聞かせください。

村上：そういう意味でいうと、今も、皆さん方とお話をしていることが基本的には、期待している部分です。なかなかこういう形で取り組んでいただけているところはないです。住民に対するアプローチもそうですし、関係する建築士とか宅建業者、行政等々への働きかけなど、つなぎ手としての期待をしています。

あとは、境界の確定のところは当然です。もとのベースが公道であれば、セットバックした部分も公道としてくっつけて、管理するというのは基本だと思います。そこでは当然、官民境界の確定というのは発生してくるでしょうし。私道のときには、将来的にどうするかというところを、最初から決め切るのはなかなか難しい部分もあるのでしょうけど、逆に言うと、それはそうとして、きちんとセットバックをするときに、どこの範囲かというところをきちんと測量して、位置だけはきちんとさせておくという意味で、調査・測量の担い手としての役割があると思います。あとは、久保部長の地元のお話にも出ていましたけど、やっぱり知ってもらって、意識改革してという、周知であったり情報提供であったりというところですね。

また、昨年の神戸のシンポジウムもそうでしたけど、あのときにも、結構、地方議会の議員の先生方が来られていました。そういった方々に対して知っていただいて、行政の取り組みを応援していただけるように、意識づけをする機会を提供していただくというようなところについても期待をしているところですね。

豊田：結論から言って、この狭あい道路の解消に向けては、やはり防災・減災の観点から入らないと進まないし、全体的にこれを加速化させることにはならないですね。

今までも、道路が狭くても、それで生活してきたわけだから、何が足りないのかっていったら、やっぱり緊急対応なんだと思います。ですから、防災・減災という観点で、予算を確保していくべきだと思います。狭あい道路の問題は、電柱・電線の、無電柱化と同じです。行政に、減災・防災、緊急対応をまちづくりの中で重要課題として取り上げてもらう必要がある。無電柱化問題と、地籍調査、空き家問題、所有者不明土地問題などと狭あい道路解消は、同じレベルでの話かな、というような感じですね。

ですから、インフラとしてどう整備していくかという中で狭あい道路の解消ということになるのではないかなということになります。各自治体において、無電柱化とか、崖地問題、河川に近いような土地に家を建てないとか、建ててはいけないだとか、そういう課題に加えて狭あい道路の問題を書き込んでもらうということを、私は国会で議論したいと思っています。そこが落としどころかなという感じですね。これだけで特化した事業というのは正直なかなか難しいと思います。

村上：そうですね。事業としては、今つくっているので限界だと思いますが、全体としての、安全性を高めるという意味で、いろいろなやり方で解決を図っていくということにはなると思います。

豊田：そうしても、なかなか進まないこともあると思います。

村上：セットな話なのかもしれないですけどね。

豊田：だから、いわゆる監督官庁として、モデル事業をやっていく。皆さんがモデル事業をすることによって、こうなったという事例を集約していくことが、専門家として入って、路線単位で動き出したという事例をつくってもらえればいいんですよ。

岡田：そのためにも、自治会とか、地域を巻き込んで応援団を増やすことと。そして、住民の皆さんに正しく伝えていくことが大事かなと思います。

豊田：国と行政でやるから地域住民の方には費用はかかりませんので、この路線をまずやって、安全・安心を確保したらどうですか、というような働きかけ、あと自分たちが持っている現場の中で、ここだけはやったほうがいいのではないかというのを市に提案する現場力を提案していただきたい。

村上：特に子供の通学路とか。

豊田：そうですね。

岡田：本当に危ないところがありますからね。

村上：そういうところのほうがむしろ響きやすいかもしれないです。

豊田：事故があってからでは遅いですからね。私は、切り口を、防災・減災、安全・安心という中の一項目として、行政にも取り組んでもらうよう働きかけることをしていきたいと思っています。まさにインフラだということですね。

岡田：繰り返しになりますが、私たちは、とにかく応援団を増やすと同時に、住民の皆さんに正しく伝えていって、例えば、1回セットバックしたところに花植えたらいけませんよとか、そういうことから始めていく必要があろうかと思います。もっと大きな視点に立てば、今、世界は、SDGsとしてみんなで取り組みましょうという機運が高まっている中の1つとして、目標の11番で、「住み続けられるまちづくり」というのは全人類が対応するんだと宣言しています。地域の皆さんのために、この狭あい道路の問題の解消はその一環にもなるということをお伝えしながら、これからも携わっていきたいし、携わっていくべきだと考えております。土地家屋調査士の必要性という意味で言うと、道路後退部分を現地で道路化するということは、非常に重要なことだと思うんです。それには、分筆して、所有権を移転しないといけない。

豊田：そうですね。後退しても工事はできないという問題もあるので、私は必要性という意味でいくと、やはり土地家屋調査士が関わらないと目的が達成できないと思います。

岡田：70周年のシンポジウムのときに講演していただいているんですが、その時には、職員の手が回らないとか、やり方がわからないとかというところもあるので、できれば、土地家屋調査士から、提言とか、そういったアドバイスをしてもらいたいなんていう話もありました。そういったところも使命なのかなと考えています。行政や不動産業界とかですね、そういったところに我々のほうから発信していくということも1つの方法かなと私は思っています。

5 まとめ〜狭あい道路の解消に向けて

岡田：本日は、お忙しいところ豊田先生、村上課長、ありがとうございました。本日の議論を通じて、狭あい道路問題の解消に向けた多方面からのアプローチの重要性が明らかになったと思っております。

　私たち土地家屋調査士が、行政や他の専門士業と協力し、具体的な事例を積み重ね、狭あい道路解消のトップランナーとして進まねばなりません。

　また、地域住民の皆さんや地方官公庁に対して、狭あい道路のリスクと解消の必要性について理解を深めてもらうための広報活動も重要と認識しています。狭あい道路の解消により、地域全体の安全性を高め、防災・減災の観点からも効果を発揮し、安全で快適なまちづくりを目指します。

久保：皆様本日はどうもありがとうございました。

第 **1** 章　安心して暮らせる社会の実現を目指す

1 狭あい道路の解消と土地家屋調査士

　幅員4メートル未満の狭あい道路（＊1）は介護車両や緊急車両の進入を妨げるだけでなく、日常の交通や登下校にも影響を及ぼしている。さらに、災害時にはその影響は甚大である。また、空き家の増加を招く要因の一つともなっている。

　我が国の住宅総数のうち、約30％が狭あい道路に接続しているという調査結果（＊2）も示されており、狭あい道路解消は、防災・減災、国民生活の安心・安全の観点から喫緊の課題といえる。

　しかし、多くの地方自治体では、限られた財源や他の多くの対応すべき事業から、全国的には必ずしも十分な取組がなされていない現状にある。（＊3）

　このような折、令和6年3月に国土交通省において、これらの諸課題に対応し、地方公共団体の参考に供するガイドラインが示された。これにより、狭あい道路解消に大きな一歩が踏み出されることが期待できる。

　日調連においては、本年をこの問題の解消に具体的に取り組む元年として位置付けている。地球規模で掲げられている持続可能な開発目標（SDGs）のうち、「目標11・住み続けられるまちづくりを（包摂的で安全かつ強靭（レジリエント）で持続可能な都市および人間居住を実現する）」を指針として活動を展開している。社会貢献活動として、土地家屋調査士の経験と能力、特性を活かした方策を提言し、実行することにより、地域互助と地域防災という形で国民生活の安心、安全に寄与することとしている。

　その第一歩として、土地家屋調査士会に係る関連団体と共催し、法務省、国土交通省、総務省、兵庫県のご後援のもと、令和5年10月24日、兵庫県神戸市において「狭あい道路解消シンポジウム　～広がる道路　広がる安心～」と題し、この問題への取組に関心を持っていただきたい議員及び行政の担当者の参加を呼び掛けてシンポジウムを開催した。

　同シンポジウムでは事例紹介やご講演をいただきながら、参加者への情報提供の場とし、この問題の解消を訴え掛けることに加え、この問題への取組の象徴として、「狭あい道路解消促進宣言」を発信した。

（＊1）狭あい道路とは

　　　都市計画区域内にある建築物の敷地は、原則として幅員4m以上の道路に2m以上接するよう、建築基準法（昭和25年法律第201号）で定められている。

　　　昔から、幅員が4m未満の道沿いに立ち並んだ建築物の救済措置として、基準時以前から建物の立ち並びがあり、幅員1.8m以上4m未満の道で、行政が指定した道を「狭あい道路」（建築基準法第42条第2項の道路・みなし道路）と呼んでいる。

（＊2）住宅土地統計調査（総務省統計局）より

（＊3）狭あい道路解消のための取組に係る調査及び事例集（令和2年7月　国土交通省住宅局市街地建築課）中、第1章　狭あい道路の拡幅整備に係る実態の中で、令和元年5・6月に国土交通省において実施した、「狭あい道路の拡幅整備に係る実態調査」に関する調査対象　令和元年度に狭あい道路整備等促進事業の活用を予定している地方公共団体（283団体）に対して、政府統計の総合窓口（e-stat.go.jp）において公開されている「市区町村数を調べる」の項目を上記実態調査当時の日本国内の地方公共団体数を検索したところ、1724団体であったことから日調連独自の分析を行ったものである。

◉ 狭あい道路解消シンポジウム（日調連主催）

◉ 国土交通省資料から（一部抜粋）

狭あい道路情報整備モデル事業（令和6年度予算創設） 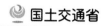 国土交通省

重点路線を指定し、整備方針を策定するために要する調査や普及啓発等に対し支援を行う。
【ハード整備につながる各種ソフト費用を支援し、その成果を横展開することで狭あい道路解消の加速化を図る】

重点路線のイメージ

地域の実情に応じて、緊急時の避難・救助や日常の通行の安全性の確保に資する以下のような路線を指定することを想定

○拡幅することで緊急車両の通行や停車可能スペースへの通り抜けが可能となる(救急車までの担架での行き来や消防車からのホース運搬が容易になる)路線

○ゴミ収集車や福祉車両が通常走行する路線

消防車　ゴミ収集車　介護車両
通り抜けが困難な様子(狭あい道路イメージ画像　杉並区HPより)

事業フロー例

1　密集市街地に限らず、防災性向上の観点から対象地域を設定（設定例）。
・防災まちづくりに関する計画等に沿って重点的に整備を行う地区
・接道不良な木造住宅が比較的多いなど、災害時の円滑な避難等に支障のある道路（重点路線）

2　実態把握やGIS等を用いた情報分析の結果を踏まえて地方公共団体が方針を策定

3　方針の実践に向け、専門家等の派遣により、地権者等の地域住民に働きかけ

狭あい道路整備等促進事業の活用等により拡幅

補助対象	①②方針策定に係る実態把握調査や情報分析・検討等に要する費用 ③地域コミュニティとの交渉・調整に係る専門家やコンサル派遣費用	補助内容	地方公共団体が行う取組を定額で支援
補助要件	○指定道路図及び指定道路調書をすでに作成・公表していること。 ○地域の実情に応じて重点路線(重点的に拡幅等整備を行う路線)を指定し、整備方針を策定したうえで、これらを公表すること。	事業期限	令和8年3月31日 (2年間)

狭あい道路解消のための取組に係る
調査及び事例集

令和2年7月
国土交通省住宅局市街地建築課

狭あい道路解消のための取組に係る調査及び事例集
― 目 次 ―

2 不動産の相続（相続登記の申請の義務化、相続土地国庫帰属制度等）に関する大変革と所有者不明土地問題に向き合う土地家屋調査士

　土地の所有権の登記名義人について、住所の変更の登記がされていないことや相続があったにもかかわらず相続登記がされていないことなどにより、登記記録から直ちに所有者を特定することができない土地が存在する。これらは「所有者不明土地」と呼ばれる。

　特に平成23年東北地方太平洋沖地震による震災復興事業では、この問題が事業の円滑な推進を阻害した。その解決、すなわち事業を行おうとする土地の所有者の特定には、非常に多くの労力と時間を必要とした。これを契機として、所有者不明土地問題は、わが国の社会問題として大きく取り上げられ、その解消と予防は、国の重要施策となった。

　法務省関係の施策では、まず令和元年に、登記されている表題部所有者の記録が正常でない土地について、当該土地の登記と管理の適正化を図るため、「表題部所有者不明土地の登記及び管理の適正化に関する法律」（令和元年法律第15号）が制定された。続いて、令和3年には所有者不明土地の発生予防と利用の円滑化の両面から民事法制の見直しが行われ、「民法等の一部を改正する法律」（令和3年法律第24号）及び「相続等により取得した土地所有権の国庫への帰属に関する法律」（令和3年法律第25号）が整備された。これらの施策の中でも国民から注目され、また、土地家屋調査士が特に関わるべきものと考えるのが、相続登記の申請の義務化、所有者不明土地等の管理制度及び相続土地国庫帰属制度である。

　土地家屋調査士は、不動産の表示に関する業務及び筆界を明らかにする業務の専門家として所有者不明土地の解消の重要性を再認識するとともに、これらの新たな施策や制度をよく理解し対応する能力を身に付け、国民のためにその能力を発揮することが求められている。

　以下は、前述の施策についての概要と関連資料である。

　なお、本記事に関連する法務省において公開している資料は、法務省ウェブサイト内に公開されている。(https://www.moj.go.jp/MINJI/minji05_00499.html)

　また、日調連における所有者不明土地問題・空き家問題等の主な取組の概要については、日調連ウェブサイト内に掲載している。(https://www.chosashi.or.jp/activities/akiya/)

1 相続登記の申請の義務化と土地家屋調査士（令和6年4月1日施行）

　令和3年の「民法等の一部を改正する法律」による不動産登記法の一部改正により、相続登記の申請が義務化された。

　所有権の登記名義人について、相続の開始があったときは、当該相続により所有権を取得した者は、自己のために相続の開始があったことを知り、かつ、当該所有権を取得したことを知った日から3年以内に、所有権の移転の登記を申請しなければならない（遺贈（相続人に対する遺贈に限る。）により所有権を取得した者も同様とする。）（改正不登法76条の2第1項）とされ、またこの規定による義務の履行をしたものとみなす規律として、相続人である旨の申出等に関する規定（改正不登法76条の3）が定められた。

　今回の相続登記の申請の義務化は、「所有権の登記名義人」の相続が開始した場合に限定されており、表題部所有者や表題登記がない不動産の所有権者には適用されない。しかし、本改正以前から、例えば、表題登記がない不動産の所有権を取得した者は、所有権を取得した日から1月以内に、表題登記を申請しなければならないという、不動産の表題登記等に申請義務があることに変わりはない。実務で散見されるが、自宅を建てる際に建物を担保として金融機関から融資を受ける必要がない場合などは、表題登記を申請しないケースもあり、表題登記に申請義務があることが市民に理解されているとは言い難い。

　土地家屋調査士としては、相続登記の申請の義務化により、相続登記への市民の関心が高まるこの機会に、

表示に関する登記においても申請義務がある手続のあることを広く周知していくことも求められるだろう。

　また、土地家屋調査士は、依頼人の所有する土地の境界を確認するために隣接する土地の所有者等と関わる機会が多く、依頼人以外から相続登記の申請の義務化について質問を受けることも少なくない。今回の改正をしっかりと理解して、制度の概要を説明できるようにしておくことが必要である。さらに令和8年4月からは、所有権の登記名義人の住所等変更登記の申請の義務化が施行されるので、このことについてもよく理解しておく必要がある。

　これらの登記申請の義務化によって、所有権の登記名義人の表示が正しく記録されるようになり所有者不明土地の解消が進めば、土地家屋調査士が日常業務において多くの時間と労力を費やしている所有者の探索が円滑になることが期待される。

　法務省においては、これら一連の法律概要や制度をパンフレット資料や前述の同省内のサイトなどで詳しく丁寧に説明している。

　なお、P19は、「表題部所有者不明土地の登記及び管理の適正化に関する法律」による全国の所有者等探索委員の資料（令和6年1月1日現在）である。

● 所有者等探索委員として活躍している土地家屋調査士

（令和6年1月1日現在）

都道府県	任　命			指　定		
	土地家屋調査士	土地家屋調査士以外の資格者・その他	合計	土地家屋調査士	土地家屋調査士以外の資格者・その他	合計
北海道	24	9	33	9	0	9
青森県	12	8	20	35	0	35
岩手県	14	7	21	10	0	10
宮城県	13	10	23	7	0	7
秋田県	14	9	23	6	1	7
山形県	30	6	36	21	1	22
福島県	24	7	31	13	0	13
茨城県	31	10	41	8	1	9
栃木県	23	10	33	11	0	11
群馬県	16	2	18	16	0	16
埼玉県	17	10	27	6	1	7
千葉県	31	15	46	18	2	20
東京都	22	10	32	19	0	19
神奈川県	34	6	40	25	0	25
新潟県	18	0	18	18	0	18
富山県	10	10	20	10	1	11
石川県	22	10	32	3	0	3
福井県	34	10	44	4	0	4
山梨県	10	10	20	6	0	6
長野県	34	6	40	4	0	4
岐阜県	26	3	29	16	0	16
静岡県	30	3	33	13	0	13
愛知県	35	10	45	19	2	21
三重県	12	6	18	12	0	12
滋賀県	17	0	17	10	0	10
京都府	18	9	27	11	5	16
大阪府	21	12	33	4	3	7
兵庫県	11	16	27	4	3	7
奈良県	16	5	21	15	0	15
和歌山県	13	9	22	9	4	13
鳥取県	10	7	17	10	1	11
島根県	12	10	22	9	0	9
岡山県	20	6	26	20	0	20
広島県	21	6	27	19	0	19
山口県	16	5	21	15	1	16
徳島県	15	4	19	0	0	0
香川県	16	6	22	10	0	10
愛媛県	18	10	28	16	1	17
高知県	15	8	23	7	0	7
福岡県	39	3	42	28	3	31
佐賀県	16	9	25	16	7	23
長崎県	29	4	33	13	0	13
熊本県	21	7	28	16	3	19
大分県	22	4	26	12	1	13
宮崎県	16	9	25	2	0	2
鹿児島県	14	8	22	7	3	10
沖縄県	22	6	28	14	0	14
合計	954	350	1,304	576	44	620

* 所有者等探索委員は、表題部所有者不明土地の登記及び管理の適正化に関する法律第9条の規定により、法務局又は地方法務局の長が任命し、登記官は、第3条1項の探索を行う場合において必要があると認めるときは、所有者等探索委員に必要な調査をさせることができるものとされ、調査を行うべき所有者等探索委員は、法務局又は地方法務局の長が指定する（第11条1項、2項）ものとされている。
　本統計は、法務省民事局民事第二課のご協力により提供いただいたものを加工し、前述の「任命」と「指定」それぞれについて、各都道府県別に土地家屋調査士と他の資格者とに分類したものを掲載した。

2　土地利用に関する民法のルールの見直し（令和 5 年 4 月 1 日施行）

　令和 3 年の「民法等の一部を改正する法律」による民法の一部改正により、主に、相隣関係、共有、財産管理、相続（遺産分割）の各制度についての改正がされた。特に財産管理制度の見直しにおいて、土地又は建物の管理に特化した、所有者不明土地・建物管理制度及び管理不全土地・建物管理制度が創設されたことは、土地家屋調査士にとっても大きな変革であるということができる。

　従前の財産管理制度（不在者財産管理制度及び相続財産管理制度）は、不在者又は被相続人の財産全部（不動産、預貯金、有価証券、負債等）について管理をするものであり、特定の不動産のみを対象として管理することはできなかった。対して、新たに創設された「所有者不明土地・建物管理制度及び管理不全土地・建物管理制度」は、従来の財産管理制度とは異なり、特定の土地又は建物を対象として管理をするものである。

　土地家屋調査士業務との関係では、主に所有者不明土地管理制度を利用して所有者不明土地等との境界確認等の業務を行うことが考えられることから、土地家屋調査士は、本制度を上手に活用できるよう、よく理解しておくことが大切である。

　また、土地家屋調査士は、これらの新しい管理制度における管理人として活躍できる場面も想定されることから、日調連では財産管理人養成講座を実施（令和 4 年度は 1,335 名の土地家屋調査士が受講を修了）するとともに、管理人への土地家屋調査士の活用を促すため、関係機関へ働きかけを行っている。

　法務省においては、これら一連の制度の概要をパンフレット資料や前述の同省ウェブサイトなどで詳しく丁寧に説明している。

3　相続土地国庫帰属法（令和 5 年 4 月 27 日施行）と土地家屋調査士

　「遠くに住んでいて利用する予定がなく管理も難しい」、「近隣に迷惑が掛からないように管理をしなければならないが、負担が大きい」といった理由により、相続した土地を手放したいというニーズの高まりを受け、令和 3 年の「相続等により取得した土地所有権の国庫への帰属に関する法律」により「相続土地国庫帰属制度」が創設された。

　本制度は、土地の管理がされないまま放置されると、将来、「所有者不明土地」を発生させる要因となることが危惧されることから、その発生を予防し、土地の管理不全を防止するため、相続又は相続人に対する遺贈（以下、「相続等」という。）により土地の所有権を取得した者に対して、一定の要件を満たした場合に、当該土地を手放して国庫に帰属させることを認めるものである。

　相続土地国庫帰属の承認申請は、相続等によって土地の所有権（共有持分含む）を取得した者（共有の場合は、共有者の全員）本人がしなければならず、任意代理人による承認申請手続は認められていない。ただし、承認申請書の作成代行は可能であり、業務として行える資格者は、弁護士、司法書士及び行政書士とされている。土地家屋調査士は、業務として、承認申請書類の作成代行は行えないものの、申請に係る土地の位置や境界が不明確である場合などには、その相談を受けることができる。土地家屋調査士は、筆界の専門家として、土地の所在や境界に関する専門的な知見を有することから、本制度の円滑な実施に寄与するため、積極的な関与をすることが必要である。

　なお、法務省においては、相続土地国庫帰属制度に関する統計を、同省ウェブサイト内に公開している。（https://www.moj.go.jp/MINJI/minji05_00579.html）（令和 6 年 4 月 1 日現在）

◉ 関係法律等

空家等対策の推進に関する特別措置法【抜粋】
(平成 26 年 11 月 27 日法律第 127 号)

(目的)
第 1 条　この法律は、適切な管理が行われていない空家等が防災、衛生、景観等の地域住民の生活
環境に深刻な影響を及ぼしていることに鑑み、地域住民の生命、身体又は財産を保護するととも
に、その生活環境の保全を図り、あわせて空家等の活用を促進するため、空家等に関する施策に
関し、国による基本指針の策定、市町村（特別区を含む。第十条第二項を除き、以下同じ。）によ
る空家等対策計画の作成その他の空家等に関する施策を推進するために必要な事項を定めること
により、空家等に関する施策を総合的かつ計画的に推進し、もって公共の福祉の増進と地域の振
興に寄与することを目的とする。

空家等対策の推進に関する特別措置法案に対する附帯決議
(参議院本会議　平成 26 年 11 月 19 日)

政府は、本法の施行に当たり、隣地所有者との土地の境界紛争を未然に防止するとともに跡地の利活
用の推進を図る観点から、空家を取り壊し更地にする際には事前に空家が所在する土地の境界を明確
にする手続を設けることについて、必要な検討を行うこと。
右決議する。

所有者不明土地の利用の円滑化等に関する特別措置法【抜粋】
(平成 30 年法律第 49 号)

(目的)
第 1 条　この法律は、社会経済情勢の変化に伴い所有者不明土地が増加していることに鑑み、所有
者不明土地の利用の円滑化及び土地の所有者の効果的な探索を図るため、国土交通大臣及び法務
大臣による基本方針の策定について定めるとともに、地域福利増進事業の実施のための措置、所
有者不明土地の収用又は使用に関する土地収用法（昭和 26 年法律第 219 号）の特例、土地の所
有者等に関する情報の利用及び提供その他の特別の措置を講じ、もって国土の適正かつ合理的な
利用に寄与することを目的とする。

土地基本法【抜粋】
(平成元年法律第 84 号)

(目的)
第 1 条　この法律は、土地についての基本理念を定め、並びに土地所有者等、国、地方公共団体、
事業者及び国民の土地についての基本理念に係る責務を明らかにするとともに、土地に関する施
策の基本となる事項を定めることにより、土地が有する効用の十分な発揮、現在及び将来におけ
る地域の良好な環境の確保並びに災害予防、災害応急対策、災害復旧及び災害からの復興に資す
る適正な土地の利用及び管理並びにこれらを促進するための土地の取引の円滑化及び適正な地価
の形成に関する施策を総合的に推進し、もって地域の活性化及び安全で持続可能な社会の形成を
図り、国民生活の安定向上と国民経済の健全な発展に寄与することを目的とする。

表題部所有者不明土地の登記及び管理の適正化に関する法律【抜粋、一部略】

(令和元年法律第15号)

(目的)

第1条　この法律は、表題部所有者不明土地の登記及び管理の適正化を図るため、登記官による表題部所有者不明土地の所有者等の探索及び当該探索の結果に基づく表題部所有者の登記並びに所有者等特定不能土地及び特定社団等帰属土地の管理に関する措置を講ずることにより、表題部所有者不明土地に係る権利関係の明確化及びその適正な利用を促進し、もって国民経済の健全な発展及び国民生活の向上に寄与することを目的とする。

(定義)

第2条　この法律において「表題部所有者不明土地」とは、所有権（その共有持分を含む。次項において同じ。）の登記がない一筆の土地のうち、表題部に所有者の氏名又は名称及び住所の全部又は一部が登記されていないもの（国、地方公共団体その他法務省令で定める者が所有していることが登記記録上明らかであるものを除く。）をいう。

2〜5　略

(所有者等探索委員)

第9条　法務局及び地方法務局に、第3条第1項の探索のために必要な調査をさせ、登記官に意見を提出させるため、所有者等探索委員若干人を置く。

2　所有者等探索委員は、前項の職務を行うのに必要な知識及び経験を有する者のうちから、法務局又は地方法務局の長が任命する。

3〜5　略

(所有者等探索委員による調査等)

第11条　登記官は、第3条第1項の探索を行う場合において、必要があると認めるときは、所有者等探索委員に必要な調査をさせることができる。

2　前項の規定により調査を行うべき所有者等探索委員は、法務局又は地方法務局の長が指定する。

3　法務局又は地方法務局の長は、その職員に、第1項の調査を補助させることができる。

相続等により取得した土地所有権の国庫への帰属に関する法律【抜粋、一部略】

(令和3年法律第25号、令和5年4月27日施行)

(目的)

第1条　この法律は、社会経済情勢の変化に伴い所有者不明土地（相当な努力を払ってもなおその所有者の全部又は一部を確知することができない土地をいう。）が増加していることに鑑み、相続又は遺贈（相続人に対する遺贈に限る。）（以下「相続等」という。）により土地の所有権又は共有持分を取得した者等がその土地の所有権を国庫に帰属させることができる制度を創設し、もって所有者不明土地の発生の抑制を図ることを目的とする。

(承認申請)

第2条　土地の所有者（相続等によりその土地の所有権の全部又は一部を取得した者に限る。）は、法務大臣に対し、その土地の所有権を国庫に帰属させることについての承認を申請することができる。

2　土地が数人の共有に属する場合には、前項の規定による承認の申請（以下「承認申請」という。）は、共有者の全員が共同して行うときに限り、することができる。この場合においては、同項の規定にかかわらず、その有する共有持分の全部を相続等以外の原因により取得した共有者であっても、相続等により共有持分の全部又は一部を取得した共有者と共同して、承認申請をすることができる。

3　承認申請は、その土地が次の各号のいずれかに該当するものであるときは、することができない。

　(1)　〜　(4)　略

　(5)　境界が明らかでない土地その他の所有権の存否、帰属又は範囲について争いがある土地

3 災害と向き合う土地家屋調査士

災害大国の日本。

　地理的要因ゆえに日本列島では昔から数々の災害が記録されている。

阪神・淡路大震災、新潟中越地震、東日本大震災、熊本地震、北海道胆振東部地震、大阪北部地震など、大規模な地震が繰り返し発生しており、最も記憶に新しいものでは令和 6 年 1 月 1 日に発生した令和 6 年能登半島地震であろう。

　地震だけではなく、広島県、岡山県を中心とした西日本豪雨、2 年連続で熊本県を襲った水害、かつて経験したことのないような台風被害に見舞われた千葉県、自然災害と人的要因が絡み合った静岡県熱海の土砂災害なども甚大な被害をもたらし、国民生活に重大な影響を及ぼしている。これらの被害に遭われた方々については心からお見舞いを申し上げ、一日も早い復旧復興を祈念するものである。

　日調連では、平成 7 年の阪神・淡路大震災を契機として平成 9 年に「災害対策本部」を設置した。この措置は、被災した土地家屋調査士会及び土地家屋調査士会員の業務上の遅延等により依頼者への迷惑を防ぐ為である。さらに地域住民の要望に応えられる土地家屋調査士事務所の早期復旧、維持を図るための「大規模災害対策基金」（P103 参照）を開設し、土地家屋調査士会又は土地家屋調査士会員から随時募金等を受け付けている。

　また、大規模災害対策又は復興支援に対して、大規模災害復興支援対策本部を設置し、土地家屋調査士が保有している土地・建物に関する専門的知見を最大限に活用し、被災者・被災地の早期復興の実現に向け、組織が一丸となって様々な角度から活動している。例えば東日本大震災では、主に、1）被災地における被害状況の情報収集　2）物的、金銭的支援　3）国や関係省庁からの関係情報の迅速な伝達　4）災害に対する政策提言・要望　5）被災地土地家屋調査士会との連携や現地での協議　6）登記、測量、地図作成等の分野における復旧・復興に関する業務受託に関する折衝等を組織的に行ってきた。一方、被災地の土地家屋調査士会では、主に　1）現地対策本部の立ち上げ　2）被災者相談窓口の開設（他業界との連携の場合もある）　3）登記、測量、地図作成等の分野における復旧・復興に関する業務受託　4）被災地と自治体との連携等様々な面で迅速、的確な対応に努めている。また、今後発生が想定される首都直下型地震や南海トラフ地震などに備え、日調連や全国の土地家屋調査士会では、過去の経験を風化させないための取組も行っている。

◉ 日調連災害対策本部における記録

※土地家屋調査士会及び土地家屋調査士会員からの被災報告があり、義援金等の支給を行った自然災害を主に記載。（令和 6 年 4 月 1 日現在）

■平成 23 年
【東日本大震災】（平成 23 年（2011 年）東北地方太平洋沖地震）　平成 23 年 3 月 11 日午後 2 時 46 分発生
　宮城県牡鹿半島の東南東沖を震源とし、マグニチュード 9.0、最大震度 7 を観測
　　宮城会、福島会、岩手会、茨城会、千葉会（現地対策本部運営費として）
　　宮城会会員 42 名、福島会会員 68 名、岩手会会員 15 名、茨城会会員 50 名、千葉会会員 26 名
【平成 23 年 7 月新潟・福島豪雨】平成 23 年 7 月 26 日からの豪雨
　　新潟会会員 6 名
【台風第 12 号】平成 23 年 8 月 25 日発生（9 月 3 日上陸）
　　山梨会会員 1 名、兵庫会会員 7 名、静岡会会員 7 名、和歌山会会員 4 名、愛知会会員 1 名、
　　三重会会員 1 名
■平成 24 年
【九州豪雨】平成 24 年 7 月 3 日及び 11 日からの豪雨
　　福岡会会員 3 名
■平成 25 年
【竜巻被害】平成 25 年 9 月 3 日発生
　　埼玉会会員 1 名
■平成 26 年
【台風第 11 号】平成 26 年 7 月 29 日発生（8 月 10 日上陸）
　　徳島会会員 2 名
【平成 26 年 8 月豪雨】※平成 26 年 7 月 30 日から 8 月 26 日にかけての豪雨
　災害平成 26 年 8 月 16 日からの豪雨
　　京都会会員 7 名
■平成 27 年
【平成 27 年関東・東北豪雨】平成 27 年 9 月 9 日からの豪雨
　　埼玉会会員 3 名、茨城会会員 8 名
■平成 28 年
【平成 28 年熊本地震】平成 28 年 4 月 14 日（前震）、16 日（本震）発生
　熊本県熊本地方を震源とし、マグニチュード 6.5、最大震度 7（前震）、マグニチュード 7.3、最大震度 7（本震）を観測
　　熊本会、大分会（現地対策本部運営費として）
　　熊本会会員 47 名、大分会会員 3 名
【台風第 10 号】平成 28 年 8 月 21 日発生（8 月 30 日上陸）
　　岩手会会員 2 名、札幌会会員 1 名
【鳥取県中部地震】平成 28 年 10 月 21 日発生
　鳥取県中部を震源とし、マグニチュード 6.6、最大震度 6 弱を観測
　　鳥取会会員 1 名
■平成 29 年
【平成 29 年 7 月九州北部豪雨】平成 29 年 7 月 5 日からの豪雨
　　福岡会会員 2 名
【台風第 18 号】平成 29 年 9 月 9 日発生（9 月 17 日上陸）

　　　山口会会員 1 名、大分会会員 2 名、香川会会員 1 名

【台風第 21 号】平成 29 年 10 月 16 日発生（10 月 23 日上陸）

　　　奈良会会員 1 名、和歌山会会員 4 名、岐阜会会員 1 名

■平成 30 年

【大阪府北部地震】平成 30 年 6 月 18 日発生

　大阪府北部を震源とし、マグニチュード 6.1、最大震度 6 弱を観測

　　　大阪会（現地対策本部運営費として）

　　　大阪会会員 17 名、京都会会員 1 名

【平成 30 年 7 月豪雨】平成 30 年 6 月 28 日からの豪雨

　　　広島会、岡山会、愛媛会（現地対策本部運営費として）

　　　愛知会会員 5 名、山口会会員 2 名、広島会会員 10 名、岡山会会員 8 名、愛媛会会員 5 名

【台風第 21 号】平成 30 年 8 月 28 日（9 月 4 日上陸）

　　　大阪会会員 5 名、和歌山会会員 4 名、愛知会会員 3 名、石川会会員 1 名

【北海道胆振東部地震】平成 30 年 9 月 6 日発生

　北海道胆振地方中東部を震源とし、マグニチュード 6.7、最大震度 7 を観測

　　　札幌会（現地対策本部運営費として）

　　　札幌会会員 2 名

【台風第 24 号】平成 30 年 9 月 21 日発生（9 月 30 日上陸）

　　　宮崎会会員 2 名

■令和元年

【8 月の前線に伴う大雨】令和元年 8 月 27 日からの豪雨

　　　佐賀会会員 1 名

【令和元年房総半島台風（台風第 15 号）】令和元年 9 月 5 日発生（9 月 9 日上陸）

　　　千葉会（現地対策本部運営費として）

　　　神奈川会会員 3 名、千葉会会員 23 名、栃木会会員 1 名

【令和元年東日本台風（台風第 19 号）】令和元年 10 月 6 日発生（10 月 12 日上陸）

　　　神奈川会（現地対策本部運営費として）

　　　東京会会員 1 名、埼玉会会員 1 名、千葉会会員 2 名、静岡会会員 1 名、長野会会員 7 名、
　　　宮城会会員 4 名、福島会会員 11 名

■令和 2 年

【令和 2 年 7 月豪雨】令和 2 年 7 月 3 日からの豪雨

　　　熊本会（現地対策本部運営費として）

　　　福岡会会員 3 名、熊本会会員 4 名

【台風第 10 号】令和 2 年 9 月 1 日発生（9 月 6 日から 7 日にかけて接近）

　　　福岡会会員 2 名

■令和 3 年

【福島県沖地震】令和 3 年 2 月 13 日発生

　福島県沖を震源とし、マグニチュード 7.3、最大震度 6 強を観測

　　　宮城会会員 3 名

【令和 3 年 7 月 1 日豪雨】令和 3 年 7 月 1 日からの大雨

　　　島根会会員 1 名

【令和 3 年 8 月 11 日豪雨】令和 3 年 8 月 11 日からの大雨

　　　東京会会員 1 名

【令和 3 年台風第 16 号】令和 3 年 9 月 23 日発生

　　　千葉会会員 1 名

■令和4年

【福島県沖地震】令和4年3月16日発生

　福島県沖を震源とし、マグニチュード7.4、最大震度6強を観測

　　宮城会会員2名

【令和4年7月14日豪雨】令和4年7月14日からの大雨

　　宮城会会員1名

【令和4年8月3日豪雨】令和4年8月3日からの大雨

　　石川会会員1名

【令和4年台風第14号】令和4年9月14日発生（9月18日上陸）

　　宮崎会会員1名

【令和4年台風第15号】令和4年9月23日発生

　　静岡会会員1名

■令和5年

【令和5年台風第2号】令和5年5月20日発生

　　埼玉会会員2名、和歌山会会員1名、山口会会員1名、福岡会会員3名、秋田会会員1名

【令和5年台風第13号】令和5年9月5日発生

　　千葉会会員1名

■令和6年

【令和6年能登半島地震】令和6年1月1日発生

　能登地方を震源とし、マグニチュード7.6、最大震度7を観測

　　石川会（現地対策本部運営費として）

　　富山会（現地対策本部運営費として）

　　石川会会員1名

● 日調連会報「土地家屋調査士」掲載の近年の災害関連記事及び 土地家屋調査士会作成の主な震災記録集

日調連会報「土地家屋調査士」掲載

（日調連会報バックナンバー　https://www.chosashi.or.jp/activities/publications/backnumber/）

・岐阜県土地家屋調査士会	御嶽山噴火	2015年5月号
・鹿児島県土地家屋調査士会	桜島研究のボランティア	2015年8月号
・茨城土地家屋調査士会	関東・東北豪雨災害にける常総市への対応について	2016年2月号
・愛知県土地家屋調査士会	名古屋市との災害協定の締結	2016年5月号
・長崎県土地家屋調査士会	社会的共通資本としての土地家屋調査士制度とその役割	2016年6月号
・（公社）宮城県公共嘱託登記土地家屋調査士協会		
	協会設立30周年記念講演～復興から未来へまちづくり～	2016年7月号
・静岡県土地家屋調査士会	海抜表示板設置事業によせて	2016年7月号
・静岡県土地家屋調査士会	災害と土地家屋調査士【静岡会の対応】	2016年9月号
・熊本県土地家屋調査士会	熊本地震における熊本会の取組	2017年4月号
・宮城県土地家屋調査士会	宮城の現状	2017年5月号
・岩手県土地家屋調査士会	東日本大震災から6年、岩手の復興の現状と土地家屋調査士	
		2017年6月号
・千葉県土地家屋調査士会	令和元年台風15号、19号及び21号豪雨における千葉会の対応について	
		2020年10月号
・大阪土地家屋調査士会	震災を経験して	2021年2月号
・兵庫県土地家屋調査士会	阪神・淡路大震災　被災経験からの教訓	
	「忘れない、伝える、活かす、備える」	2021年2月号
・岩手県土地家屋調査士会	明日への希望と使命	2021年3月号
・宮城県土地家屋調査士会	東日本大震災から10年の年を迎えて	2021年3月号
・福島県土地家屋調査士会	被災後の復旧・復興、現状報告	2021年3月号
・熊本県土地家屋調査士会	熊本地震から5年　被災後の復旧・復興、現状報告	2021年4月号
・静岡県土地家屋調査士会	静岡県熱海市　伊豆山土砂災害	2022年5月号

土地家屋調査士会作成の主な震災記録集

・兵庫県土地家屋調査士会発行	震災から復興への記録	
	〈土地家屋調査士の活動と地元復興への足跡〉	1998年1月
・宮城・福島・岩手各県土地家屋調査士会共同発行		
	東日本大震災・東京電力福島第一原子力発電所事故記録誌	
	明日に向かって	2014年6月
・日本土地家屋調査士会連合会発行	東日本大震災　～土地家屋調査士3.11の軌跡～	2015年3月
・熊本県土地家屋調査士会発行	平成28年熊本地震記録誌	
	2016熊本地震　それぞれの未来（あした）へ	2019年1月

● 土地家屋調査士会等^(*)が結んでいる防災協定の締結先

土地家屋調査士会等^(*)が結んでいる防災協定の締結先について、以下のとおり記載する。

令和5年11月1日現在

	締結先		締結先
北海道	**北海道**、札幌市、旭川市	静岡県	**静岡県**、静岡市、浜松市、沼津市、熱海市、三島市、富士宮市、伊東市、島田市、富士市、磐田市、焼津市、掛川市、藤枝市、御殿場市、袋井市、下田市、裾野市、湖西市、伊豆市、御前崎市、菊川市、伊豆の国市、牧之原市、東伊豆町、河津町、南伊豆町、松崎町、西伊豆町、函南町、清水町、長泉町、小山町、吉田町、川根本町、森町、静岡地方法務局
青森県			
岩手県			
宮城県			
秋田県	**秋田県**（災害発生時における復興支援に関する協定）		
山形県	新庄市、米沢市、山形市、酒田市、三川町、南陽市、鶴岡市、戸沢村、飯豊町、川西町、村山市、寒河江市、上山市、天童市、山辺町、河北町、最上町	愛知県	**愛知県**、名古屋市、豊橋市、岡崎市、一宮市、瀬戸市、半田市、春日井市、豊川市、津島市、碧南市、刈谷市、豊田市、安城市、西尾市、蒲郡市、犬山市、常滑市、江南市、小牧市、稲沢市、新城市、東海市、大府市、知多市、知立市、尾張旭市、高浜市、岩倉市、豊明市、日進市、田原市、愛西市、清須市、北名古屋市、弥富市、みよし市、あま市、長久手市、東郷町、豊山町、大口町、扶桑町、大治町、蟹江町、飛島村、阿久比町、東浦町、南知多町、美浜町、武豊町、幸田町、設楽町、東栄町、豊根村
福島県	福島市、郡山市、会津若松市、喜多方市、会津美里町、棚倉町		
茨城県	**茨城県**、結城市、常総市、笠間市、つくば市、ひたちなか市、常陸大宮市、那珂市、坂東市、かすみがうら市、桜川市、城里町、東海村、大子町、阿見町、河内町、八千代町、利根町	三重県	**三重県**、津市、四日市市、伊勢市、松阪市、桑名市、鈴鹿市、名張市、尾鷲市、亀山市、鳥羽市、熊野市、いなべ市、志摩市、伊賀市、木曽岬町、東員町、菰野町、朝日町、多気町、明和町、大台町、玉城町、度会町、大紀町、南伊勢町、紀北町、御浜町、紀宝町
栃木県			
群馬県		滋賀県	**滋賀県**
埼玉県	**埼玉県**、さいたま市、所沢市、川口市、坂戸市、ふじみ野市、秩父市、加須市、戸田市、鴻巣市、羽生市、東松山市、三郷市、蕨市、熊谷市、深谷市、行田市、吉川市、川越市、本庄市、久喜市、狭山市、入間市、草加市、新座市、飯能市、鶴ヶ島市、春日部市、越生町、小鹿野町、皆野町、横瀬町、長瀞町、寄居町、三芳町、毛呂山町、鳩山町、神川町、美里町、上里町、川島町、宮代町、杉戸町	京都府	京丹後市
		大阪府	大阪市、堺市、吹田市、茨木市、高槻市、枚方市、島本町
		兵庫県	
		奈良県	**奈良県**、香芝市、桜井市、天理市、橿原市、大和郡山市、生駒市、上牧町、田原本町、川西町、河合町、平群町、安堵町、斑鳩町、吉野町、三郷町、広陵町、東吉野村
千葉県	千葉市、銚子市、市川市、船橋市、館山市、木更津市、松戸市、野田市、茂原市、成田市、佐倉市、東金市、旭市、習志野市、柏市、勝浦市、市原市、流山市、八千代市、我孫子市、鴨川市、鎌ケ谷市、君津市、富津市、浦安市、四街道市、袖ケ浦市、八街市、印西市、白井市、富里市、南房総市、匝瑳市、香取市、山武市、いすみ市、大網白里市、酒々井町、栄町、神崎町、多古町、東庄町、九十九里町、芝山町、横芝光町、一宮町、睦沢町、白子町、長柄町、長南町、大多喜町、御宿町、鋸南町、長生村	和歌山県	**和歌山県**
		鳥取県	**鳥取県**
		島根県	
		岡山県	早島町
		広島県	**広島県**、広島市、呉市、福山市、東広島市
		山口県	**山口県**（山口法律関連士業ネットワークの構成員として）周南市、岩国市、萩市、下関市、下松市
東京都	**東京都**、葛飾区、大田区、台東区、豊島区、清瀬市、日野市	徳島県	**徳島県**
		香川県	善通寺市
神奈川県	**神奈川県**、横浜市、川崎市、相模原市、横須賀市、平塚市、鎌倉市、藤沢市、小田原市、茅ヶ崎市、逗子市、三浦市、秦野市、厚木市、大和市、伊勢原市、海老名市、座間市、南足柄市、綾瀬市、葉山町、寒川町、大磯町、二宮町、中井町、大井町、松田町、山北町、開成町、箱根町、真鶴町、湯河原町、愛川町、清川村	愛媛県	松山市、伊予市、東温市、今治市、新居浜市、西条市、四国中央市、宇和島市、八幡浜市、大洲市、西予市、久万高原町、松前町、砥部町、上島町、内子町、伊方町、松野町、鬼北町、愛南町
新潟県	**新潟県**、新潟市、長岡市、上越市、（県、市とも災害支援協定）	高知県	**高知県**、高知市、四万十市
富山県	射水市、魚津市、富山市	福岡県	**福岡県**、福津市、須恵町、粕屋町
石川県	**石川県**（士業団体協議会）、金沢市	佐賀県	**佐賀県**（佐賀県専門士業団体連絡協議会の構成員として）
福井県	福井市、坂井市、敦賀市、越前市、鯖江市	長崎県	**長崎県**、長崎市、諫早市、島原市、大村市、雲仙市
山梨県	甲府市、南アルプス市、甲斐市、中央市、都留市、大月市、上野原市、韮崎市、北杜市、山梨市、笛吹市、甲州市、富士吉田市、昭和町、市川三郷町、身延町、南部町、富士川町、早川町、西桂町、富士河口湖町、道志村、小菅村、丹波山村、山中湖村、忍野村、鳴沢村	熊本県	**熊本県**、熊本市
		大分県	**大分県**
		宮崎県	**宮崎県**
長野県	**長野県**、長野地方法務局（県及び法務局とも災害時における被災者向けの相談会の開催に関する協定）	鹿児島県	**鹿児島県**、鹿児島市、伊佐市、霧島市、姶良市、鹿屋市、薩摩川内市、枕崎市、志布志市、指宿市、南さつま市、南九州市、湧水町
岐阜県	**岐阜県**、岐阜市、大垣市、高山市、多治見市、関市、中津川市、美濃市、瑞浪市、羽島市、恵那市、美濃加茂市、土岐市、各務原市、可児市、山県市、瑞穂市、飛騨市、本巣市、郡上市、下呂市、海津市、岐南町、笠松町、養老町、垂井町、関ケ原町、神戸町、輪之内町、安八町、揖斐川町、大野町、池田町、北方町、坂祝町、富加町、川辺町、七宗町、八百津町、白川町、御嵩町、東白川村、白川村	沖縄県	那覇市、豊見城市、糸満市、うるま市

＊公嘱協会・支部等が締結主体のものも含む。

　土地家屋調査士を取り巻く関連法律・業務環境は常に変化している。

　国民の重要な財産である不動産に関する登記制度の重要な一部を担う土地家屋調査士は、その業務での登記制度の説明を行いながら土地という国家基盤を支える重要な役割を果たしている。

　土地家屋調査士制度の広報活動を推進し、後継者の育成や教育活動によって、業界内での専門知識と技術の継承を図り、新たな専門家の育成に努めている。

　これらの取り組みは、登記制度の重要性を広く社会に認識させ、登記制度の持続的な発展を支えるための重要な役割を果たしている。

　日調連や各土地家屋調査士会では、大学院、大学、高等学校をはじめとする教育機関に対する寄附講座・インターンシップ事業を、自治体や各種団体に向けては相談会やセミナーなどを実施している。

　また、各省庁において実施されている「こども霞が関見学デー」における広報活動（P31 参考資料2）のように、親子を対象にし、広く社会を知る体験活動への理解を深めることを目的としたイベントなどにおいても、クイズや測量体験など趣向を凝らした出し物を通じて土地家屋調査士制度の広報、啓発活動を行っている。

　平成30年及び令和元年には、クリエイティブ分野に関心の高い学生を中心に、土地家屋調査士をPRする動画を、同じく令和元年にキャッチコピー、令和3年にはポスターデザインを一般公募した。入賞・入選作品を日調連ウェブサイトにおいて一般公開し、各土地家屋調査士会が広報活動に利用できる題材として提供するなど土地家屋調査士制度をより身近に感じてもらえるような広報、啓発活動を行った。

　また、近年では、Facebook、YouTube、X（旧 Twitter）等を運用しており、土地家屋調査士の魅力の発信をキーワードに様々な情報を届け、啓発活動を行っている。

◉ 日本土地家屋調査士会連合会　公式SNS

／日本土地家屋調査士会連合会
https://www.youtube.com/user/tochikaokuchosashi/feed　

／日本土地家屋調査士会連合会
https://twitter.com/C_rengoukai　

／日本土地家屋調査士会連合会
https://www.facebook.com/tochikaokuchosashi　

◉ 土地家屋調査士による社会教育的活動の実績

平成22年4月1日〜令和5年11月1日

都道府県	実施先
北海道（札幌）	北海学園大学、室蘭工業大学、北海道立夕張高等学校、北海道札幌工業高等学校、札幌理工学院、札幌工科専門学校
北海道（函館）	
北海道（旭川）	北星学園大学
北海道（釧路）	中標津農業高等学校、別海町立中春別中学校
青森県	
岩手県	盛岡市立見前中学校、奥州市立小山中学校
宮城県	聖和学園高等学校、宮城県仙台向山高等学校
秋田県	秋田大学
山形県	県立上山明新館高等学校、天童市立天童南部小学校
福島県	県立平工業高等学校、国立福島工業高等専門学校、矢祭町立東舘小学校、南相馬市立高平小学校、福島市立南向台小学校、棚倉町立社川小学校
茨城県	県立水戸工業高校、県立下館工業高等学校、県立真壁高等学校、茨城県弁護士会、国土調査茨城県北ブロック事務研究会、（公社）茨城県宅地建物取引業協会
栃木県	白鴎大学、足利大学、県立那須清峰高等学校、宇都宮地方法務局、（公社）不動産保証協会栃木県本部
群馬県	群馬県立利根実業高等学校、伊勢崎市立殖蓮中学校、前橋市立総社小学校、（公社）安中青年会議所、東和銀行
埼玉県	ものつくり大学、埼玉県立春日部工業高等学校、草加市立両新田中学校、幸手市立長倉小学校
千葉県	明海大学、千葉県立柏高等学校、流山市立八木中学校、千葉市立土気南小学校、千葉大学教育学部附属小学校、千葉市立あやめ台小学校、千葉市立あすみが丘小学校、千葉市立千城台北小学校、千葉市立大椎小学校、八街市立八街北小学校、野田市立柳沢小学校、柏市立中原小学校、栄町立布鎌小学校、千葉地方法務局、千葉県宅地建物取引業協会、千葉県弁護士会（司法修習生選択型実務実習）、千葉司法書士会、千葉県行政書士会、佐倉市市民部自治人権推進課、千葉市総務部防災対策課、市川市危機管理室地域防災課、野田市
東京都	明海大学、東洋大学、日本大学、国土建設学院、東京都立田無工業高等学校、東村山市立東村山第一中学校、東村山市立東村山第六中学校、清瀬市立清瀬第五中学校、国立市立国立第三小学校、西東京市立青嵐中学校、府中市立府中第六中学校、府中市立府中第二中学校、府中市立府中第五中学校、府中市立浅間中学校、町田市立木曽境川小学校、港区立笄小学校、帝京大学小学校、（公財）東京税務協会、東日本高速道路株式会社、法務省（中央測量技術講習）、国土交通省国土交通大学
神奈川県	県立小田原城北工業高等学校、県立向の岡工業高等学校、県立神奈川工業高等学校、県立藤沢工科高等学校、県立磯子工業高等学校、川崎市立川崎総合科学高等学校、県立相原高等学校、川崎市立宮前小学校、県下7市市役所

都道府県	実施先
新潟県	小千谷市高等職業訓練校、長岡市高等職業訓練校、新潟県立新潟工業高等学校、（新潟市西区）小針西地区自由ヶ丘自治会、公益社団法人日本建築家協会関東甲信越支部新潟地域会、関東信越税理士会新潟支部連合会税理士スキルアップ特別研修会
富山県	県立桜井高等学校、県立富山工業高等学校、富山市立東部中学校、富山市立桜谷公民館、高岡市立定塚公民館、小矢部市津沢コミュニティプラザ、高岡地区行政相談委員連絡会、（公社）富山県宅地建物取引業協会、（公社）全日本不動産協会富山県本部、（一社）富山県不動産鑑定士協会
石川県	金沢市立金石町小学校、金沢市立夕日寺小学校、金沢市立馬場小学校、小松市立安宅小学校、小松市立粟津小学校、珠洲市立飯田小学校、珠洲市立蛸島小学校、七尾市立東湊小学校、能美市立和気小学校、金沢市立西小学校、名城大学（講師派遣）、石川県司法書士会、石川県宅地建物取引業協会、のと共栄信用金庫
福井県	越前市立南越中学校
山梨県	県立甲府工業高等学校
長野県	国立信州大学経法学部、国立信州大学農学部、国立長野工業高等専門学校、佐久長聖中学校、諏訪市立諏訪南中学校、箕輪町立箕輪中学校、塩尻市立桔梗小学校、エレコム・ロジテックアリーナ（伊那中学生キャリアフェス）
岐阜県	県立可児工業高等学校、関市立関商工高等学校、瑞浪市立瑞浪南中学校、高山市立南小学校、岐阜市立鶉小学校、高山市立花里小学校、飛騨市立河合小学校、飛騨市立古川西小学校、高山市立国府小学校、大垣市立興文小学校、中津川市立付知南小学校、中津川市立坂下小学校、川辺町立川辺東小学校、下呂市立下呂小学校、可児市久々利公民館、可児市中恵土公民館、川辺町立川辺西小学校、関市立瀬尻小学校、白川村立白川郷学園、大野町立大野小学校、海津市立東江小学校、大垣市立静里小学校、御嵩町立伏見小学校
静岡県	県立浜松工業高等学校、県立浜松南高等学校、県立島田工業高等学校、県立科学技術高等学校、県立沼津工業高等学校、掛川市立北中学校、静岡市立東源台小学校
愛知県	名城大学、県立日進高等学校、春日井市立南条中学校、新城市立新城中学校、岩倉市立岩倉中学校、長久手市立南中学校、東郷町立春木中学校、豊根村立豊根中学校、豊橋市立青陵中学校、豊橋市立福岡小学校、東三河法人会豊橋支部、豊橋ロータリークラブ、田原パシフィッククローバーロータリークラブ、渥美ロータリークラブ、愛知教育大学同窓会北設楽支部、宅建協会西三河支部
三重県	津田学園高等学校、県立四日市工業高等学校、県立相可高等学校、県立伊勢工業高等学校、紀北町立三船中学校、桑名市立城東小学校、桑名市立多度青葉小学校、桑名市立多度北小学校、桑名市立精義小学校、津市立育生小学校、津市立一身田小学校、亀山市立東小学校、亀山市立神辺小学校、松阪市立香肌小学校
滋賀県	
京都府	京都産業大学、立命館大学、京都府林業大学校、京都府立北桑田高等学校
大阪府	近畿大学、関西大学、大阪大学、大阪工業大学、近畿測量専門学校、府立四条畷高等学校、追手門小学校、枚方市立蹉跎東小学校、枚方市立樟葉南小学校、枚方市立伊加賀小学校、和泉市立横山小学校
兵庫県	甲南大学、神戸学院大学、神戸大学、県立農業高等学校
奈良県	奈良大学、奈良市立東登美ヶ丘小学校、御所市教育委員会
和歌山県	和歌山大学、みなべ町立南部小学校
鳥取県	国立米子工業高等専門学校、湯梨浜学園中学校、（公社）鳥取県不動産鑑定士協会
島根県	国立松江工業高等専門学校、県立松江農林高等学校、県立邇摩高等学校、松江市立大谷小学校
岡山県	国立大学法人岡山大学、岡山科学技術専門学校、県立岡山工業高等学校、県立水島工業高等学校、県立笠岡工業高等学校、県立新見高等学校、県立高松農業高等学校、県立岡山大安寺中等教育学校、総社市立昭和中学校、高梁市立有漢中学校
広島県	県立広島工業高等学校、広島市立広島中等教育学校、三原市立大和中学校
山口県	県立岩国工業高等学校、県立下関中央工業高等学校、県立宇部西高等学校、県立下関工科高等学校、中国地区用地対策連絡会山口県支部、（公社）全日本不動産協会山口県支部、NPO法人日本FP協会山口支部、山口県土木建築部住宅課
徳島県	徳島大学、阿南工業高等専門学校、阿南市立山口小学校
香川県	香川大学、香川県弁護士会（司法修習生選択型実務実習）
愛媛県	愛媛大学、県立伊予農業高等学校、県立上浮穴高等学校、学校法人河原学園、愛媛県教育委員会、松山財務事務所、愛媛弁護士会（司法修習生選択型実務実習）、伊予銀行、愛媛銀行
高知県	県立高知短期大学
福岡県	西南学院大学
佐賀県	県立唐津工業高校、県立鳥栖工業高校、鳥栖西中学校、産業技術学院
長崎県	県立鹿町工業高等学校、県立北松農業高等学校、県立川棚高等学校、諫早市立小野中学校、島原市立第一中学校、島原市立第二中学校、島原市立三会中学校、五島市立福江小学校、ポリテクセンター長崎（職業訓練支援センター）
熊本県	熊本大学、開新高等学校、菊池市立菊池北中学校、熊本市立春日小学校、熊本市立中島小学校、人吉市立人吉東小学校、上天草市立今津小学校、天草市立本渡南小学校、宇城市立小野部田小学校、宇土市立走潟小学校、大津町立大津北小学校、菊池市立戸崎小学校、九州測量専門学校
大分県	大分県立大分工業高等学校、大分市立原川中学校、大分市立野津原小学校、日田市立咸宜小学校、臼杵市立市浜小学校、別府市立山の手小学校、宇佐市立四日市南小学校
宮崎県	宮崎県立延岡工業高校、新富町立上新田中学校、宮崎市立大淀小学校、宮崎市立古城小学校、都城市立明道小学校、小林市立栗須小学校、三股町立長田小学校
鹿児島県	鹿児島大学、県立伊佐農林高等学校、県立加治木工業高等学校、姶良市立錦江小学校、霧島市立国分小学校、鹿児島県弁護士会（司法修習生選択型実務実習）、鹿児島刑務所
沖縄県	沖縄国際大学
連合会	明海大学、国土建設大学校、税務大学校、財務省財務総合政策研究所、法務局・地方法務局（中央測量技術講習）、法務省（子ども霞が関見学デー）

● 寄附講座開講状況（令和4年度）

会名	大学・専門学校名	学部・学科	対象学年	開講期間及び講義回数	受講人数	受講者男女比（男：女）	単位付与の有無	単位付与の条件	派遣講師人数
東京会	東洋大学	特殊講義のため指定無し	2～4学年	秋期・15回	9人	7：3	有（2単位）	試験・レポート・出席	13人
	明治大学	特殊講義のため指定無し	制限なし	秋期・14回	受講登録34人	7：3	有（2単位）	試験・レポート・出席	12人
千葉会	明海大学	不動産学部	2年次	半期・15回	116名	6：4	有（2単位）	試験・レポート・出席	7人
長野会	信州大学	農学部	2学年	1回	36人	7：3	無		6人
	信州大学	経法学部	3学年	1回	8人	7：3	無		3人
大阪会	近畿大学	法学部	3～4年次	15回	120人程	7：3	有（2単位）	レポート	13人
	大阪工業大学	工学部	2年次	1回	130人程	－	無	－	1人
	大阪大学	法科大学院	大学院生	15回	11人	9：1	有（2単位）		8人
京都会	京都産業大学	法学部	2年次	15回	31人	9：1	有（2単位）	レポート・出席	10人
	立命館大学	政策科学部	全学年	半期・15回	202人	6：4	有（2単位）	試験・レポート	10人
和歌山会	和歌山大学	経済学部	3・4学年	半期・15回	21人	7：3	有（2単位）	試験・レポート・出席	11人
愛知会	名城大学	法学部	1～4学年	半期・15回	48人	8：2	有（2単位）	レポート・出席	15人
岡山会	岡山大学	法学部（他学部可）	3・4学年	第4期・15回	95人	6：4	有（1単位）	試験・出席	4人

会名	大学・専門学校名	学部・学科	対象学年	開講期間及び講義回数	受講人数	受講者男女比(男：女)	単位付与の有無	単位付与の条件	派遣講師人数
福岡会	西南学院大学	全学部対象	1・3学年	後期・14回	83人	7：3	有(2単位)	レポート・出席	13人
佐賀会	県立産業技術学院	建築技術・設計科	2年生	1回	15人	7：3	無	試験・レポート・出席	6人
熊本会	熊本大学	法学部	2年生以上	半期・2回	50人	7：3	有(2単位)	試験	1人
鹿児島会	鹿児島大学	法文学部	3学年	1回	200人	5：5	不明	レポート	2人
秋田会	秋田大学	理工学部システムデザイン工学科土木環境工学コース	3学年	特別講義 1回	45人	9：1	有(1単位)	レポート	1人
	秋田大学	理工学部システムデザイン工学科土木環境工学コース	2学年	測量学 半期16回	48人	9：1	有(2単位)	試験・レポート	1人
	秋田大学	理工学部システムデザイン工学科土木環境工学コース	2学年	測量実習 10回	48人	9：1	有(1単位)	レポート・出席	1人
香川会	香川大学	法学部	3・4学年	半期・15回	100人	6：4	有(2単位)	レポート	15人
愛媛会	愛媛大学	法文学部 人文社会学科	3・4学年	半期・9回 (全15回中9回担当)	30人	6：4	有(2単位)	試験	1人 (非常勤講師)

15会　18大学、1職業能力開発校

〈参考資料1〉

立命館大学（大阪いばらきキャンパス）における講義概要（令和4年度）

講　義　名　「PLC特殊講義（土地・家屋の調査）、政策科学特殊講義」

対象年次　全学年

履　修　生　202名

講義内容

第 1 回　ガイダンス

第 2 回　国家基盤たる「表示の登記」の調査実務

第 3 回　日本の土地制度と歴史的沿革①

第 4 回　日本の土地制度と歴史的沿革②

第 5 回　土地に関する表示の登記

第 6 回　境界論

第 7 回　基盤情報の一つである地図とは

第 8 回　地籍整備に必要な測量に関する理論と実務

第 9 回　建物に関する表示の登記（普通建物）

第 10 回　建物に関する表示の登記（区分建物）

第 11 回　まちづくりにかかせない不動産に関連する各種の法律

第 12 回　立命館大学の不動産

第 13 回　境界紛争発生のメカニズム

第 14 回　境界紛争の解決手段

第 15 回　不動産における諸問題と土地家屋調査士

〈参考資料2〉

こども霞が関見学デー（法務省）における制度広報

（令和5年8月2日、3日）

対　　　象　小・中学生・幼児等

参　加　者　1,450名（法務省の参加者（引率者含む））

内　　　容　①じめんのボタンをさがそう！スタンプラリー

　　　　　　　広場内に設置したじめんのボタン（境界標）を探すスタンプラリー

　　　　　　②土地家屋調査士クイズ

　　　　　　　土地や建物の写真からその種類を組み合わせるクイズ

　　　　　　③パネル展示

　　　　　　　土地家屋調査士制度、不動産登記制度、筆界特定制度などの制度広報パネルの展示及び境界標の見本展示

　　　　　　④フィールドワーク

　　　　　　　家のまわりの「地面のボタン（境界標）」を探してワークシートにボタンの絵と見付けた場所を書いて完成させるイベント

〈参考資料3〉

（日調連ウェブサイト内　https://www.chosashi.or.jp/activity/70th/project）

土地家屋調査士70周年記念事業　登記制度創造プロジェクト

目　的　現行の不動産登記制度に縛られず、多目的に利用できる情報（例えば位置情報など）を付加するなどして、将来の登記制度の可能性を考える契機とする。また、行政とも連携して、防災・減災の観点から、貴重な財産である土地・建物が適正かつ安全に地位承継できるよう、加えて、それを支える土地家屋調査士の職能や専門性等を広くアピールする。

事業内容　各土地家屋調査士会が地元にある土地・建物から選定しプロジェクトを行う。

可能であれば土地、建物の表題登記手続等を行う。

各土地家屋調査士会の成果をまとめ、記念誌を編集する。

各土地家屋調査士会におけるプロジェクト一覧

会	タイトル
東　京	GNSS測量器を用いた電子基準点設置の実証実験、バックパック型MMSによる登記所備付地図作成作業への応用可能性の検討
神奈川	歴史的文化遺跡の原始筆界に基づく境界標設置並びに地図の検討及び地積測量図備付の検討
埼　玉	「土地・建物Q＆A」調査士制度70周年記念冊子出版事業
千　葉	公共交通機関への窓上広告掲載による土地家屋調査士制度制定70周年記念広報活動 千葉県土地家屋調査士会マスコットキャラクターコンテスト
茨　城	私設電子基準点に基づく土地建物の調査測量プロジェクト
栃　木	DVD版「表示登記制度の変遷（栃木県版）」の発刊 足利学校VR事業・建物登記事業 土地家屋調査士制度制定70周年記念シンポジウムの実施
静　岡	静岡県境界問題連絡協議会「Web開催」
山　梨	70周年記念土地家屋調査士広報活動
長　野	1級基準点「土地家屋調査士制度発祥の地」の建標
新　潟	不動産登記法第14条地図に関するデータの収集および公開
大　阪	土地家屋調査士業務に対する各市との協力体制構築のための働きかけ
京　都	旧京都市会議場3Dスキャンデータの寄贈
兵　庫	日本標準時子午線の可視化
奈　良	測量体験学習　地上絵つくり
滋　賀	地籍セミナー
和歌山	日本最南端友ヶ島子午線塔モニュメント製作
愛　知	地域福利ポケットパーク設営
三　重	建物の登記事項に関する研究
岐　阜	岐阜城の敷地「字天守閣18番」の筆界を探せ！
福　井	リモートセンシングデータ等の活用による事前調査の検証 土地家屋調査士の未来に向けての礎を目指す提言
石　川	電子基準点「石川県土地家屋調査士会」への道
富　山	地元新聞に土地家屋調査士制度制定70周年記念広告の掲載
広　島	被爆建物「旧広島陸軍被服支廠（ししょう）」の三次元データ作成
山　口	世界文化遺産に登録されている「松下村塾」・「吉田松陰幽囚ノ旧宅」の建物表題登記 山口県の重心点（へそ）の整備
岡　山	岡山城の調査・測量
鳥　取	鳥取砂像プロジェクト
福　岡	法務局備え付け図面から防災図面へ
佐　賀	「市村記念体育館」を3次元で測量
長　崎	諫早駅3次元（3D）測量
大　分	福澤諭吉旧居を通じて行う土地家屋調査士の社会貢献
熊　本	国指定重要文化財「八千代座」3Dスキャンプロジェクト
鹿児島	移転予定の鹿児島地方法務局庁舎の3D模型作成と未来の建物登記を考える
宮　崎	宮崎県庁の建物表題登記
沖　縄	土地家屋調査士業務におけるQRコード活用の可能性
宮　城	震災遺構仙台市立荒浜小学校の建物表題登記と3次元データ化プロジェクト
福　島	量地三略（りょうちさんりゃく）
山　形	出前授業　in　天童市立天童南部小学校
岩　手	2030登記情報（表題部）『岩手モデル』の考案
秋　田	記念プロジェクト1・2・3
青　森	土地家屋調査士による森林ドローン空撮～森林環境譲与税の使途への一助～
札　幌	メディア特番「ここから○○です」
函　館	登録有形文化財　斉藤家住宅（旧盛田家住宅）主屋のデータ作成
旭　川	旧旭川偕行社3Dスキャン作業
釧　路	釧路市の旧五十嵐家の登記・測量プロジェクト
香　川	防災情報（浸水被害）を付加した建物図面・各階平面図の作成
徳　島	建物登記情報を防災に役立てる
高　知	高知市役所新庁舎落成に伴う表題登記の寄附登記申請
愛　媛	愛媛県庁の登記

第2章 境界紛争のない社会を目指す

1 土地家屋調査士の使命 ～土地の筆界を明らかにする専門家として～

　土地家屋調査士は、不動産の表示に関する登記申請代理手続に加え、土地境界調査や境界立会等、地権者との連絡調整など多岐にわたる業務を担っている。

　境界についての専門的な知識が蓄積された専門家として、日常業務においても隣人との感情のもつれを含む根の深い境界紛争の問題にも向きあっている。

　また、土地の筆界が不明確な場合に生じる民間紛争解決手続の代理、登記所備付地図作成事業等への参画、空き家・所有者不明土地問題への対処、自然災害の復興支援など幅広い分野での業務にも対応している。

　各土地家屋調査士会では、土地家屋調査士の日（7月31日）を中心に「全国一斉不動産表示登記無料相談会」を毎年実施し、土地の境界問題、不動産登記などの問題に対応するため独自の相談会も提供している。（P35）

　日調連は、少子高齢化、人口の一極集中化、国民の権利意識の高揚などの社会構造の変化に伴い境界紛争が起こりやすい未来を危惧している。これらに対応するため、公開シンポジウム（平成26年11月、よみうりホール）を開催して、「境界紛争ゼロ宣言！！」を発信し、土地家屋調査士が社会に貢献する意思を表明した。（P35）

　昭和25年の公布以来、時代や社会のニーズに合わせて幾多の改正を経た土地家屋調査士法は、令和2年8月1日に一部を改正する法律が施行され、土地家屋調査士制度にとって令和の幕開けの象徴となる改正となった。

　改正した土地家屋調査士法では、第1条が「目的規定」から「使命規定」へと変更され、土地家屋調査士が不動産に関する権利の明確化に寄与し国民生活の安定と向上に貢献する使命を担うことが定められた。

　さらに、同条に「土地の筆界を明らかにする専門家として」という一文が加わったことにより土地家屋調査士の役割が法律上で明文化され、国民生活に寄与する重要な役割へとさらに昇華した。

　そして、土地家屋調査士制度は、前述の改正法が施行される前日の令和2年7月31日に70周年を迎えた。

　日調連では70周年を記念し、「つながる安心とひろがる未来を考える、～令和時代、土地家屋調査士の使命～」と題したシンポジウム（令和2年10月、東京国際フォーラム）を開催し、『土地家屋調査士70年宣言』として、「不動産の表示に関する登記及び土地の筆界を明らかにする業務の専門家として土地家屋調査士の使命を果たす」ことの決意を発信した。（P35）

　土地家屋調査士は今後も筆界を明らかにする専門家として、依頼者、そして国民のために業務を行うことについての重責を担い続けていくものである。

○**土地家屋調査士法【抜粋】**
（土地家屋調査士の使命）
第1条　土地家屋調査士（以下「調査士」という。）は、不動産の表示に関する登記及び土地の筆界（不動産登記法（平成16年法律第123号）第123条第1号に規定する筆界をいう。第3条第1項第7号及び第25条第2項において同じ。）を明らかにする業務の専門家として、不動産に関する権利の明確化に寄与し、もつて国民生活の安定と向上に資することを使命とする。

● 無料相談会開催概要 （令和 5 年 11 月 1 日現在）

開催形式（※ 1）

　会場：6,161 件

　電話相談：153 件

　Web 相談：7 件

相談件数（※ 2、※ 3）

　4,460 件

※ 1　ハイブリッド開催の会場は分けて算出。会場形式はいずれも概算

※ 2　相談内容が多岐にわたるものは主なもの 1 件にまとめて算出。

※ 3　相談会の記録があるものの概算累計

相談内容内訳

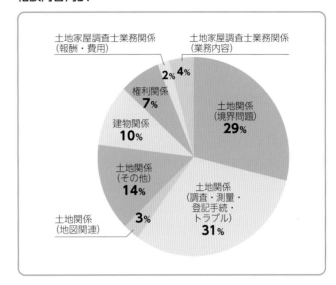

- 土地家屋調査士業務関係（報酬・費用） 2%
- 土地家屋調査士業務関係（業務内容） 4%
- 権利関係 7%
- 建物関係 10%
- 土地関係（境界問題） 29%
- 土地関係（その他） 14%
- 土地関係（地図関連） 3%
- 土地関係（調査・測量・登記手続・トラブル） 31%

● 日調連ロゴマーク

筆界をあきらかに、未来をすこやかに。

日本土地家屋調査士会連合会
Japan Federation of Land and House Investigators' Associations

● 「境界紛争ゼロ宣言 !!」及び「土地家屋調査士 70 年宣言」

境界紛争ゼロ宣言!!

　私たち土地家屋調査士は、未来を担う子供たちが安心で豊かな暮らしをおくることができる街づくりのため、広く社会の声に耳を傾けて土地所有及び利用の実態を把握することにより、国民の信頼に応えるべく行動します。

　1　不動産の登記と地図の重要性を広く各層に発信し、その整備の充実に貢献します。

　2　土地境界をめぐる紛争を未然に防止するために、境界管理の必要性を社会に周知します。

　3　国民の利便性向上のため、各種専門分野と連携し、土地制度の改善に努めます。

　私たちは、土地境界紛争をなくすため、ここに境界紛争ゼロに向かって進むことを宣言します。

平成 26 年 11 月 14 日
２０１４日調連公開シンポジウム
「土地境界紛争が起きない社会」

日本土地家屋調査士会連合会

土地家屋調査士70年宣言

　土地家屋調査士法は、昭和25年に制定され、今年で70年を迎えました。これまでに培われた実績と社会に対する専門資格者としての職責をより一層明確にするため、土地家屋調査士は、不動産の表示に関する登記及び土地の筆界を明らかにする業務の専門家として、不動産に関する権利の明確化に寄与し、もって国民生活の安定と向上に資することが使命となりました。

　この使命を果たすため、土地家屋調査士は、自ら専門分野の知識と技術の向上のため研鑽を積み、国民の信頼に応えるため能動的に行動します。

　1　不動産の登記と地図の重要性を広く社会に発信し、その整備と充実に貢献します。

　2　国民の安心・安全で豊かな暮らしを守るため、防災・減災・国土強靱化を目指す社会のインフラ整備に貢献します。

　3　土地の境界管理の必要性を社会に周知し、土地の境界をめぐる紛争を未然に防ぎます。また、土地の境界をめぐる紛争に対して、筆界特定、ADR、訴訟等の各種手続きの連携を図り、解決に貢献します。

　4　既存概念にとらわれることのない、新しい価値観の創造に貢献します。

　私たち土地家屋調査士は、国民生活の安定と向上に資する使命遂行のためここに宣言します。

令和 2 年 10 月 26 日
日本土地家屋調査士会連合会

2 国際地籍シンポジウムの開催と今後

　国際地籍シンポジウムは、日本・韓国・台湾を核として、平成10年に台湾で誕生・開催した。

　それぞれの国、地域の地籍に関する諸問題について、技術・実務経験の論文発表・総合討論を通じて交流を図り、それぞれの制度・法規等を学術的に分析し、地籍測量に関する技術レベルの向上・不動産登記公示制度を含む地籍測量情報の管理等、新時代へ向けての課題を共同研究することを目的としている。

　このシンポジウムは研究者・実務家による研究大会において設立された「国際地籍学会」が主催するもので、開催地を2年ごとの持ち回りで実施している。

　日本が開催国となったのは、平成12年東京で開催の第2回、同18年京都で開催の第5回、同24年札幌で開催の第8回、そして、平成30年福岡で開催の第11回の国際地籍シンポジウムであり、いずれも、日調連が実施機関となり開催した。

　平成12年の東京での開催では、メインテーマを「21世紀の地籍を考える」と題して、様々な角度から地籍に関して掘り下げた議論を行った。

　また、平成18年の京都での開催では、「京都地籍宣言」を発信し、地籍に関する専門的研究機関の設立を目指し、現在、後述の「地籍問題研究会」として継承されている。

　そして、平成24年の札幌開催では、前年に発災した「東日本大震災」からの復興を願い、「災害からの復興」をメインテーマとして実施した。

　さらに、平成30年の福岡開催では、「官民連携による地籍データの利活用に向けて〜Society 5.0」をメインテーマとし、それに関連した三つのテーマ（「地籍に関する制度、法律、教育」、「土地空間情報に係る連携・進化」、「地籍情報に係る技術」）に基づき研究発表が行われた。

　なお、第12回国際地籍シンポジウムについて、開催当事国である韓国から、新型コロナウイルスの感染状況を考慮し、日本、台湾の意向も踏まえ同シンポジウムを無期限延期とすることが決定され、開催可能な状況及び時期を見極めた上で再度連絡する旨の連絡を受けている。

京 都 地 籍 宣 言

　かけがえのない万物共有の財産である土地の「姿・かたち」やその範囲を明らかにする「地籍」の明確化に寄与し、人々の毎日の暮らしや、財産を護るため、更には国づくり、まちづくりを進める行財政施策における基盤作りに資するため、一人一人の弛むことのない努力を必要としています。

　今日、京都の地において内外の研究者・実務家が相集って世界的視野から日本の地籍についての現状と課題を検証し、新たな時代に求められる制度の姿を描く端緒ができました。

　私たちは、この大会を契機として、わが国及び世界の地籍の制度の充実と発展のために以下をその行動指針とします。

　1、地籍・地図・境界の重要性を広く各層に啓発し、その整備の充実に寄与します。

　2、高度情報化社会・電子化社会に対応し、国家と自治体による行財政施策の基盤整備に資し、国民の更なる利便に供することのできる地籍制度の構築に向けて技術的、学術的研鑽を更に深めます。

　3、安心で心豊かな暮らしを護るため、土地の境界をめぐる紛争を未然に防止するとともに、万一紛争となったときの迅速・適切な解決を図る仕組みを提供します。

　4、地籍についての学術的・学際的研究のための組織の構築と、地籍に携わる者の体系的教育システムの構築について提言し、実現に向けて努力します。

　5、地籍の明確化に取り組む全ての関係機関と研究者・実務家・利用者が連携し、情報の交換を密にするとともに課題の共同研究、その成果の活用・実現への努力を重ねます。

　地域を超え、国を越えて広がる「地籍・地図・境界のあした」の実現を目指して、ここに宣言します。

2006年11月14日
第5回国際地籍シンポジウム／土地家屋調査士全国大会 in Kyoto

国際地籍シンポジウム開催経過

※氏名ある方の肩書きは当時のものです。

第1回国際地籍測量学術研討会（シンポジウム）

(1998年) 平成10年11月25日〜26日

「逢甲大学国際会議場」（台湾　台中市西屯区文華路）

第2回地籍国際シンポジウム

(2000年) 平成12年11月9日〜11日

「東京コンファレンスセンター」（日本　東京都千代田区飯田橋）

　　基調講演「平成検地を夢見て」（講演者：山本有二氏　衆議院議員　衆議院法務委員会理事）

　　　第1分科会「地籍に関する調査・測量」

　　　第2分科会「地籍に関する公示制度」

　　　第3分科会「地図・土地情報」

　　　第4分科会「土地境界に関する諸問題」

　　　メインシンポジウム「21世紀の「地籍」を考える」

第3回地籍国際シンポジウム

(2002年) 平成14年5月14日〜16日

「Lotte Ocean Castle」（大韓民国　忠青南道泰安郡安眠邑）

第4回国際地籍測量学術研討会（シンポジウム）

(2004年) 平成16年6月8日〜10日

「Jian Shan-pi Resort」（台湾　台南懸柳榮　尖山埤江南渡假村）

第5回国際地籍シンポジウム／土地家屋調査士全国大会 in Kyoto

(2006年) 平成18年11月13日〜14日

「国立京都国際会館」（日本　京都府左京区岩倉大鷺町）

　　基調スピーチ「見出す境界、消えゆく境界」（講演者：寺田逸郎氏　法務省民事局長）

　　　第1会場「平成検地〜日本の挑戦」

　　　第2会場「地籍の研究と地籍教育の確立」

　　　第3会場「境界紛争解決に挑む土地家屋調査士の新たなステージ」

　　　第4会場「会員研究論文発表」

　　　メインシンポジウム「世界と語ろう　地籍・地図・境界のあした」

第6回国際地籍シンポジウム／ NSDI Korea 2008

(2008年) 平成20年10月8日〜9日

「韓国国際展示場　KINTEX」（大韓民国　京畿道高陽市一山西区大化洞）

　　　第1分科会「地籍に関する法律、制度、教育」

　　　第2分科会「地籍測量、測位」

　　　第3分科会「LIS/GIS」

　　　パネルディスカッション

第7回国際地籍測量学術研討会（シンポジウム）

(2010年) 平成22年11月9日〜11日

2

国際地籍シンポジウムの開催と今後

37

「グランドホテル（圓山大飯店）」（台湾　台北市中山北路）
　　基調講演「地籍測量・作図技術の発展と国際化」（講演者：周天穎（Dr.Tien-Yin Chou）氏）
　　テーマ「法規政策と教育の促進について」
　　テーマ「空間情報資料の処理及び応用について」
　　テーマ「測量と地図作成技術の革新について」
　　パネルディスカッション

第 8 回国際地籍シンポジウム

（2012 年）平成 24 年 10 月 19 日
「札幌グランドホテル」（日本　札幌市中央区）
　　基調講演「津波災害後の、インドネシア（アチェ）と日本（東北）における土地権利の擁護と回
　　　　　　復」（講演者：坂本勇氏（元吉備国際大学教授　元 JICA 専門家））
　　論文発表
　　　　テーマ「災害復興に向けた地籍、政策、教育の促進」
　　　　テーマ「災害に対する地籍測量と地図作成技術の革新」
　　　　テーマ「災害における地理空間情報の活用」

第 9 回国際地籍シンポジウム

（2014 年）平成 26 年 8 月 26 日〜27 日
「三成洞貿易センター COEX」（大韓民国　ソウル特別市江南区）
　　基調講演「持続可能な土地行政のための提言」（講演者：李範寛氏（慶一大學校教授））
　　　　テーマ「地籍、法律、制度、政策、教育等」
　　　　テーマ「地籍測量、地図製作、GPS、航空測量、技術革新等」
　　　　テーマ「土地、空間情報、GIS 等」

第 10 回国際地籍シンポジウム

（2016 年）平成 28 年 10 月 20 日
「ウィンザーホテル台中」（台湾　台中市西屯区）
　　基調講演「地籍測量技術のスマート化の発展とイノベーション」（講演者：周天穎氏（逢甲大学特
　　　　　　別教授））
　　論文発表
　　　　テーマ「スマートな地籍に対する法律、制度、政策、教育の変革」
　　　　テーマ「土地空間情報のクラウドサービスの共有とモバイルアクセス」
　　　　テーマ「地籍測量技術のスマート検知・センシング及びインターネットの技術革新」

第 11 回国際地籍シンポジウム

（2018 年）平成 30 年 11 月 21 日
「ホテル日航福岡」（日本　福岡市博多区）
　　講演「日本の法務省による国際的な法整備支援について」（講演者：大西宏道氏（法務省法務総合
　　　　研究所国際協力部法務教官））
　　論文発表
　　　　テーマ「地籍に関する制度、法律、教育」
　　　　テーマ「土地空間情報に係る連携・進化（土地空間情報の多目的利用、流通、融合等）」
　　　　テーマ「地籍情報に係る技術（測量、測位、情報処理等）」

3 地籍問題研究会

平成 22 年 10 月 3 日、地籍に関する研究者、実務者、及び地籍問題に関心を持つ者が、研究発表、情報交換等の場を通じて、地籍に関する制度及びその環境の発展に寄与することを目的とし、「地籍問題」についての調査・研究・情報発信の拠点として、38 名の発起人による発起人総会を経て「地籍問題研究会」（※）が設立された。

同研究会は、以下の設立趣意書の趣意に賛同する法学系と工学系の専門分野の研究者・大学教授、関係官庁と諸団体の職員、土地家屋調査士をはじめとする実務家、一般有志による正・准会員と、土地家屋調査士会をはじめとする団体や法人による賛助会員から構成されている。

前述の目的を達成するため、（1）研究報告会・講演会の開催、（2）地籍に関する研究者と実務者の育成と支援、（3）その他研究会の目的を達成するために必要な活動を行うものとしている。

日調連は研究所を軸として同研究会に参画、実務者の側面を中心とした研究報告を定期的に行っている。

定例研究会の開催は 30 回を超え、常に土地家屋調査士が抱えている諸問題に時宜を捉えたテーマをメインに開催されている。

なお、令和 2 年春からの新型コロナウイルス感染症の感染拡大に伴い、第 27 回定例研究会以降は状況に応じてオンライン開催、ハイブリッド開催などの形態で行っている。

同研究会は、今後も産官学連携した研究発表の場として活動を継続する予定である。

以下に示す資料は、地籍問題研究会の設立趣意書及び入会状況・幹事等名簿・定例研究会の変遷である。

※　日本加除出版株式会社社内に事務局を設置
※　地籍問題研究会（https://chiseki.org）

◉ 設立趣意書

地籍問題研究会設立趣意書

　古くは、7 世紀の班田収授の法に遡ると言われる日本の地籍に関する制度は、明治維新以降、幾多の変遷を経て、今日では、不動産登記法によって体系化された制度として定着し、不動産にかかる権利の保全・利用・取引・流通・管理にとって最も重要な制度のひとつとして評価を得ています。

　私たちの暮らしに不可欠な土地の毎筆の現状を正確に把握し、これを公示する制度は、それぞれの国の成り立ちや社会の発展過程と、密接に関係して形づくられてきたものであり、法秩序の安定とこの制度を利用するすべての人々の信頼を得て、はじめて有効に機能する仕組みであると言えるのではないでしょうか。

　私たちの生活する社会は、世界的な規模で繰り広げられている金融・経済活動と連動した高度に情報化が進んだ、絶えず変化する社会であり、あらゆる分野において、従来の仕組みを固定化してとらえることなく、将来にわたり、多くの市民にとって有効で利用しやすい仕組みはどうあるべきかを追い求める必要があると考えるに至りました。

　地籍に関する研究に取り組むに当たっては、登記制度、登記実務、測量技術のみならず、土地法制や歴史・文化、生活環境、都市計画、農業・林業、不動産取引等、多岐にまたがる分野についての識見が必要となりますが、残念ながら、地籍を体系的に研究する分野については、その研究環境が整っているとはいえず、その研究成果も多いとはいえない状況にあります。

　他方では、この分野に関係する人々が、学域・業域の枠組みを越えて、地籍に関する実務者とも連携ができる研究会を待ち望む声も数多く届いています。

　このことを踏まえ、地籍に関する制度及びその環境の充実発展に資することを目的として「地籍問題」に関する調査・研究・情報発信の拠点として「地籍問題研究会」を発足させるものであります。

　2010 年 10 月

地籍問題研究会発起人一同

● 地籍問題研究会入会状況

令和5年11月30日現在

年度	会員総数				入会者数				退会者数（物故者を含む）			
	正会員	准会員	賛助会員（団体数）	賛助会員（口数）	正会員	准会員	賛助会員（団体数）	賛助会員（口数）	正会員	准会員	賛助会員（団体数）	賛助会員（口数）
平成22年※	69 (47)	0 (0)	4 (3)	33 (32)	69 (47)	0 (0)	4 (3)	33 (32)	0 (0)	0 (0)	0 (0)	0 (0)
平成23年	224 (183)	1 (0)	14 (12)	43 (41)	155 (136)	1 (0)	10 (9)	10 (9)	0 (0)	0 (0)	0 (0)	0 (0)
平成24年	240 (195)	1 (0)	14 (12)	43 (41)	23 (17)	0 (0)	0 (0)	0 (0)	7 (5)	0 (0)	0 (0)	0 (0)
平成25年	247 (203)	1 (0)	16 (14)	45 (43)	18 (18)	0 (0)	2 (2)	2 (2)	11 (10)	0 (0)	0 (0)	0 (0)
平成26年	257 (211)	1 (0)	19 (17)	48 (46)	10 (10)	0 (0)	3 (3)	3 (3)	7 (7)	0 (0)	0 (0)	0 (0)
平成27年	277 (223)	1 (0)	21 (19)	50 (48)	26 (18)	0 (0)	2 (2)	2 (2)	6 (6)	0 (0)	0 (0)	0 (0)
平成28年	277 (222)	1 (0)	22 (20)	51 (49)	6 (4)	0 (0)	1 (1)	1 (1)	6 (5)	0 (0)	0 (0)	0 (0)
平成29年	292 (233)	1 (0)	22 (20)	51 (49)	22 (17)	0 (0)	0 (0)	0 (0)	7 (6)	0 (0)	0 (0)	0 (0)
平成30年	293 (233)	1 (0)	22 (20)	51 (49)	1 (0)	0 (0)	0 (0)	0 (0)	0 (0)	0 (0)	0 (0)	0 (0)
平成31年（令和元年）	303 (244)	1 (0)	24 (21)	53 (50)	15 (13)	0 (0)	2 (1)	2 (1)	3 (2)	0 (0)	0 (0)	0 (0)
令和2年	296 (242)	1 (0)	24 (21)	53 (50)	3 (3)	0 (0)	0 (0)	0 (0)	10 (5)	0 (0)	0 (0)	0 (0)
令和3年	307 (254)	1 (0)	21 (18)	50 (47)	22 (19)	0 (0)	0 (0)	0 (0)	10 (8)	0 (0)	3 (3)	0 (0)
令和4年	295 (252)	1 (0)	20 (18)	49 (47)	2 (1)	0 (0)	0 (0)	0 (0)	14 (3)	0 (0)	1 (0)	0 (0)
令和5年	317 (264)	1 (0)	22 (18)	51 (47)	29 (17)	0 (0)	2 (2)	2 (2)	7 (0)	0 (0)	0 (0)	0 (0)

※括弧内は、土地家屋調査士又は土地家屋調査士を構成員とする団体と推定される者の内訳である。

※各年度は1月1日から12月31日までであるが、平成22年度は10月3日（設立の日）から同年12月31日まで、令和5年度は1月1日から令和5年11月30日までの集計である。

※令和5年11月30日現在において賛助会員として入会している土地家屋調査士会（入会順）

日本土地家屋調査士会連合会、愛媛県土地家屋調査士会、大分県土地家屋調査士会、大阪土地家屋調査士会、京都土地家屋調査士会、静岡県土地家屋調査士会、東京土地家屋調査士会、富山県土地家屋調査士会、兵庫県土地家屋調査士会、宮城県土地家屋調査士会、和歌山県土地家屋調査士会、佐賀県土地家屋調査士会、滋賀県土地家屋調査士会、岐阜県土地家屋調査士会、鹿児島県土地家屋調査士会、千葉県土地家屋調査士会、（一社）東京公共嘱託登記土地家屋調査士協会、長崎県土地家屋調査士会

● 地籍問題研究会幹事等 （敬称略、名簿順、なお、肩書きは就任当時のもの）

〈平成22年10月3日〜〉

代表幹事	鎌田　薫（早稲田大学大学院法務研究科教授）
副代表幹事	清水　英範（東京大学大学院工学系研究科教授）、鎌野　邦樹（早稲田大学大学院法務研究科教授）
幹　事	小笠原希悦（社団法人全国国土調査協会常任理事）、川口有一郎（早稲田大学大学院ファイナンス研究科教授）、坂本　勇（元吉備国際大学教授、JICA専門家）、阪本　一郎（明海大学不動産学部教授）、鮫島　信行（社団法人農業土木事業協会専務理事）、清水　湛（弁護士、元法務省民事局長、元広島高等裁判所長官）、藤井　俊二（創価大学大学院法務研究科教授）、松岡　直武（日本土地家屋調査士会連合会会長）、村田　博史（京都産業大学大学院法務研究科　教授）、安本　典夫（名城大学法学部教授）
監　事	林　亜夫（明海大学不動産学部教授）、松尾　英夫（桐蔭横浜大学法学部・法科大学院客員教授、元横浜地方法務局長、元公証人）

〈平成25年3月9日〜〉

代表幹事	清水　英範（東京大学大学院工学系研究科教授）
副代表幹事（兼事務局長）	鎌野　邦樹（早稲田大学大学院法務研究科教授）
副代表幹事	村田　博史（京都産業大学大学院法務研究科教授）
幹　事	鮫島　信行（鹿島建設顧問）、清水　湛（弁護士）、藤井　俊二（創価大学大学院法務研究科教授）、安本　典夫（大阪学院大学法学部教授）、小笠原希悦（社団法人全国国土調査協会常任理事）、阪本　一郎（明海大学不動産学部教授）、川口有一郎（早稲田大学大学院ファイナンス研究科教授）、小栁春一郎（独協大学法学部法律学科教授）、藤原　勇喜（元仙台法務局長・藤原民事法研究所代表）、大星　正嗣（日本土地家屋調査士会連合会相談役）、國吉　正和（東京土地家屋調査士会会長）、宮嶋　泰（日本土地家屋調査士会連合会副会長）
監　事	林　亜夫（明海大学不動産学部教授）、松尾　英夫（桐蔭横浜大学法学部・法科大学院客員教授、元横浜地方法務局長、元公証人）

〈平成 27 年 3 月 14 日～〉

代表幹事	清水　英範（東京大学）
副代表幹事	小栁春一郎（獨協大学）、鮫島　信行（鹿島建設顧問）
幹　事	大場　浩之（早稲田大学）、大星　正嗣（土地家屋調査士）、岡田　康夫（東北学院大学）、小野　伸秋（土地家屋調査士）、小笠原希悦（全国国土調査協会）、鎌野　邦樹（早稲田大学）、川口有一郎（早稲田大学）、草鹿　晋一（京都産業大学）、國吉　正和（土地家屋調査士）、齋藤　広子（横浜市立大学）、阪本　一郎（明海大学）、清水　　湛（弁護士）、藤井　俊二（創価大学）、岡田潤一郎（日本土地家屋調査士会連合会副会長（研究所担当））、安本　典夫（大阪学院大学）、吉原　祥子（東京財団）
監　事	林　　亜夫（明海大学名誉教授）、藤原　勇喜（藤原民事法研究所）
顧　問	鎌田　薫（早稲田大学）

〈平成 29 年 3 月 18 日～〉

代表幹事	小栁春一郎（獨協大学）
副代表幹事	鮫島　信行（鹿島建設顧問）、岡田　康夫（東北学院大学）
幹　事	大場　浩之（早稲田大学）、大星　正嗣（土地家屋調査士）、小野　伸秋（土地家屋調査士）、鎌野　邦樹（早稲田大学）、川口有一郎（早稲田大学）、草鹿　晋一（京都産業大学）、國吉　正和（土地家屋調査士）、齋藤　広子（横浜市立大学）、清水　　湛（弁護士）、清水　英範（東京大学）、周藤　利一（明海大学）、戸倉　茂雄（日本土地家屋調査士会連合会副会長（研究所担当））、外山　春男（全国国土調査協会）、藤井　俊二（創価大学）、矢田　尚子（日本大学）、山田　明弘（土地家屋調査士）、吉原　祥子（東京財団）
監　事	林　　亜夫（明海大学名誉教授）、藤原　勇喜（藤原民事法研究所）
顧　問	鎌田　薫（早稲田大学）

〈平成 31 年 3 月 9 日～〉

代表幹事	小栁春一郎（獨協大学）
副代表幹事	鮫島　信行（鹿島建設）
副代表幹事・事務局長	岡田　康夫（東北学院大学）
幹　事	大星　正嗣（土地家屋調査士）、小野　伸秋（土地家屋調査士）、草鹿　晋一（京都産業大学）、國吉　正和（土地家屋調査士）、齊藤　隆（（公社）日本測量協会）、齊藤　広子（明海大学）、清水　　湛（弁護士）、清水　英範（東京大学）、周藤　利一（明海大学）、藤井　俊二（創価大学）、舟橋　秀明（金沢大学）、矢田　尚子（日本大学）、山田　明弘（土地家屋調査士）、山田　一博（土地家屋調査士）、山中　正登（（公社）全国国土調査協会）、吉原　祥子（東京財団）、伊藤　直樹（日本土地家屋調査士会連合会副会長（研究所担当））
監　事	林　　亜夫（明海大学名誉教授）、藤原　勇喜（元仙台法務局長）
顧　問	鎌田　薫（早稲田大学）

〈令和 3 年 4 月 15 日～〉

代表幹事	小栁春一郎（獨協大学）
副代表幹事	鮫島　信行（鹿島建設顧問）
副代表幹事・事務局長	岡田　康夫（國學院大学）
幹　事（50 音順）	新井　克美（元公証人）、小野　勇（土地家屋調査士）、小野　伸秋（土地家屋調査士）、草鹿　晋一（京都産業大学）、國吉　正和（土地家屋調査士）、周藤　利一（横浜市立大学）、藤井　俊二（創価大学名誉教授）、舟橋　秀明（金沢大学）、村上　真幸（公社日本測量協会）、山田　明弘（土地家屋調査士）、山中　正登（公社全国国土調査協会）、日本土地家屋調査士会連合会副会長（研究所担当）
監　事（50 音順）	大星　正嗣（土地家屋調査士）、清水　英範（公社日本測量協会）
顧　問	鎌田　薫（早稲田大学）

〈令和 5 年 3 月 11 日～〉

代表幹事	鮫島　信行（元国土交通省）
副代表幹事・事務局長	草鹿　晋一（京都産業大学）
幹　事（50 音順）	新井　克美（元公証人）、岡田　康夫（國學院大学）、小野　勇（土地家屋調査士）、小野　伸秋（土地家屋調査士）、小西　飛鳥（平成国際大学）、小栁春一郎（獨協大学）、里村美喜夫（司法書士）、瀬口　潤二（土地家屋調査士）、藤井　俊二（創価大学名誉教授）、布施　孝志（東京大学）、舟橋　秀明（金沢大学）、村上　真幸（公社日本測量協会）、山田　明弘（土地家屋調査士）、山脇　優子（土地家屋調査士）、北村　秀実（日本土地家屋調査士会連合会副会長（研究所担当））
監　事（50 音順）	大星　正嗣（土地家屋調査士）、清水　英範（公社日本測量協会）

（注）令和 6 年 3 月より徳永俊二（公益社団法人全国国土調査協会広報研修部長）、成田次範（一般社団法人日本国土調査測量協会技術部長）が幹事に就任した。

● 地籍問題研究会のこれまでの活動（令和6年3月まで）

平成 22 年 10 月 3 日(日)　設立宣言（東京・日比谷公会堂）

平成 23 年 7 月 31 日(日)　第 1 回定例研究会（東京・日経カンファレンスルーム）

平成 23 年 12 月 10 日(土)　第 2 回定例研究会（東京・早稲田大学 15 号館 102 号教室）
　テーマ：東日本大震災の復興における地域再生と土地問題　～地籍の視点から～

平成 24 年 3 月 17 日(土)　平成 24 年度通常総会及び第 3 回定例研究会（東京・東京大学農学部弥生講堂一条ホール）
　テーマ：森林の適正な利用管理と境界問題

平成 24 年 7 月 28 日(土)　第 4 回定例研究会（京都・京都産業大学壬生校地むすびわざ館ホール）
　テーマ：地籍およびその周辺問題

平成 24 年 10 月 19 日(金)　第 5 回定例研究会（北海道・札幌グランドホテル、第 8 回国際地籍シンポジウムと共催）
　メインテーマ：災害からの復興

平成 25 年 3 月 9 日(土)　平成 25 年度通常総会及び第 6 回定例研究会（千葉・明海大学浦安キャンパス講義棟 2206 教室）
　テーマ：地籍と教育

平成 25 年 9 月 15 日(日)　第 7 回定例研究会（東京・創価大学本部棟 M205 教室）
　テーマ：地籍及びその周辺問題

平成 25 年 11 月 2 日(土)　第 8 回定例研究会（神奈川・桐蔭横浜大学中央棟 C307 号大講義室）
　テーマ：地籍図および登記所備付け地図をめぐる諸問題

平成 26 年 3 月 8 日(土)　平成 26 年度通常総会及び第 9 回定例研究会（大阪学院大学 2 号館 B1-01 教室）
　テーマ：地域の空間情報と地籍情報

平成 26 年 7 月 19 日（土)　第 10 回定例研究会（獨協大学　天野貞祐記念館 A207 教室）
　テーマ：地籍及びその周辺問題

平成 26 年 12 月 13 日（土)　第 11 回定例研究会（じゅうろくプラザ 5 階大会議室）
　テーマ：地理空間情報の共有化と新たな地籍調査制度

平成 27 年 3 月 14 日（土)　平成 27 年度通常総会及び第 12 回定例研究会（中央工学校 21 号館 STEP ホール（東京都・北区))
　テーマ：地籍調査の現地における実態と課題

平成 27 年 7 月 25 日（土)　第 13 回定例研究会（明海大学浦安キャンパス　講義棟 2201 教室（千葉県・浦安市))
　テーマ：人口減少高齢社会と土地境界管理

平成 27 年 11 月 28 日（土)　第 14 回定例研究会（日司連ホール）
　テーマ：民法（債権法）改正と不動産取引

平成 28 年 3 月 19 日（土)　平成 28 年度通常総会及び第 15 回定例研究会（宮城・東北学院大学土樋キャンパス 8 号館 5 階押川記念ホール）
　テーマ：東日本大震災により生じた地籍情報の課題～震災 5 年を迎えて～

平成 28 年 7 月 16 日（土)　第 16 回定例研究会（石川県・金沢大学角間キャンパス総合教育講義棟（N4）B1 講義室）
　テーマ：日本の空き家空き地問題を考える

平成 28 年 11 月 23 日（土)　第 17 回定例研究会（東京都・明治大学駿河台キャンパスリバティタワー 3 階 1031 教室）
　テーマ：公図の源流をさぐる

平成 29 年 3 月 18 日（土)　平成 29 年度通常総会及び第 18 回定例研究会（東京都・機械振興会館地下 2 階ホール）
　テーマ：官民境界の明確化による都市基盤の強化

平成 29 年 3 月 18 日付け　空き家空き地問題に関する分科会により、小冊子『日本の空き家空き地問題を考える─研究
　　　　　　　　　　　者・実務家・行政による多角的検討』（地籍問題研究会）を発行。

平成 29 年 7 月 15 日（土)　第 19 回定例研究会（横浜市・横浜市立大学金沢八景キャンパス）
　テーマ：人口減少社会と境界・土地問題

平成 29 年 11 月 11 日（土)　第 20 回定例研究会（京都市・京都産業大学壬生校地むすびわざ館ホール）
　テーマ：土地家屋調査士の地図作成に関する新しい役割を探る

平成 30 年 3 月 3 日（土)　平成 30 年度通常総会及び第 21 回定例研究会（東京都・日比谷コンベンションホール）
　テーマ：地籍調査における筆界未定地の発生を如何に防ぐか

平成 30 年 7 月 21 日（土)　第 22 回定例研究会（愛媛県松山市・ひめぎんホール）
　テーマ：明治以降の土地制度から学ぶ登記所備付地図、建物所在図の有用性と必要性～愛媛からの発信～

平成 30 年 12 月 1 日（土)　第 23 回定例研究会（東京都・日本大学法学部（三崎町キャンパス))
　　　　　　　　　　　　日本土地家屋調査士会連合会・地籍問題研究会共催シンポジウム
　テーマ：所有者不明土地・空き家等問題における土地家屋調査士への期待

平成 31 年 3 月 9 日（土）　平成 31 年度通常総会及び第 24 回定例研究会（東京都・日比谷コンベンションホール）
　テーマ：今後の地籍整備の方向性と現場行政の取組

平成 31 年 7 月 13 日（土）　第 25 回定例研究会（東京都・機械振興会館地下 2 階ホール）
　テーマ：変則型登記の現状と解消に向けて（変則型登記問題の一般論）

平成 31 年 11 月 9 日（土）　第 26 回定例研究会（鹿児島市・マリンパレスかごしま 3 階マリンホール）
　テーマ：変則型登記の解消に向けて

令和 2 年 8 月 5 日（水）　第 27 回定例研究会（研究会ホームページ会員専用ページにて配信）
　テーマ：※統一テーマ無し

令和 2 年 11 月 14 日（土）　第 28 回定例研究会（オンライン（ZOOM）にて開催）
　テーマ：空き家問題を考える〜各地の土地家屋調査士会の先進事例に学ぶ〜

令和 3 年 7 月 17 日（土）　第 29 回定例研究会（オンライン（ZOOM）にて開催）
　テーマ：令和 3 年民法・不動産登記法改正〜土地家屋調査士業務への影響を考える〜

令和 3 年 11 月 27 日（土）　第 30 回定例研究会（オンライン（ZOOM）にて開催）
　テーマ：地籍図編製の研究

※講演者等の肩書きは当時のものです。

令和 4 年 3 月 26 日（土）第 31 回定例研究会（オンライン（ZOOM）にて開催）

　趣旨説明　鮫島信行氏（当研究会副代表幹事、㈱鹿島建設顧問）
　テーマ　改正国土調査法・地籍調査作業準則の展望
　報告
　「令和 2 年国土調査法等の改正事項に関するその後の動向①」
　　報告者　佐々木明徳氏（国土交通省土地政策審議官 G 地籍整備課長）
　「令和 2 年国土調査法等の改正事項に関するその後の動向②」
　　報告者　矢萩智裕氏（国土交通省土地政策審議官 G 企画専門官）
　「改正・地籍調査作業規程準則の活用と筆界特定制度について」
　　報告者　荻田匡嗣氏（三重県名張市都市整備部用地対策室長）
　コメント
　　コメンテーター
　　　山脇優子氏（土地家屋調査士、大阪土地家屋調査士会）
　総括コメント
　　柳澤尚幸氏（当研究会幹事、日本土地家屋調査士会連合会副会長）
　閉会挨拶　鮫島信行氏

令和 4 年 7 月 16 日（土）第 32 回定例研究会（東京・機械振興会館地下 2 階ホール）

（来場とオンライン併用で開催）

　テーマ　令和 3 年法改正と土地家屋調査士業務
　趣旨説明　草鹿晋一氏（当研究会幹事、京都産業大学法学部教授）
　　報告 1　令和 3 年民法改正と共有私道ガイドラインの改訂
　　　大谷　太氏（法務省大臣官房参事官（民事））
　　報告 2　「相続土地国庫帰属法」について
　　　舟橋秀明氏（当研究会幹事、金沢大学大学院法学研究科准教授）
　　パネルディスカッション　〜事例から考える今後の課題〜
　　　コーディネーター　草鹿晋一氏
　　　パネリスト
　　　小野伸秋氏（当研究会幹事、土地家屋調査士）
　　　小野　勇氏（当研究会幹事、土地家屋調査士）
　　　山脇優子氏（土地家屋調査士、大阪土地家屋調査士会）
　　　藤井俊二氏（当研究会幹事、創価大学名誉教授）
　　　岡田康夫氏（当研究会副代表幹事、國學院大學法学部教授）
　　総合コメント　吉原祥子氏（東京財団政策研究所研究員）
　　閉会挨拶　岡田康夫氏

令和 4 年 12 月 3 日（土）第 33 回定例研究会（オンライン（Zoom）にて開催）

　テーマ　「表示登記制度及び土地家屋調査士の業務と制度の充実に関する研究」
　　日本土地家屋調査士会連合会研究所〜令和 4 年度研究概要　中間報告〜
　　挨拶　岡田潤一郎氏（日本土地家屋調査士会連合会会長）

挨拶及び研究所紹介　城戸崎修氏（日本土地家屋調査士会連合会常任理事（研究所長））
テーマ1　歴史的な地図・資料等の地域性に関する研究
　報告1　「京都地域における歴史的地図・資料等について、土地家屋調査士業務に関連した考察、調査研究」
　　三田村和幸研究員（京都土地家屋調査士会）
　報告2　「『府県地租改正紀要』を読み直す」
　　近江太郎研究員（香川県土地家屋調査士会）

テーマ2　先端技術及びビジネスモデル等に関する研究
　報告3　「登記所備付地図作成地域におけるバックパック型MMS精度検証及び高精度化手法の検討」
　　本多崇研究員（東京土地家屋調査士会）
　報告4　「最新技術でTSによる測量をどこまで補完できるかの検証」
　　平泉　規研究員（長野県土地家屋調査士会）
　報告5　「土地の整備と登記制度を活用したデジタル化に関する研究」
　　那須康治研究員（広島県土地家屋調査士会）
　報告6　「みちびき高精度測位など最新技術の活用とビジネスモデルに関する調査・研究」
　　浅里幸起特任研究員（（一財）宇宙システム開発利用推進機構）

テーマ3　不動産取引に関する研究
　報告7　「相続税申告手続に関わる土地家屋調査士業務の研究」
　　諏佐愛蘭研究員（千葉県土地家屋調査士会）
　報告8　「昨今の土地取引に係る土地家屋調査士」
　　伊藤直樹研究員（愛知県土地家屋調査士会）

テーマ4　地籍調査に関する研究
　報告9　（共同報告）「地籍調査に関する研究」
　　片岡聖佳研究員（和歌山県土地家屋調査士会）
　　古尾圭一研究員（三重県土地家屋調査士会）
　報告10　「リモートセンシングによる地籍調査の効率化に係る研究」
　　山中匠研究員（広島県土地家屋調査士会）
閉会
　閉会の挨拶　柳澤尚幸氏（当研究会幹事、日本土地家屋調査士会連合会副会長）

令和5年3月11日（土）第34回定例研究会（㈱LMJ東京研修センター4階会議室）

（来場とオンライン併用で開催）

テーマ　DX時代の地図編製
開会及び趣旨説明　鮫島信行氏（当研究会副代表幹事）
　報告1　土地・地理空間分野におけるデジタル庁の取組
　　一栁泰基氏（デジタル庁デジタル社会共通機能グループ参事官補佐）
　報告2　地籍調査の変遷と地図の精度
　　川口　保氏（（一社）日本国土調査測量協会技術部長）
　報告3　作成時期が異なる地籍図の接合性
　　佐藤　修氏（国土交通省認定地籍アドバイザー、株式会社十日町測量取締役企画部長）
　報告4　eMAFF地図の農地情報紐づけ実施業務について
　　向江拓郎氏（農林水産省大臣官房デジタル戦略グループ課長補佐（地理情報共通管理システム担当））
　報告5　GISと地図の接合性
　　西脇周平氏（国土情報開発株式会社企画管理部MTU課係長）
　　山口琢也氏（国土情報開発株式会社企画管理部MTU課課長）
総括
　村上真幸氏（当研究会幹事、（公社）日本測量協会副会長）
閉会

令和5年7月29日（土）第35回定例研究会（㈱LMJ東京研修センター4階会議室）

（来場とオンライン併用で開催）

テーマ　DX時代の地図編製2〜新たな地図作成制度の考察〜
開会挨拶
　鮫島信行氏（当研究会代表幹事）
趣旨説明
　小野伸秋氏（当研究会幹事）
基調講演

登記所備付地図の現在地と将来の展望
法務局の地図作成事業・地図データのオープン化
　三枝稔宗氏（法務省民事局民事第二課補佐官）
　　報告1　地籍調査の動向と街区境界調査の取組
　　　伊藤裕之氏（国土交通省不動産・建設経済局地籍整備課企画専門官）
　　報告2　県下市町村の官民境界確認情報の登録による地図作成・管理システムの検討
　　　　　　岐阜県地籍情報管理研究会
　　　馬渕洋介氏（（公財）岐阜県建設研究センター（岐阜県ふるさと地理情報センター））
　　　富田真雄氏（（公社）岐阜県公共嘱託登記土地家屋調査士協会企画部長）
　　報告3　DX社会に相応しいクラウドCADによる地図作成の効率化の提案
　　　今瀬　勉氏（土地家屋調査士、前・日本土地家屋調査士会連合会業務部長）
総括
　柳澤尚幸氏（土地家屋調査士、前・日本土地家屋調査士会連合会副会長）
事務連絡・閉会・懇親会

令和5年11月18日（土）第36回定例研究会（㈱LMJ東京研修センター4階会議室）

（来場とオンライン併用で開催）

テーマ　DX時代の地図編製3　～土地家屋調査士が考えるDX時代の地図作成～
開会挨拶・趣旨説明　鮫島信行氏（当研究会代表幹事）
司会進行　山田明弘氏（当研究会幹事）の質疑応答時間を含む）
　　報告1　「LiDARを活用した山林土地の境界明示」
　　　髙島和宏氏（土地家屋調査士）
　　報告2　「リモートセンシングデータを基にした推定筆界線図精度検証の試みと高精度General Boundary
　　　　　　地図編成の可能性」
　　　山中　匠氏（土地家屋調査士）
　　報告3　「法務省地図公開データを用いたWebGIS「今ここ何番地？」」
　　　白土洋介氏（土地家屋調査士）
　　報告4　「地積測量図のDXについて」
　　　藤井十章氏（土地家屋調査士）
　　報告5　「GISを使った官民共同事業（仮）」
　　　望月繁和氏（土地家屋調査士）
総括
　小野伸秋氏（当研究会幹事）
閉会・事務連絡・懇親会

令和6年3月2日（土）第37回定例研究会（中野セントラルパークカンファレンス　ルーム2）

（来場とオンライン併用で開催）

テーマ　変則型登記と所有者不明土地問題
開会挨拶・趣旨説明　鮫島信行氏（当研究会代表幹事）
司会進行　小西飛鳥氏（当研究会幹事）
　　特別講演　表題部所有者不明土地適正化法のインパクト　―入会権を中心に
　　　高村学人氏（立命館大学教授）
　　報告1　東京法務局における変則登記解消事業の現状と課題
　　　横山　亘氏（東京法務局民事行政部次長）
　　報告2　表題部所有者不明土地における『所有者等探索委員』の活動実態について
　　　飯田　裕氏（東京土地家屋調査士会所有者等探索委員）
　　報告3　認可地縁団体が所有する不動産に係る登記の特例を活用した事例
　　　監物淳二氏（茨城県土地改良事業団体連合会）
質疑応答
閉会・事務連絡・懇親会

4 土地の筆界に関する「地域の慣習（地図等の歴史的資料類）」の研究

　土地家屋調査士は、日常業務として土地分筆登記、境界鑑定、筆界特定などを行い、さらに土地家屋調査士会が運営する ADR 境界問題相談センター（P49 参照）での裁判外紛争解決手続きに積極的に携っている。これらの業務では、地域や時代によって異なる「土地の筆界に関する慣習」を理解し、適切な判断を下すことが求められる。この重要性を踏まえ平成 14 年 8 月 1 日に施行された土地家屋調査士法の改正では、土地家屋調査士法第 25 条において、土地の筆界を明らかにする為の方法に関する慣習についての研鑽が法定化されている。

　法定化以前から私たち土地家屋調査士は、土地の筆界（境界）について、丁寧に歴史をひもとき、「人」と「土地」と「未来」を調和させるといった、とても人間らしく温かい資格者を目指してきたところである。

　現在、登記所に備え付けられている筆界に関する資料である公図は、明治時代に作成されたものが大半を占めており、それらは全国の各府県により異なった作業基準で作成されたことが判明している。つまり、土地の筆界を取り扱うに当たっては、その業務を行う地域における土地の筆界が形成された歴史的経緯、また土地の筆界を明らかにするための当該地域特有の取扱いを熟知する必要がある。

　これらの研究が社会の期待に応えており、登記事務にとどまらず司法の場においても有効な資料として活用されている。

　土地家屋調査士は、自身の研究の他、全国の土地家屋調査士会が行う研究に参加又は研究会を開催するなどの方法により資質の向上に努めている。

　各土地家屋調査士会が取りまとめた成果のうち、書籍冊子等として編纂されているもの（その他資料として体系的に保持されているものもある。）について、以下へ掲載する。

土地家屋調査士法【抜粋】

（研　修）

第 25 条　調査士は、その所属する調査士会及び調査士会連合会が実施する研修を受け、その資質の向上を図るように努めなければならない。

2　調査士は、その業務を行う地域における土地の筆界を明らかにするための方法に関する慣習その他の調査士の業務についての知識を深めるよう努めなければならない。

● 土地家屋調査士会が保有する土地家屋調査士法第 25 条第 2 項に規定する 「地域の慣習」に関わる地図等の歴史的な資料（書籍）類

令和 5 年 11 月 1 日現在

発行月	書籍名	土地家屋調査士会
昭和 52 年 3 月	沖縄県　沖縄の地籍　—現状と対策—	沖縄県土地家屋調査士会
昭和 54 年 3 月	北海道における筆界の形成と地図	札幌土地家屋調査士会
平成 4 年 12 月	沖縄県　沖縄登記関係法令集	沖縄県土地家屋調査士会
平成 15 年 2 月	項目別年表と資料で知る丈量等の制度の変遷	東京土地家屋調査士会
平成 17 年 10 月	秋田県における地租改正に関する法令等調査報告書	秋田県土地家屋調査士会
平成 17 年 10 月	秋田県における地租改正に関する法令等調査報告書 （公図は平板測量によって作られた）	秋田県土地家屋調査士会
平成 18 年 4 月	昭和 4 年発行山形市街図復元	山形県土地家屋調査士会
平成 18 年 3 月	土地境界鑑定ハンドブック	千葉県土地家屋調査士会
平成 18 年 3 月	山口県土地制度・地図の沿革	山口県土地家屋調査士会
平成 18 年 11 月	「北海道における地図・台帳等制度の沿革」	北海道ブロック協議会 （札幌・函館・旭川・釧路各土地家屋調査士会）
平成 19 年 10 月	暫定版　愛媛の地租改正（資料編）	愛媛県土地家屋調査士会
平成 19 年 10 月	写真が語る公図と台帳　～かごしまの資料～	鹿児島県土地家屋調査士会
平成 20 年 6 月	茨城県における地方の慣習による地図の沿革	茨城土地家屋調査士会
平成 20 年 12 月	ぶらり～和歌山境界紀行～	和歌山県土地家屋調査士会
平成 21 年 3 月	土地家屋調査士法第 25 条第 2 項利用活用ハンドブック	宮城県土地家屋調査士会
平成 21 年 8 月	地積測量図 IN 愛媛	愛媛県土地家屋調査士会
平成 21 年 11 月	岐阜県の地籍（明治期）	岐阜県土地家屋調査士会
平成 22 年 3 月	土地台帳付属地図と地図に準ずる図面の実証的研究 （福井県下に於ける付属地図のルーツを尋ねて）	福井県土地家屋調査士会
平成 22 年 3 月	地域の慣習調査図（DVD）	新潟県土地家屋調査士会
平成 22 年 3 月	旧香南町にみる　香川県の公図Ⅰ	香川県土地家屋調査士会
平成 22 年 12 月	三重県の地籍Ⅰ　三重県における公図の源泉	三重県土地家屋調査士会
平成 23 年 3 月	土地境界基本実務の手引き	長野県土地家屋調査士会
平成 23 年 3 月	旧大川町にみる　香川県の公図Ⅱ	香川県土地家屋調査士会
平成 23 年 3 月	田畑歩数極様　～宮崎県の境界ことはじめ～	宮崎県土地家屋調査士会
平成 24 年 3 月	土地台帳付属地図と地図に準ずる図面の実証的研究 （福井県下に於ける付属地図のルーツを尋ねて）第弐集	福井県土地家屋調査士会
平成 24 年 3 月	あいちの地籍（明治前期）　—地図読み人の視点から—	愛知県土地家屋調査士会
平成 25 年 3 月	とやまの地籍（明治前期）—資料集	富山県土地家屋調査士会
平成 25 年 3 月	石川県の地籍（明治前期）—地租改正・地押調査・地籍編纂と地図	石川県土地家屋調査士会
平成 25 年 3 月	岐阜県の地籍（明治期）補巻	岐阜県土地家屋調査士会
平成 25 年 3 月	三重県の地籍　用語集　第一版	三重県土地家屋調査士会
平成 27 年 3 月	徳島の地籍Ⅰ	徳島県土地家屋調査士会
平成 29 年 3 月	『埼玉県における地籍図の作成』資料集 —明治時代における地租改正の歩み—	埼玉土地家屋調査士会
平成 29 年 3 月	あいちの地籍（耕地整理編）　—地図読み人の視点から—	愛知県土地家屋調査士会
平成 29 年 3 月	三重県の地籍Ⅱ　三重県における公図の源泉	三重県土地家屋調査士会
平成 29 年 3 月	石川県の地籍（明治中期～昭和前期）—耕地整理—	石川県土地家屋調査士会
平成 29 年 3 月	とやまの地籍（田区改正・耕地整理編）—資料集	富山県土地家屋調査士会
平成 30 年 2 月	大分県の地籍　—明治前期地租改正—	大分県土地家屋調査士会
平成 30 年 3 月	岐阜県の地籍（耕地整理）	岐阜県土地家屋調査士会
令和 2 年 11 月	表示登記制度の変遷（栃木県版）	栃木県土地家屋調査士会

5　土地家屋調査士会が運営するADR境界問題相談センター

　土地家屋調査士会が運営するADR境界問題相談センター（以下「ADRセンター」という。）は、平成13年からの司法制度改革の流れを受け、平成14年10月に愛知県土地家屋調査士会内に「あいち境界問題相談センター」が全国で初めて設立され、平成16年3月までに大阪、東京、福岡の各土地家屋調査士会内に順次ADRセンターが設立された。

　その後、平成16年12月に裁判外紛争解決手続の利用の促進に関する法律により、裁判外紛争解決手続についての基本理念等が定められるとともに認証制度を設け、認証を受けた機関においては時効の中断の効力（効果）などが認められた。

　また、平成17年に土地家屋調査士法が改正され、一定の能力担保措置を講じた土地家屋調査士（ADR認定土地家屋調査士。P72参照）は、法務大臣の指定する民間紛争解決手続機関（ADR機関）において、土地の境界が現地において明らかでないことを原因とする民事に関する紛争に、弁護士との共同受任でこれに当たることができることとなった。

　こうした流れを受け、全国の土地家屋調査士会内に順次ADRセンターが設立され、平成25年6月には全国50の土地家屋調査士会全てに設立された。

　ADRセンターを運営する土地家屋調査士会は、前述の土地家屋調査士法上の民間紛争解決手続機関としての法務大臣指定、さらに裁判外紛争解決手続の利用の促進に関する法律上の民間紛争解決手続の業務に関する法務大臣認証を受け、「境界紛争ゼロ」を目指し、国民が安心して利用できる環境づくりに努めている。

　以下の統計は、土地家屋調査士会が運営するADRセンターの一覧と、平成25年度から令和4年度の相談・調停件数である。

　統計では相談件数に比べて、調停件数が少ない結果となっている。ADRセンターでは調停の前段階で事前相談制度を設けているところも多く、事前相談の段階で利用者が疑問を解消した場合や筆界特定制度の紹介等を行うことなどから、調停申立てまでに至らない要因となっており、調停を行う前に和解など事件が解決したり、他の方法が用いられる場合がある。

　また、平成29年度までと比べて平成30年度以降の相談件数に大きな差が見られるのは、この年度からADRセンターにおける「相談」という用語の定義を「土地家屋調査士と弁護士が同席して法律的な見解も含む回答をする相談」と明確にし、以前の件数と区別化したためである。

　日調連では、市民が更に利用しやすいADRセンターの運営方法や、効率よく円満に解決に導ける手法などについて、全国の土地家屋調査士会ADRセンターの運営の情報を収集しながら模索しているところである。

　なお、政府においては、新たな成長の原動力となるデジタル化への集中投資・実装とその環境整備の一環として、「オンラインでの紛争解決（ODR）の推進に向け、AI技術の活用可能性等の検討を進め、ODRを身近なものとするための基本方針を2021年度中に策定する」こととされている。

　法務省においては、これを受け、2022年（令和4年）3月に「ODRの推進に関する基本方針〜ODRを国民に身近なものとするためのアクション・プラン〜」（法務省ウェブサイト　ODR（オンラインADR）について（https://www.moj.go.jp/housei/adr/housei10_00187.html）より）が取りまとめられた。

　土地家屋調査士会のODR（オンラインでの紛争解決手続）に関しては、令和6年3月末日現在で千葉、三重、山口、宮城、青森の各土地家屋調査士会ADRセンターにおいて運用されている。今後、多くの土地家屋調査士会においても運用されることが期待される。

※ ADRとは、Alternative Dispute Resolutionの略称で、「裁判外紛争解決手続の利用の促進に関する法律」では「裁判外紛争解決手続」と規定されている。また、ODRとは、Online Dispute Resolutionの略称で、裁判によらないオンラインでの紛争解決手段のことをいう。

● 全国の土地家屋調査士会 ADR センター

令和6年3月31日現在

都道府県	センター名称	設立年月	大臣指定	認証交付	ODRの運用開始
北海道	さっぽろ境界問題解決センター	平成17年 8月	平成19年 8月10日	平成25年 3月15日	
	土地境界問題相談センター函館	平成22年 4月	平成22年 9月15日		
	旭川境界問題相談センター	平成23年 5月	平成23年10月28日		
	境界問題解決支援センター道東	平成23年 4月	平成25年 4月22日		
青森県	あおもり境界紛争解決支援センター	平成21年 3月	平成22年 4月 9日		令和5年12月25日
岩手県	境界問題相談センターいわて	平成20年11月	平成21年 2月26日		
宮城県	みやぎ境界紛争解決支援センター	平成17年 3月	平成19年 8月10日	平成22年 3月23日	令和5年 6月28日
秋田県	秋田境界ADR相談室	平成22年 9月	平成23年 3月31日	平成31年 1月24日	
山形県	境界ADRセンターやまがた	平成22年 2月	平成22年10月13日		
福島県	境界紛争解決支援センターふくしま	平成21年 1月	平成21年10月27日		
茨城県	境界問題解決支援センターいばらき	平成19年 7月	平成19年10月23日	平成23年 2月 8日	
栃木県	境界問題解決センターとちぎ	平成19年 4月	平成19年12月11日	平成23年 3月29日	
群馬県	境界問題相談センターぐんま	平成20年 2月	平成20年 7月22日		
埼玉県	境界問題相談センター埼玉	平成17年11月	平成19年12月11日		
千葉県	境界問題相談センターちば	平成18年 9月	平成19年10月23日	平成21年 8月17日	令和5年 7月20日
東京都	東京土地家屋調査士会境界紛争解決センター	平成15年 6月	平成19年12月11日		
神奈川県	境界問題相談センターかながわ	平成17年 3月	平成19年 8月10日	平成21年10月23日	
新潟県	境界紛争解決支援センターにいがた	平成19年 4月	平成19年 6月 6日	平成26年 5月21日	
富山県	とやま境界紛争解決支援センター	平成18年 9月	平成20年 4月22日		
石川県	境界問題相談センターいしかわ	平成18年 3月	平成19年12月11日	平成23年11月 9日	
福井県	境界問題相談センターふくい	平成20年 1月	平成21年 2月12日		
山梨県	境界問題相談センターやまなし	平成22年 5月	平成22年 6月24日		
長野県	境界問題解決支援センター長野	平成20年 3月	平成20年 5月 1日	平成21年12月18日	
岐阜県	境界紛争解決支援センターぎふ	平成18年 3月	平成20年 2月 8日	平成27年 4月27日	
静岡県	静岡境界紛争解決センター	平成18年11月	平成19年 6月 6日	平成22年 9月15日	
愛知県	あいち境界問題相談センター	平成14年10月	平成19年 9月 5日	平成23年 3月29日	
三重県	境界問題相談センターみえ	平成25年 6月	平成25年 6月28日		令和4年11月 9日
滋賀県	境界問題解決支援センター滋賀	平成18年11月	平成19年 8月10日	平成21年 5月19日	
京都府	京都境界問題解決支援センター	平成19年 4月	平成19年 6月 6日	平成22年 4月 1日	
大阪府	境界問題相談センターおおさか	平成15年 3月	平成19年 9月 5日	平成19年12月17日	
兵庫県	境界問題相談センターひょうご	平成18年 3月	平成19年 8月10日	平成24年 7月 9日	
奈良県	境界問題相談センター奈良	平成20年 8月	平成20年12月 1日		
和歌山県	境界問題相談センターわかやま	平成20年 7月	平成20年 9月18日	平成28年 6月 1日	
鳥取県	境界問題相談センターとっとり	平成21年11月	平成22年 8月19日		
島根県	境界問題相談センター島根	平成22年12月	平成24年11月22日		
岡山県	境界問題相談センター岡山	平成20年11月	平成21年 2月12日		
広島県	境界問題相談センターひろしま	平成17年 6月	平成19年10月23日		
山口県	境界問題解決支援センターやまぐち	平成19年11月	平成19年12月11日	平成31年 4月 8日	令和4年 3月24日
徳島県	境界問題解決センターとくしま	平成17年11月	平成19年 8月10日	平成21年 6月 1日	
香川県	境界問題相談センターかがわ	平成18年 9月	平成19年 6月 6日	平成22年10月25日	
愛媛県	境界問題相談センター愛媛	平成18年 9月	平成19年 6月 6日	平成20年 1月25日	
高知県	境界問題ADRセンターこうち	平成18年10月	平成19年 6月 6日	平成22年10月12日	
福岡県	境界問題解決センターふくおか	平成16年 3月	平成19年 9月 5日	令和 3年 3月 1日	
佐賀県	境界問題相談センターさが	平成22年 3月	平成22年 5月27日		
長崎県	境界問題相談センターながさき	平成22年 1月	平成25年 1月 4日		
熊本県	境界紛争解決支援センターくまもと	平成21年 9月	平成22年 1月25日		
大分県	境界紛争解決センター・境界問題相談センター	平成24年 2月	平成24年 3月23日		
宮崎県	境界問題相談センターみやざき	平成21年 9月	平成21年10月27日	平成28年 7月15日	
鹿児島県	境界問題相談センターかごしま	平成18年 8月	平成19年 8月10日	平成30年12月 3日	
沖縄県	おきなわ境界問題相談センター	平成19年 4月	平成20年 8月29日		

● 全国の土地家屋調査士会 ADR センターの相談・調停件数 （平成25年度〜令和4年度）

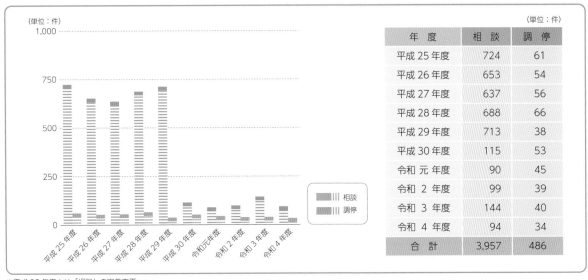

年　度	相　談	調　停
平成25年度	724	61
平成26年度	653	54
平成27年度	637	56
平成28年度	688	66
平成29年度	713	38
平成30年度	115	53
令和 元 年度	90	45
令和 2 年度	99	39
令和 3 年度	144	40
令和 4 年度	94	34
合　計	3,957	486

※平成30年度より「相談」の定義変更。

49

6 筆界特定制度と土地家屋調査士の関わり

　登記された一筆の土地の筆界が不明であることを原因とする民事紛争は数多く存在する一方で、紛争が訴訟として提起された場合、その解決には専門的な知見を要することや、紛争の対象範囲が小さいこともあり、時間と労力を要する割にはその解決が困難であるといわれてきた。

　そこで不動産登記法の改正により平成18年1月、同法第123条において新たに筆界特定制度が設けられた。同制度は、法務局、地方法務局の筆界特定登記官が、土地の所有権登記名義人等の申請に基づいて土地の「筆界」を特定する制度であり、迅速かつ適正な手続により相隣関係の安定等に寄与するものである。

　筆界特定制度は筆界特定登記官が筆界の特定を行う制度ではあるものの、筆界特定登記官に意見を述べる役目として「筆界調査委員」が置かれることとなった。筆界調査委員には、土地の境界に関する専門的かつ高度な知識、経験、技能を持つ土地家屋調査士が各土地家屋調査士会からの推薦を受け、法務局長又は地方法務局長より任命されている。他にも境界確定訴訟等の代理人として関わってきた弁護士や少額訴訟を行ってきた司法書士も同様に法務局長又は地方法務局長より任命される。

　また、土地家屋調査士は通常業務において筆界を確認できない場合、土地の所有権登記名義人からの依頼を受け、筆界特定手続の申請代理人となる。

　近年、問題が顕在化してきたのは、隣接地所有者の所在が不明であることによって筆界の確認ができないことを理由に分筆の登記等の申請が困難となり、土地の売買や用地取得等に支障を来す事案が増加している点である。これらの事案については、この制度の活用により、隣接地との筆界を特定し、土地の位置や範囲を明確にすることによって、分筆の登記等が可能となる。

　そして、このような事案において、分筆の登記等を迅速に行い、円滑な土地取引に資することを目的として、隣接地所有者の所在が不明である土地の筆界特定の申請を行う場合には、分筆の登記等の申請のために収集又は作成した測量成果等の様々な資料を提出、筆界特定登記官はこれらの資料を最大限活用することによって、通常よりも大幅に短縮した期間で筆界特定を行うという枠組み（筆特活用スキーム）が法務省において実施されている。

　いずれの形においても筆界特定制度に対する土地家屋調査士の関わりはより一層深いものとなっている。

　筆界特定制度に関する統計については、次のとおりである。近年、境界（筆界）に関する裁判所事件の件数が減少していることは、筆界特定制度が社会に浸透し社会的役割を果たしてきたことの表れであると考える。

　また、前述の土地家屋調査士会が運営するADRセンターとの効果的な連携を図ることにより、境界に関する問題の解決に係る国民の多様なニーズに迅速かつ適切に対応することを目指すものである。

不動産登記法【抜粋】
（筆界調査委員）
第127条　法務局及び地方法務局に、筆界特定について必要な事実の調査を行い、筆界特定登記官に意見を提出させるため、筆界調査委員若干人を置く。
2　筆界調査委員は、前項の職務を行うのに必要な専門的知識及び経験を有する者のうちから、法務局又は地方法務局の長が任命する。
3　筆界調査委員の任期は、二年とする。
4　筆界調査委員は、再任されることができる。
5　筆界調査委員は、非常勤とする。

● 筆界特定事件の申請件数及び境界（筆界）に関する訴えの件数の推移

- ・筆界特定事件の申請件数の推移（平成18年～令和4年）は、法務省ウェブサイト内【登記統計　統計表】のうち、「筆界特定事件の新受，既済及び未済件数（平成18年～令和4年）」の統計から。
- ・境界（筆界）に関する訴えの件数推移（平成19年～令和4年）は、最高裁判所「司法統計年報－民事行政編「第一審通常訴訟新受事件数－事件の種類別－地方裁判所別」の総件数のうち、土地を目的とする訴えの項目中、「土地境界」に関するものの訴えの件数の平成19年～令和4年の推移。

（情報提供：最高裁判所事務総局）

● 筆界調査委員として活躍している土地家屋調査士

（令和5年11月1日現在）

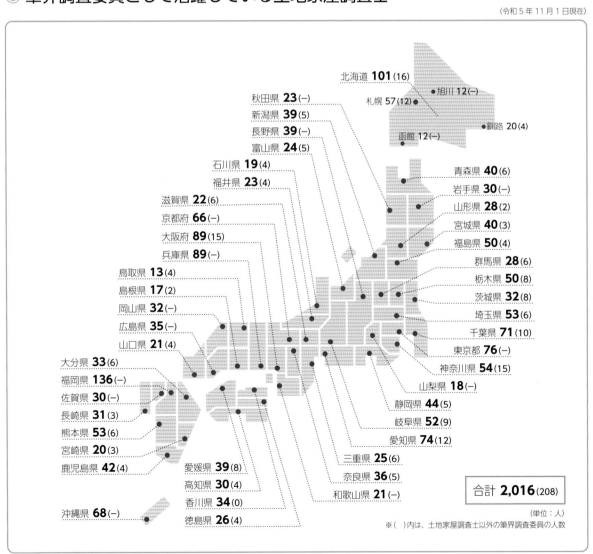

北海道 **101**(16)
旭川 12(-)
札幌 57(12)
釧路 20(4)
函館 12(-)

秋田県 **23**(-)
新潟県 **39**(5)
長野県 **39**(-)
富山県 **24**(5)
石川県 **19**(4)
福井県 **23**(4)
滋賀県 **22**(6)
京都府 **66**(-)
大阪府 **89**(15)
兵庫県 **89**(-)
鳥取県 **13**(4)
島根県 **17**(2)
岡山県 **32**(-)
広島県 **35**(-)
山口県 **21**(4)
大分県 **33**(6)
福岡県 **136**(-)
佐賀県 **30**(-)
長崎県 **31**(3)
熊本県 **53**(6)
宮崎県 **20**(3)
鹿児島県 **42**(4)

青森県 **40**(6)
岩手県 **30**(-)
山形県 **28**(2)
宮城県 **40**(3)
福島県 **50**(4)
群馬県 **28**(6)
栃木県 **50**(8)
茨城県 **32**(8)
埼玉県 **53**(6)
千葉県 **71**(10)
東京都 **76**(-)
神奈川県 **54**(15)
山梨県 **18**(-)
静岡県 **44**(5)
岐阜県 **52**(9)
愛知県 **74**(12)
三重県 **25**(6)
奈良県 **36**(5)
和歌山県 **21**(-)

愛媛県 **39**(8)
高知県 **30**(4)
香川県 **34**(0)
徳島県 **26**(4)
沖縄県 **68**(-)

合計 **2,016**(208)

（単位：人）
※（　）内は、土地家屋調査士以外の筆界調査委員の人数

7 土地家屋調査士の司法参加

　全国の裁判所（地方裁判所、家庭裁判所、簡易裁判所）においては、民事調停や家事調停に参加する調停委員、家事審判に参加する参与員、専門的な知識を要する裁判で知見を提供する専門委員、更地価格や借地権価格、賃料などを評価するための鑑定委員会を構成する鑑定委員等様々な委員を選任している。これらの委員には土地家屋調査士も選任されており、司法の場においても土地家屋調査士の専門的知見が活かされている。

　令和5年4月1日に施行された民法の一部改正により、新たに創設、または見直しがされた新たな管理人制度（P20参照）においても土地家屋調査士はその専門性を活かし様々な管理人として活躍する事が期待されている。

　以下の表は、令和5年11月1日現在の各都道府県における土地家屋調査士による司法参加の一覧である。

◉ 司法参加している全国の土地家屋調査士

令和5年11月1日現在

都道府県名	民事調停委員	家事調停委員	専門委員	司法委員	鑑定委員	参与員
北海道	7	8	1	6	0	2
青森県	20	20	0	0	0	0
岩手県	12	9	0	8	2	7
宮城県	6	1	1	3	0	1
秋田県	7	2	0	0	0	0
山形県	4	3	0	4	2	1
福島県	6	2	0	0	1	2
茨城県	3	2	0	0	0	0
栃木県	8	2	0	2	2	1
群馬県	7	2	1	4	1	2
埼玉県	6	1	2	3	4	0
千葉県	4	0	2	1	2	1
東京都	7	0	0	0	2	0
神奈川県	1	0	1	0	0	0
新潟県	11	8	0	4	2	3
富山県	2	1	0	1	0	1
石川県	11	9	2	5	4	3
福井県	5	0	0	6	0	0
山梨県	2	1	0	1	0	0
長野県	3	0	0	0	0	0
岐阜県	4	1	0	2	1	1
静岡県	16	0	1	4	2	0
愛知県	8	2	1	4	0	0
三重県	6	3	1	3	0	1
滋賀県	4	0	0	0	0	0
京都府	0	0	0	0	1	0
大阪府	8	0	4	0	1	0
兵庫県	1	2	0	0	0	0
奈良県	2	3	0	0	0	0
和歌山県	3	1	0	0	0	0
鳥取県	0	0	1	0	0	0
島根県	0	0	0	3	2	1
岡山県	8	6	0	0	0	0
広島県	14	3	0	9	1	1
山口県	5	5	1	3	0	2
徳島県	1	0	0	0	0	0
香川県	4	0	0	1	0	0
愛媛県	12	7	0	0	0	0
高知県	2	1	0	0	0	0
福岡県	5	1	0	2	2	0
佐賀県	3	2	1	2	0	2
長崎県	2	4	0	0	0	0
熊本県	6	4	1	5	1	0
大分県	10	3	2	1	2	0
宮崎県	13	3	0	2	3	0
鹿児島県	12	8	1	14	4	5
沖縄県	1	0	1	0	0	0
合　計	282	131	26	103	42	39

第3章 不動産に関する権利の明確化に寄与する

1 不動産登記事件数の推移

　以下のグラフ及び表は、平成 25 年から令和 4 年までの不動産登記（表示に関する登記及び権利に関する登記）事件数の 10 年間の推移である。

　令和 4 年の登記事件数は、10 年前の平成 25 年に比較して約 2 割減少している。

◉ 不動産登記事件数の推移

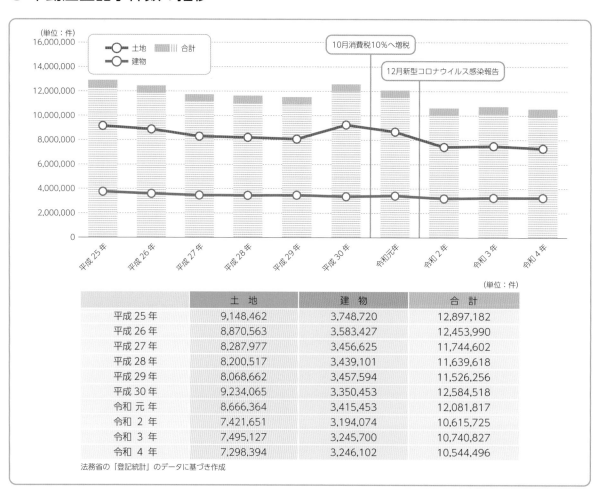

	土　　地	建　　物	合　　計
平成 25 年	9,148,462	3,748,720	12,897,182
平成 26 年	8,870,563	3,583,427	12,453,990
平成 27 年	8,287,977	3,456,625	11,744,602
平成 28 年	8,200,517	3,439,101	11,639,618
平成 29 年	8,068,662	3,457,594	11,526,256
平成 30 年	9,234,065	3,350,453	12,584,518
令和 元 年	8,666,364	3,415,453	12,081,817
令和 2 年	7,421,651	3,194,074	10,615,725
令和 3 年	7,495,127	3,245,700	10,740,827
令和 4 年	7,298,394	3,246,102	10,544,496

（単位：件）

法務省の「登記統計」のデータに基づき作成

「表示に関する登記」と「権利に関する登記」の違い

　登記記録は、1 筆の土地又は 1 個の建物ごとに表題部と権利部に区分して作成されています。
・表題部＝「表示に関する登記」
　不動産（土地・建物）の物理的状況（所在、地番、地目、地積、種類、構造、床面積等）を公示する登記であり、権利に関する登記の前提となるものです。
・権利部＝「権利に関する登記」
　登記された不動産に係る権利の主体、権利の種類、その内容、権利の移転、変更に関する登記です。
　土地家屋調査士は、『表示に関する登記』につき必要な土地又は建物の調査、測量、申請手続又は審査請求の手続の代理を主な業としています。

② 土地の表示に関する主な登記事件数の推移

　人口減少やGDP（国内総生産）の伸び悩みは不動産登記事件数にも表れており、年々減少傾向にあることが以下のグラフからも明らかである。近年では新型コロナウイルス感染症対策が国内経済活動に大きな影響を与えたことから、急激に登記件数が落ち込んでいる。

　土地の表示に関する登記では、宅地供給数の減少に影響を受ける分筆登記、地目変更登記の件数が減少傾向にあると推察される。国民の権利意識の向上と、土地取引の場面における境界確認の需要と重要度の認知により、土地地積更正登記の件数はほぼ横ばいである。

（＊国土交通省　土地白書　「新設住宅（利用関係別）着工戸数の推移」及び同白書「全国の宅地供給量の推移」などから分析）

◉ 土地の表示に関する主な登記事件数の推移

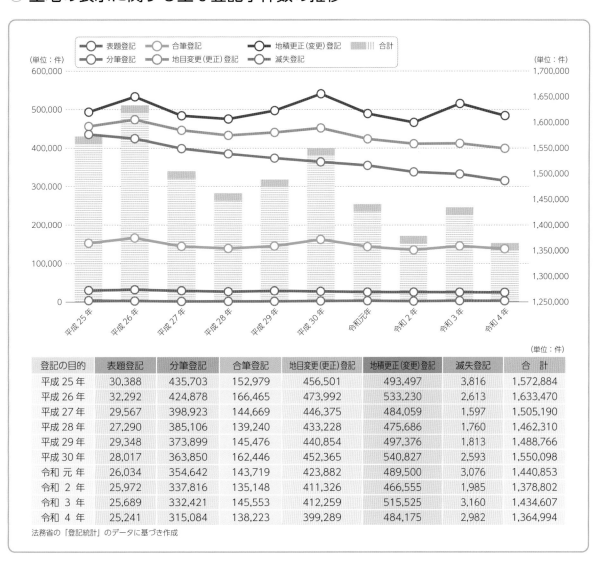

(単位：件)

登記の目的	表題登記	分筆登記	合筆登記	地目変更(更正)登記	地積更正(変更)登記	滅失登記	合　計
平成 25 年	30,388	435,703	152,979	456,501	493,497	3,816	1,572,884
平成 26 年	32,292	424,878	166,465	473,992	533,230	2,613	1,633,470
平成 27 年	29,567	398,923	144,669	446,375	484,059	1,597	1,505,190
平成 28 年	27,290	385,106	139,240	433,228	475,686	1,760	1,462,310
平成 29 年	29,348	373,899	145,476	440,854	497,376	1,813	1,488,766
平成 30 年	28,017	363,850	162,446	452,365	540,827	2,593	1,550,098
令和 元 年	26,034	354,642	143,719	423,882	489,500	3,076	1,440,853
令和 2 年	25,972	337,816	135,148	411,326	466,555	1,985	1,378,802
令和 3 年	25,689	332,421	145,553	412,259	515,525	3,160	1,434,607
令和 4 年	25,241	315,084	138,223	399,289	484,175	2,982	1,364,994

法務省の「登記統計」のデータに基づき作成

3 建物の表示に関する主な登記事件数の推移

　土地の表示に関する登記事件数同様、全体としては横ばいかやや減少傾向にある。特に建物登記件数は住宅供給という経済活動や建物市場の変動に密接に関連しており、建物表題登記（一般戸建住宅）よりも区分建物表題登記（マンション）の件数変動に表れている可能性がある。
　近年の新型コロナウィルス感染症蔓延や2020年東京オリンピック／パラリンピックなどを要因とする影響は限定的であったと考えられる。

◉ 建物の表示に関する主な登記事件数の推移

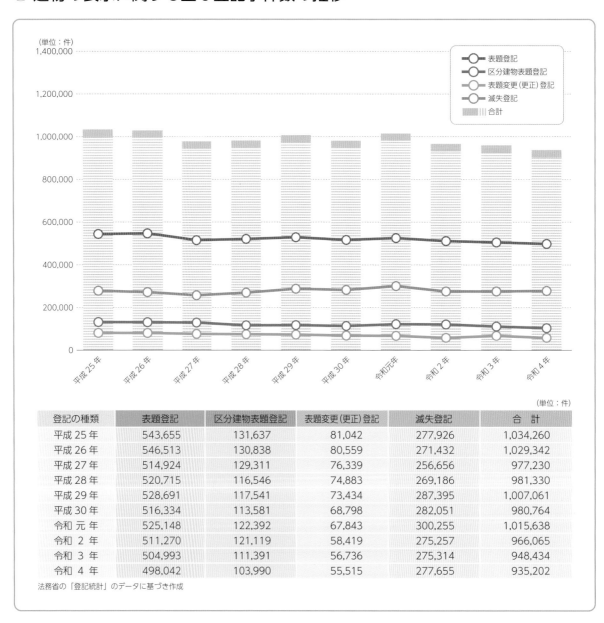

（単位：件）

登記の種類	表題登記	区分建物表題登記	表題変更(更正)登記	滅失登記	合　計
平成 25 年	543,655	131,637	81,042	277,926	1,034,260
平成 26 年	546,513	130,838	80,559	271,432	1,029,342
平成 27 年	514,924	129,311	76,339	256,656	977,230
平成 28 年	520,715	116,546	74,883	269,186	981,330
平成 29 年	528,691	117,541	73,434	287,395	1,007,061
平成 30 年	516,334	113,581	68,798	282,051	980,764
令和 元 年	525,148	122,392	67,843	300,255	1,015,638
令和 2 年	511,270	121,119	58,419	275,257	966,065
令和 3 年	504,993	111,391	56,736	275,314	948,434
令和 4 年	498,042	103,990	55,515	277,655	935,202

法務省の「登記統計」のデータに基づき作成

4 土地家屋調査士とオンライン登記申請

平成 17 年 3 月 7 日に施行された改正不動産登記法により、登記申請は、従来の登記所への書面持参又は郵送による提出から、オンライン（電子証明書に署名（＊））による方法が原則へと変更された（第 1 項がオンライン、書面は特例）。

以下のグラフ及び表は、平成 19 年から令和 4 年までの不動産登記事務取扱件数、オンライン登記申請件数及び申請率の推移である。不動産登記令附則第 5 条第 1 項の規定による申請（いわゆる特例方式）、登録免許税の軽減措置、そして平成 23 年 2 月に法務省民事局が直接管理する「登記・供託オンライン申請システム」の稼働開始、平成 27 年 6 月 1 日から開始されたオンライン登記申請における法定外添付書類の原本提示省略の取扱い等により、平成 19 年 12 月に 0.04％であったオンライン登記申請率は、平成 30 年に 40％を超えた。

さらに、登記所では、土地家屋調査士等が代理人としてオンライン申請を行い、関係法令の規定に基づき図面や書面等の添付情報を提供する場合、原則として添付情報の基となる書面の提出を求めない取扱いとする「調査士報告方式」の運用が令和元年 11 月 11 日から開始されたこともあり、令和 4 年には 70％近くまで上昇している。

今後ますますオンライン登記申請率の向上が図られ、業務の効率化が期待できる。

（＊）電子署名に必要な、法人会員を除く日本土地家屋調査士会連合会特定認証局発行の土地家屋調査士電子証明書を保有している会員は 11,683 名となり、70％以上が保有している。（令和 5 年 10 月 26 日現在）
平成 26 年 10 月 30 日から、セコムパスポート for G-ID 土地家屋調査士電子証明書の発行を開始し、それに伴い、「日本土地家屋調査士会連合会特定認証局」は平成 27 年 3 月に閉局した。

不動産登記法【抜粋】
（申請の方法）
第 18 条　登記の申請は、次に掲げる方法のいずれかにより、不動産を識別するために必要な事項、申請人の氏名又は名称、登記の目的その他の登記の申請に必要な事項として政令で定める情報（以下「申請情報」という。）を登記所に提供してしなければならない。
一　法務省令で定めるところにより電子情報処理組織（登記所の使用に係る電子計算機（入出力装置を含む。以下この号において同じ。）と申請人又はその代理人の使用に係る電子計算機とを電気通信回線で接続した電子情報処理組織をいう。）を使用する方法
二　申請情報を記載した書面（法務省令で定めるところにより申請情報の全部又は一部を記録した磁気ディスクを含む。）を提出する方法

◉ 不動産登記事務取扱件数、オンライン登記申請件数及び申請率の推移

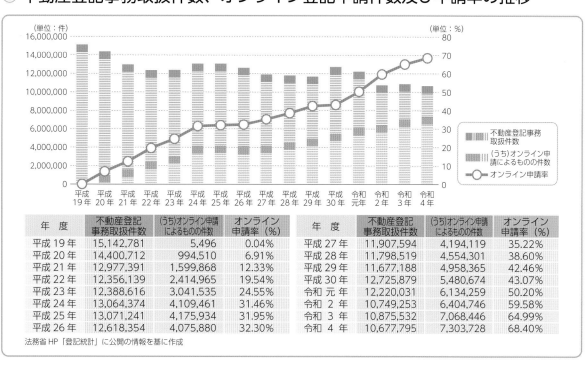

年　度	不動産登記事務取扱件数	（うち）オンライン申請によるものの件数	オンライン申請率（％）	年　度	不動産登記事務取扱件数	（うち）オンライン申請によるものの件数	オンライン申請率（％）
平成 19 年	15,142,781	5,496	0.04%	平成 27 年	11,907,594	4,194,119	35.22%
平成 20 年	14,400,712	994,510	6.91%	平成 28 年	11,798,519	4,554,301	38.60%
平成 21 年	12,977,391	1,599,868	12.33%	平成 29 年	11,677,188	4,958,365	42.46%
平成 22 年	12,356,139	2,414,965	19.54%	平成 30 年	12,725,879	5,480,674	43.07%
平成 23 年	12,388,616	3,041,535	24.55%	令和 元 年	12,220,031	6,134,259	50.20%
平成 24 年	13,064,374	4,109,461	31.46%	令和 2 年	10,749,253	6,404,746	59.58%
平成 25 年	13,071,241	4,175,934	31.95%	令和 3 年	10,875,532	7,068,446	64.99%
平成 26 年	12,618,354	4,075,880	32.30%	令和 4 年	10,677,795	7,303,728	68.40%

法務省 HP「登記統計」に公開の情報を基に作成

5 登記申請を伴わない調査・測量業務の件数の推移

　土地家屋調査士は、取り扱った業務内容を分類集計した「年計報告書」を土地家屋調査士会の会則に基づき年に一度提出している。土地家屋調査士会は収集した「年計報告書」を「総合計表」として取りまとめ、日調連の会則に基づき提出している。

　日調連は「総合計表」を収集・分析し、土地家屋調査士制度の発展、改革の基礎資料としている。

　以下の円グラフ・折れ線グラフは、上記「総合計表」内で「土地の登記」以外に分類された「登記申請を伴わない調査・測量業務」の取扱件数（＊1）を抽出したものである。

　土地家屋調査士及び土地家屋調査士法人は、「土地の筆界を明らかにする業務の専門家」として、「不動産に関する権利の明確化に寄与し、もって国民生活の安定と向上に資することを使命とする」と、土地家屋調査士法上において明らかにされている。「土地の筆界を明らかにする業務」には、登記の申請を伴わないものであっても土地の所有者等の依頼を受け、土地の筆界に関する資料の収集やその他の調査を行う業務も含まれる。

　土地の登記件数（＊2）については、前掲の法務省公開の登記統計を基にした数値に委ねることとし、近年、不動産取引が活発化するにつれて、こうした土地の筆界を明らかにする業務のうち登記の申請を伴わないものについて、割合も件数も増加傾向にある。

（＊1）業務取扱件数：土地家屋調査士会集計の取扱件数
（＊2）登記件数：法務省公開の登記統計

◉ 年計報告書総合計表の令和4年分の集計から

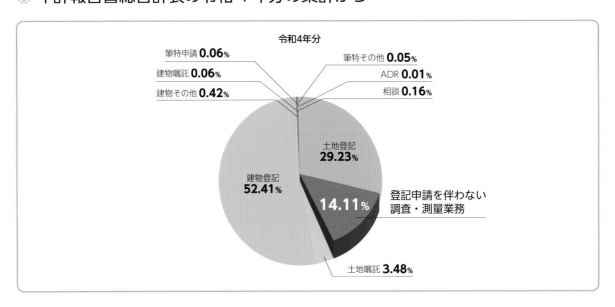

◉ 登記申請を伴わない調査・測量業務の取扱件数の推移 （平成25年〜令和4年）

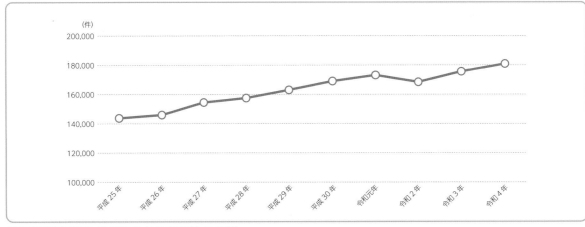

「登記申請を伴わない調査・測量業務」を「土地（その他）」として集計

第3章　不動産に関する権利の明確化に寄与する

6 公共嘱託登記

かつて、官庁、公署その他政令で定める公共の利益となる事業を行う者（以下「官公署等」という。）が、その事業に関して登記所に嘱託する登記は、官公署等の担当者による書類の作成のほか、個々の土地家屋調査士に直接請け負わせていた。

これを「公共嘱託登記」と呼び一般の登記と区別している。

昭和45年度以降における高度経済成長により、官公署等が公共事業等で道路買収や用地買収などを行う場合、一括大量に不動産登記処理を必要とする公共嘱託登記申請が増加することとなった。

このような状況の中、土地家屋調査士の能力を活用し、公共嘱託登記の適正・迅速・円滑な処理を図る目的で、昭和60年の土地家屋調査士法の改正により、法務大臣認可の下、各都道府県に設けられたのが「公共嘱託登記土地家屋調査士協会」（以下「公嘱協会」という。）である。

また、公益法人制度改革関連法の一つとして成立した一般社団法人及び一般財団法人に関する法律（平成20年12月1日施行）により、各々の「公嘱協会」は公益社団法人又は一般社団法人へと移行した。そのほか、これまでの公嘱協会とは別に一般社団法人として新しい公嘱協会も設立された。その結果、公共嘱託登記を受注する「公嘱協会」は全国的に増加し、公共嘱託登記の処理が、より効率的かつ迅速に行われる様になっている。

以下は、令和5年11月1日現在の、公嘱協会の名称、主たる事務所のある市区町村、成立年月日である。

● 全国の公共嘱託登記土地家屋調査士協会一覧

令和5年11月1日現在

都道府県		名　称	事務所のある市区町村	成立年月日
北海道	公益社団法人	札幌公共嘱託登記土地家屋調査士協会	札幌市中央区	昭和60年12月12日
	一般社団法人	函館公共嘱託登記土地家屋調査士協会	函館市	昭和60年12月13日
	公益社団法人	旭川公共嘱託登記土地家屋調査士協会	旭川市	昭和60年12月16日
	公益社団法人	釧路公共嘱託登記土地家屋調査士協会	釧路市	昭和60年12月23日
青森県	公益社団法人	青森県公共嘱託登記土地家屋調査士協会	青森市	昭和61年 1月13日
岩手県	公益社団法人	岩手県公共嘱託登記土地家屋調査士協会	盛岡市	昭和61年 1月 9日
宮城県	公益社団法人	宮城県公共嘱託登記土地家屋調査士協会	仙台市青葉区	昭和61年 1月17日
	一般社団法人	きずな公共嘱託登記土地家屋調査士協会	宮城郡七ケ浜町	平成25年10月21日
秋田県	公益社団法人	秋田県公共嘱託登記土地家屋調査士協会	秋田市	昭和60年12月19日
山形県	公益社団法人	山形県公共嘱託登記土地家屋調査士協会	山形市	昭和61年 1月31日
福島県	公益社団法人	福島県公共嘱託登記土地家屋調査士協会	福島市	昭和60年12月12日
茨城県	公益社団法人	茨城県公共嘱託登記土地家屋調査士協会	水戸市	昭和61年 2月18日
	一般社団法人	みと公共嘱託登記土地家屋調査士協会	水戸市	平成28年 6月17日
	一般社団法人	ひたち公共嘱託登記土地家屋調査士協会	日立市	平成28年12月19日
	一般社団法人	しるべ公共嘱託登記土地家屋調査士協会	水戸市	平成30年 5月 1日
栃木県	公益社団法人	栃木県公共嘱託登記土地家屋調査士協会	宇都宮市	昭和61年 1月23日
	一般社団法人	佐野公共嘱託登記土地家屋調査士協会	佐野市	平成30年 6月21日
群馬県	公益社団法人	群馬県公共嘱託登記土地家屋調査士協会	前橋市	昭和61年 2月10日
	一般社団法人	太田公共嘱託登記土地家屋調査士協会	太田市	平成22年 4月13日
	一般社団法人	高崎公共嘱託登記土地家屋調査士協会	高崎市	平成25年10月 2日
埼玉県	公益社団法人	埼玉公共嘱託登記土地家屋調査士協会	さいたま市	昭和61年 1月17日
	一般社団法人	和光市公共嘱託登記土地家屋調査士協会	和光市	平成25年 4月 8日
千葉県	公益社団法人	千葉県公共嘱託登記土地家屋調査士協会	千葉市中央区	昭和61年 1月28日

都道府県		名　称	事務所のある 市区町村	成立年月日
東京都	一般社団法人	東京公共嘱託登記土地家屋調査士協会	東京都千代田区	昭和 60 年 12 月 28 日
	一般社団法人	調布市公共嘱託登記土地家屋調査士協会	調布市	平成 24 年 11 月 21 日
神奈川県	公益社団法人	神奈川県公共嘱託登記土地家屋調査士協会	横浜市西区	昭和 61 年 1 月 29 日
	一般社団法人	大和公共嘱託登記土地家屋調査士協会	大和市	平成 21 年 3 月 11 日
	一般社団法人	海老名公共嘱託登記土地家屋調査士協会	海老名市	平成 21 年 7 月 28 日
	一般社団法人	相模原市公共嘱託登記土地家屋調査士協会	相模原市中央区	平成 22 年 2 月 16 日
	一般社団法人	かんとう公共嘱託登記土地家屋調査士協会	川崎市多摩区	平成 22 年 4 月 15 日
	一般社団法人	横浜市公共嘱託登記土地家屋調査士協会	横浜市神奈川区	平成 22 年 6 月 24 日
	一般社団法人	厚木市央公共嘱託登記土地家屋調査士協会	厚木市	平成 22 年 8 月 11 日
	一般社団法人	横須賀公共嘱託登記土地家屋調査士協会	横須賀市	平成 25 年 5 月 8 日
	一般社団法人	IMI よこはま公共嘱託登記土地家屋調査士協会	横浜市神奈川区	平成 27 年 4 月 1 日
	一般社団法人	ING みなと公共嘱託登記土地家屋調査士協会	横浜市中区	平成 27 年 4 月 1 日
	一般社団法人	湘南公共嘱託登記土地家屋調査士協会	藤沢市	平成 27 年 4 月 1 日
	一般社団法人	うみかぜ公共嘱託登記土地家屋調査士協会	横須賀市	令和 3 年 7 月 27 日
新潟県	公益社団法人	新潟県公共嘱託登記土地家屋調査士協会	新潟市中央区	昭和 60 年 12 月 16 日
富山県	公益社団法人	富山県公共嘱託登記土地家屋調査士協会	富山市	昭和 61 年 2 月 12 日
石川県	公益社団法人	石川県公共嘱託登記土地家屋調査士協会	金沢市	昭和 61 年 2 月 12 日
福井県	公益社団法人	福井県公共嘱託登記土地家屋調査士協会	福井市	昭和 61 年 1 月 14 日
	一般社団法人	福井県第一公共嘱託登記土地家屋調査士協会	越前市	平成 25 年 11 月 12 日
	一般社団法人	新生公共嘱託登記土地家屋調査士協会	大野市	平成 26 年 4 月 14 日
	一般社団法人	未来公共嘱託登記土地家屋調査士協会	小浜市	平成 29 年 6 月 30 日
山梨県	公益社団法人	山梨県公共嘱託登記土地家屋調査士協会	甲府市	昭和 61 年 1 月 14 日
長野県	公益社団法人	長野県公共嘱託登記土地家屋調査士協会	長野市	昭和 61 年 1 月 4 日
	一般社団法人	すずらん公共嘱託登記土地家屋調査士協会	駒ヶ根市	平成 25 年 1 月 23 日
岐阜県	公益社団法人	岐阜県公共嘱託登記土地家屋調査士協会	岐阜市	昭和 61 年 2 月 13 日
静岡県	公益社団法人	静岡県公共嘱託登記土地家屋調査士協会	静岡市駿河区	昭和 61 年 1 月 13 日
愛知県	公益社団法人	愛知県公共嘱託登記土地家屋調査士協会	名古屋市中区	昭和 61 年 1 月 23 日
三重県	公益社団法人	三重県公共嘱託登記土地家屋調査士協会	津市	昭和 61 年 1 月 6 日
	一般社団法人	ひかり公共嘱託登記土地家屋調査士協会	松阪市	平成 21 年 12 月 16 日
滋賀県	公益社団法人	滋賀県公共嘱託登記土地家屋調査士協会	大津市	昭和 61 年 1 月 29 日
京都府	公益社団法人	京都公共嘱託登記土地家屋調査士協会	京都市中京区	昭和 61 年 1 月 29 日
大阪府	公益社団法人	大阪公共嘱託登記土地家屋調査士協会	大阪市中央区	昭和 61 年 1 月 28 日
	一般社団法人	中央公共嘱託登記土地家屋調査士協会	大阪市中央区	平成 22 年 1 月 25 日
	一般社団法人	北河内公共嘱託登記土地家屋調査士協会	枚方市	平成 22 年 2 月 1 日
	一般社団法人	吹田市公共嘱託登記土地家屋調査士協会	吹田市	平成 22 年 10 月 13 日
	一般社団法人	大阪城北公共嘱託登記土地家屋調査士協会	大阪市城東区	平成 22 年 4 月 1 日
	一般社団法人	ながた公共嘱託登記土地家屋調査士協会	大阪市中央区	平成 24 年 1 月 11 日
	一般社団法人	高槻市公共嘱託登記土地家屋調査士協会	高槻市	平成 26 年 5 月 22 日
	一般社団法人	大阪南公共嘱託登記土地家屋調査士協会	大阪市住吉区	平成 27 年 5 月 1 日
	一般社団法人	みどり公共嘱託登記土地家屋調査士協会	大阪市西区	令和 2 年 12 月 4 日
兵庫県	公益社団法人	兵庫県公共嘱託登記土地家屋調査士協会	神戸市中央区	昭和 60 年 11 月 5 日
	一般社団法人	しらさぎ公共嘱託登記土地家屋調査士協会	姫路市飾磨区	平成 24 年 1 月 17 日
奈良県	公益社団法人	奈良県公共嘱託登記土地家屋調査士協会	奈良市	昭和 61 年 1 月 11 日
	一般社団法人	みやこ公共嘱託登記土地家屋調査士協会	宇陀市	平成 22 年 9 月 9 日
	一般社団法人	ヤマト公共嘱託登記土地家屋調査士協会	大和郡山市	平成 23 年 3 月 1 日
	一般社団法人	ふたかみ公共嘱託登記土地家屋調査士協会	香芝市	平成 23 年 7 月 6 日

都道府県		名　称	事務所のある 市区町村	成立年月日
和歌山県	公益社団法人	和歌山県公共嘱託登記土地家屋調査士協会	和歌山市	昭和 61 年　1 月 17 日
鳥取県	公益社団法人	鳥取県公共嘱託登記土地家屋調査士協会	鳥取市	昭和 60 年 12 月 19 日
島根県	公益社団法人	島根県公共嘱託登記土地家屋調査士協会	松江市	昭和 61 年　2 月 12 日
	一般社団法人	いわみ公共嘱託登記土地家屋調査士協会	益田市	平成 20 年 12 月　1 日
岡山県	公益社団法人	岡山県公共嘱託登記土地家屋調査士協会	岡山市	昭和 60 年 12 月 21 日
広島県	公益社団法人	広島県公共嘱託登記土地家屋調査士協会	広島市東区	昭和 60 年 12 月 20 日
	一般社団法人	あさひ公共嘱託登記土地家屋調査士協会	広島市中区	平成 21 年　1 月 26 日
	一般社団法人	日本公共嘱託登記土地家屋調査士協会	広島市安佐北区	平成 21 年　4 月　8 日
	一般社団法人	芸備公共嘱託登記土地家屋調査士協会	三次市	平成 22 年 11 月 22 日
山口県	公益社団法人	山口県公共嘱託登記土地家屋調査士協会	山口市	昭和 61 年　1 月 14 日
徳島県	公益社団法人	徳島県公共嘱託登記土地家屋調査士協会	徳島市	昭和 60 年 12 月　7 日
	一般社団法人	東四国公共嘱託登記土地家屋調査士協会	阿波市	平成 28 年　9 月 12 日
	一般社団法人	公共嘱託登記土地家屋調査士協会サムライ	板野郡藍住町	平成 28 年　9 月 16 日
	一般社団法人	あわ公共嘱託登記土地家屋調査士協会	徳島市	平成 29 年 11 月　8 日
香川県	公益社団法人	香川県公共嘱託登記土地家屋調査士協会	高松市	昭和 60 年 12 月 28 日
愛媛県	公益社団法人	愛媛県公共嘱託登記土地家屋調査士協会	松山市	昭和 61 年　1 月 24 日
	一般社団法人	瀬戸内公共嘱託登記土地家屋調査士協会	松山市	平成 22 年　1 月 20 日
	一般社団法人	四国公共嘱託登記土地家屋調査士協会	松山市	令和　2 年　3 月　4 日
高知県	公益社団法人	高知県公共嘱託登記土地家屋調査士協会	高知市	昭和 60 年 12 月　5 日
福岡県	公益社団法人	福岡県公共嘱託登記土地家屋調査士協会	福岡市中央区	昭和 60 年 12 月 20 日
	一般社団法人	福岡市公共嘱託登記土地家屋調査士協会	福岡市中央区	平成 25 年　3 月　5 日
	一般社団法人	福岡第一公共嘱託登記土地家屋調査士協会	福岡市中央区	令和　5 年　1 月 11 日
佐賀県	公益社団法人	佐賀県公共嘱託登記土地家屋調査士協会	佐賀市	昭和 61 年　1 月 30 日
長崎県	公益社団法人	長崎県公共嘱託登記土地家屋調査士協会	長崎市	昭和 61 年　1 月 21 日
	一般社団法人	佐世保公共嘱託登記土地家屋調査士協会	佐世保市	令和　2 年　1 月 29 日
熊本県	公益社団法人	熊本県公共嘱託登記土地家屋調査士協会	熊本市中央区	昭和 61 年　1 月 23 日
大分県	公益社団法人	大分県公共嘱託登記土地家屋調査士協会	大分市	昭和 60 年 12 月 27 日
宮崎県	公益社団法人	宮崎県公共嘱託登記土地家屋調査士協会	宮崎市	昭和 61 年　2 月 10 日
鹿児島県	公益社団法人	鹿児島県公共嘱託登記土地家屋調査士協会	鹿児島市	昭和 61 年　1 月 28 日
沖縄県	公益社団法人	沖縄県公共嘱託登記土地家屋調査士協会	那覇市	昭和 61 年　1 月 31 日

7 法務局地図作成事業

　登記所備付地図とは、不動産登記法第14条第1項の規定に基づき、登記所（法務局）に備え付けられる地図のことをいい、これにより、それぞれの土地の位置及び区画（筆界（境界））を明確にすることができる。

　なお、登記所備付地図が備え付けられるまでの間、これに代えて、地図に準ずる図面（公図）が備え付けられている（同条第4項）が、地図に準ずる図面（公図）は明治期の地租改正の際に作成されたものが多く、記載された土地の位置及び区画を現地に復元するほどの精度と正確性は有していない。

　全国の法務局・地方法務局においては、「民活と各省連携による地籍整備の推進」（平成15年6月26日都市再生本部決定）の方針を踏まえ、全国都市部の人口集中地区（DID）（注1）のうち地図混乱地域（注2）を対象に、法務局地図作成事業を計画的に実施しており、公共嘱託登記土地家屋調査士協会をはじめとした土地家屋調査士が作業に従事している。

　更に、地価が高額であるなどといった理由により、地図の整備が進んでいなかった大都市の枢要部や地方の拠点都市及び復興の進展に伴い地図の整備が求められている東日本大震災の被災県において、登記所備付地図の整備の更なる推進を図るため従来の計画を見直している。平成27年度を初年度とする「登記所備付地図作成作業第2次10か年計画」、「大都市型登記所備付地図作成作業10か年計画」、令和3年度を初年度とする東日本大震災の被災県における「震災復興型登記所備付地図作成作業第3次3か年計画」及び、平成28年熊本地震からの復興のため、熊本県内最大の被災地である上益城郡益城町において、令和2年度を初年度とする「震災復興型登記所備付地図作成作業（平成28年熊本地震）5か年計画」などが策定され、作業面積を拡大して実施されている。

　なお、政府から出される様々な方針の法務局地図作成事業に関する記述を受け、次期の地図整備計画策定に向けた今後の方向性について多角的・総合的観点から検討を行うため、関係省庁、有識学者、地方自治体、実務家、シンクタンク等の方々を構成員として、「法務局地図作成事業の今後のビジョン検討会」（日調連も構成員参画）（https://www.kinzai.jp/seminar/legalmap/）が発足され、検討が重ねられており、今後の展開に注視するものである。（参考として、関係資料は同ウェブサイト中の「資料・議事要旨」欄に掲載されている。）

　また、法務局地図作成事業に係る予算については、平成30年度において約42億円が計上されていたが、令和6年度では約46億円と年々増加傾向にある。

　P63は、令和4年度、令和5年度において法務局地図作成事業が実施されている地域の一覧（注3）である。

注1：人口集中地区（DID）とは、「国勢調査基本単位区及び基本単位区内に複数の調査区がある場合は調査区（以下「基本単位区等」という。）を基礎単位として、1）原則として人口密度が1平方キロメートル当たり4,000人以上の基本単位区等が市区町村の境域内で互いに隣接して、2）それらの隣接した地域の人口が国勢調査時に5,000人以上を有する」地域をいう（総務省統計局HP　https://www.stat.go.jp/（2023.10.31））。
注2：地図混乱地域とは、公図と現地が大きく異なる地域をいい、このような地域では、道路・下水道整備等の社会基盤の整備や担保権の設定等の経済活動が阻害され、開発事業においても、土地の境界確認に膨大な時間を要する等の弊害が生ずるおそれがある（法務省ウェブサイト）。
注3：法務省ウェブサイト中の「登記所備付地図整備事業の推進」に掲載の「平成27年度から令和5年度までの間における実施地区」の項目において公開されている以下資料を基に作成。（令和4、5年度分）
　　1　全国の都市部を対象とする登記所備付地図作成作業の実施地区（従来型作業）
　　2　大都市の枢要部を対象とする登記所備付地図作成作業の実施地区（大都市型）
　　3　東日本大震災の被災県を対象とする登記所備付地図作成作業の実施地区（震災復興型）

◉ 法務局地図作成事業経費関係予算の近年の推移

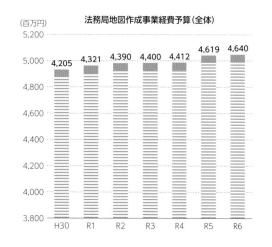

法務局地図作成事業経費予算（全体）

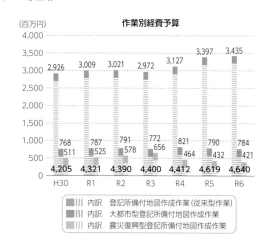

作業別経費予算

不動産登記法【抜粋】

（地図等）

第14条　登記所には、地図及び建物所在図を備え付けるものとする。

2　前項の地図は、一筆又は二筆以上の土地ごとに作成し、各土地の区画を明確にし、地番を表示するものとする。

3　第一項の建物所在図は、一個又は二個以上の建物ごとに作成し、各建物の位置及び家屋番号を表示するものとする。

4　第一項の規定にかかわらず、登記所には、同項の規定により地図が備え付けられるまでの間、これに代えて、地図に準ずる図面を備え付けることができる。

5　前項の地図に準ずる図面は、一筆又は二筆以上の土地ごとに土地の位置、形状及び地番を表示するものとする。

6　第一項の地図及び建物所在図並びに第四項の地図に準ずる図面は、電磁的記録に記録することができる。

◉ 法務局地図作成事業実施箇所一覧（令和4年度、令和5年度）

令和4年度

都道府県	管轄法務局・地方法務局	種別	実施地域
北海道	札幌	従来型	札幌市清田区北野二条三丁目ほか
		大都市型	札幌市中央区北三条東六丁目ほか
	函館	従来型	函館市宝来町ほか
	旭川	従来型	旭川市旭町ほか
	釧路	従来型	北見市美山町南八丁目ほか
青森県	青森	従来型	八戸市吹上一丁目ほか
岩手県	盛岡	従来型	盛岡市館向町ほか
		震災復興型	宮古市上鼻二丁目ほか
宮城県	仙台	従来型	仙台市泉区向陽台四丁目ほか
		震災復興型	石巻市大街道北一丁目ほか
秋田県	秋田	従来型	秋田市外旭川八柳三丁目ほか
山形県	山形	従来型	鶴岡市若葉町ほか
福島県	福島	従来型	会津若松市日新町ほか
		震災復興型	いわき市勿来町酒井酒井原ほか
茨城県	水戸	従来型	水戸市姫子二丁目ほか
栃木県	宇都宮	従来型	宇都宮市江曽島町ほか
群馬県	前橋	従来型	前橋市北代田町
埼玉県	さいたま	従来型	狭山市鵜ノ木の一部
		大都市型	さいたま市浦和区岸町五丁目ほか
千葉県	千葉	従来型	習志野市藤崎七丁目ほか
		大都市型	千葉市中央区鶴沢町ほか
東京都	東京	従来型	江東区北砂四丁目の一部
		大都市型	港区高輪二丁目の一部
神奈川県	横浜	従来型	横須賀市金谷一丁目ほか
		大都市型	川崎市川崎区大師河原一丁目ほか
新潟県	新潟	従来型	新潟市西区浦山一丁目ほか
富山県	富山	従来型	富山市粟島町一丁目ほか
石川県	金沢	従来型	金沢市石引一丁目ほか
福井県	福井	従来型	あわら市春宮一丁目ほか
山梨県	甲府	従来型	中央市布施ほか
長野県	長野	従来型	長野市北尾張部の一部ほか
岐阜県	岐阜	従来型	大垣市林町一丁目ほか
静岡県	静岡	従来型	御殿場市萩原ほか

都道府県	管轄法務局・地方法務局	種　別	実施地域
愛知県	名古屋	従来型	岩倉市石仏ほか
		大都市型	名古屋市中村区竹橋町
三重県	津	従来型	津市栗真町屋町ほか
滋賀県	大津	従来型	大津市本堅田一丁目
京都府	京都	従来型	長岡京市野添一丁目ほか
		大都市型	京都市中京区元本能寺町北地区
大阪府	大阪	従来型	茨木市北春日丘三丁目ほか
		大都市型	堺市北区南花田町の一部
兵庫県	神戸	従来型	三木市志染町中自由が丘一丁目
		大都市型	神戸市東灘区甲南町二丁目ほか
奈良県	奈良	従来型	磯城郡田原本町の一部
和歌山県	和歌山	従来型	和歌山市紀三井寺ほか
鳥取県	鳥取	従来型	鳥取市中町ほか
島根県	松江	従来型	松江市新雑賀ほか
岡山県	岡山	従来型	倉敷市福田町古新田
広島県	広島	従来型	広島市中区江波二本松一丁目ほか
		大都市型	広島市南区翠一丁目ほか
山口県	山口	従来型	下松市大手町一丁目ほか
徳島県	徳島	従来型	徳島市中常三島町一丁目ほか
香川県	高松	従来型	高松市上福岡町ほか
		大都市型	高松市八坂町ほか
愛媛県	松山	従来型	松山市樽味一丁目ほか
高知県	高知	従来型	高知市葛島一丁目ほか
福岡県	福岡	従来型	北九州市小倉北区篠崎三丁目ほか
		大都市型	福岡市博多区東光一丁目ほか
佐賀県	佐賀	従来型	佐賀市城内二丁目ほか
長崎県	長崎	従来型	長崎市彦見町ほか
熊本県	熊本	震災復興型	上益城郡益城町惣領ほか
大分県	大分	従来型	大分市明磧ほか
宮崎県	宮崎	従来型	宮崎市吉村町ほか
鹿児島県	鹿児島	従来型	鹿児島市東開町ほか
沖縄県	那覇	従来型	那覇市久米一丁目ほか

令和5年度

都道府県	管轄法務局・地方法務局	種　別	実施地域
北海道	札幌	従来型	札幌市清田区北野五条三丁目ほか
		大都市型	札幌市東区北四条東十丁目ほか
	函館	従来型	函館市大町ほか
	旭川	従来型	旭川市旭町、川端町及び北門町の各一部（北星第五地区）
	釧路	従来型	釧路市春採一丁目ほか
青森県	青森	従来型	青森市里見一丁目ほか（里見地区）
岩手県	盛岡	従来型	盛岡市東仙北一丁目ほか
		震災復興型	宮古市小山田一丁目（一部）、小山田二丁目、三丁目（一部）、藤原上町地区

都道府県	管轄法務局・地方法務局	種別	実施地域
宮城県	仙台	従来型	仙台市太白区青山一丁目及び二丁目
		震災復興型	石巻市大街道東一丁目・二丁目（一部）・三丁目（一部）・四丁目、大街道南一丁目・二丁目・三丁目（一部）地区
秋田県	秋田	従来型	秋田市旭川
山形県	山形	従来型	酒田市御成町ほか（酒田駅前地区）
福島県	福島	従来型	郡山市中町ほか
		震災復興型	いわき市小名浜諏訪町ほか地区
茨城県	水戸	従来型	水戸水戸市姫子一丁目・赤塚二丁目
栃木県	宇都宮	従来型	宇都宮市江曽島本町ほか
群馬県	前橋	従来型	前橋市北代田町
埼玉県	さいたま	従来型	狭山市鵜ノ木の一部
		大都市型	さいたま市浦和区岸町一丁目ほか
千葉県	千葉	従来型	松戸市松戸新田ほか
		大都市型	千葉市稲毛区小仲台一丁目ほか
東京都	東京	従来型	東京小平市小川東町一丁目の一部
		大都市型	港区西新橋一丁目ほか
神奈川県	横浜	従来型	横須賀市久里浜二丁目、四丁目及び五丁目の各一部
		大都市型	川崎市川崎区中瀬一丁目ほか
新潟県	新潟	従来型	新潟市北区松浜東町一丁目ほか
富山県	富山	従来型	高岡市京町地区
石川県	金沢	従来型	金沢市北安江二丁目ほか
福井県	福井	従来型	坂井市丸岡町本町一丁目ほか
山梨県	甲府	従来型	中央市山之神ほか
長野県	長野	従来型	長野市吉田四丁目の一部ほか
岐阜県	岐阜	従来型	瑞穂市穂積地区（東部）
静岡県	静岡	従来型	御殿場市川島田ほか
愛知県	名古屋	従来型	東海市加木屋町泡池ほか
		大都市型	名古屋市港区辰巳町ほか
三重県	津	従来型	津市射場町ほか
滋賀県	大津	従来型	大津市瀬田一丁目ほか
京都府	京都	従来型	八幡市橋本栗ケ谷、橋本狩尾地区
		大都市型	京都市右京区西京極西地区
大阪府	大阪	従来型	茨木市南春日丘五丁目、六丁目、七丁目
		大都市型	堺市北区南花田町
兵庫県	神戸	従来型	三木市志染町西自由が丘一丁目
		大都市型	神戸市東灘区住吉東町一丁目ほか
奈良県	奈良	従来型	北葛城郡上牧町服部台一丁目、二丁目、三丁目、四丁目、五丁目の全部、大字上牧の一部（東部）
和歌山県	和歌山	従来型	和歌山市手平三丁目、北中島一丁目の全部、中島、小雑賀、小雑賀三丁目の一部
鳥取県	鳥取	従来型	鳥取市湯所町一丁目ほか地区
島根県	松江	従来型	松江市西津田第2地区
岡山県	岡山	従来型	岡山市北区東古松二丁目ほか地区

都道府県	管轄法務局・地方法務局	種　別	実施地域
広島県	広島	従来型	広島市中区江波南一丁目ほか（江波地区④）
		大都市型	広島市南区宇品東二丁目ほか（宇品地区④）
山口県	山口	従来型	宇部市居能町一丁目ほか
徳島県	徳島	従来型	徳島市下助任町三丁目ほか
香川県	高松	従来型	高松市西宝町一丁目ほか
		大都市型	高松市井口町ほか
愛媛県	松山	従来型	松山市立花一丁目ほか
高知県	高知	従来型	高知市神田地区の一部
福岡県	福岡	従来型	北九州市小倉北区篠崎二丁目の全部
		大都市型	福岡市早良区西新一丁目ほか
佐賀県	佐賀	従来型	佐賀市本庄町大字袋の一部
長崎県	長崎	従来型	長崎市新中川町ほか
熊本県	熊本	震災復興型	上益城郡益城町安永ほか地区
大分県	大分	従来型	大分市鶴崎
宮崎県	宮崎	従来型	宮崎市大塚町（A）
鹿児島県	鹿児島	従来型	鹿児島市新栄町及び宇宿二丁目の各一部
沖縄県	那覇	従来型	那覇市東町ほか

第 **4** 章　研究、研鑽し、
発信する

1 日本土地家屋調査士会連合会の「研究所」について

　昭和60年代以降、会員指導の一助として会員必携、業務処理マニュアル、会運営等に関する役員のためのハンドブック、日調連の沿革史、各種の施策において利用する資料等の作成の必要性が検討され、日調連において「研究機関」の設置が望まれるようになった。

　日調連内の機構改革と研究機能の検討が重点的に行われ、平成3年度の機構改革で「研究室」として新設され、平成17年度から「研究所」として活動している。

　近年では、研究員に土地家屋調査士以外の有識者を選任するなど、より幅広い視点で研究を行っている。

　以下は、前身の研究室創設以来、これまでに取り組んできた研究テーマであるが、テーマ策定に当たっては、緊急的に挙げられ、短期間で取りまとめが求められるもの、長期的な期間を要することで位置づけるもの、さらには、時代背景の変化とともに再度テーマとして取り上げられて研究されるものもあり、様々なテーマを扱ってきた。また、先端技術に関する研究では、3Dレーザースキャン、デジタルマッピング、UAV（無人飛行機）、リモートセンシングなど土地家屋調査士分野のDX化を推進するような研究が取りまとめられている。

　日調連の研究所は、今後も不動産登記制度や土地家屋調査士制度及び業務等について、社会環境の変化に柔軟かつ継続的に対応するため、研究委託など組織の更なる充実を図りながら多角的な視点で研究を続けていく予定である。

◉ 日本土地家屋調査士会連合会　研究所におけるこれまでの研究テーマ

〈平成4年度〉
1　関係法令の研究
　（1）土地家屋調査士法並びに会則関係
　（2）不動産登記法準則関係
　（3）土地家屋調査士業務関連法令関係
2　研修制度の研究
　中央総合研究所基本構想
3　事務所形態の研究
　（1）業務処理態勢の研究
　（2）設備の共用化、合同事務所に関する研究
4　地図及び地積測量図の研究
　（1）地積測量図の高度化の研究
　（2）地図に関する研究
　（3）地図作製の具体的作業　―国土調査法第19条第5項の指定について―

〈平成5～6年度〉
1　表示に関する登記に関連する法令の研究
2　法第17条地図の合理的作製方法の研究
3　中央総合研究所の設置についての研究
4　研修部門の設置

〈平成7～8年度〉
判例・通説からみた業務改善の研究
研修体系の策定
研修事業の企画運営

〈平成 9〜10 年度〉
21 世紀における調査士業務のあり方
研修体系の策定
研修事業の企画実施

〈平成 11〜12 年度〉
1 土地家屋調査士試験制度の改善
2 土地家屋調査士の独自性と地籍
3 「境界整理」と土地家屋調査士
4 表示登記における実地調査の民間委託について
5 表示登記と一部権利登記の一括申請
6 境界紛争事件関与への道
7 地籍制度
8 電子申請と調査士実務構想
9 地図行政の見直しと電子化に関する諸問題
10 測量法の改定に伴う調査士業務の検討
11 空間データ基盤整備計画の作成
12 不動産登記法施行細則第 42 条ノ 4 第 2 項及び不動産登記法準則第 98 条による地積測量図への筆界に境
　　界標又は近傍の恒久的地物との位置関係の記載と境界標の設置につき、その統一化と地積測量図の公信性
　　確保のための方策の研究
13 境界標識の戸籍化に関する研究
14 研修体系の策定
15 研修事業の運営企画及び充実策の検討
16 特別会計制度創設の検討

〈平成 13〜14 年度〉
1 不動産の権利の保護と明確化のための一考察
2 地積測量図の標準化覚え書き
3 地積測量図の法的位置づけ並びに技術基準の制定
4 裁判外境界紛争解決制度　― ADR 基本法成立前の試行会として―
5 地籍学における境界法概論
6 公嘱協会と境界資料センター
7 境界の原理的考察
8 実務境界確認論

〈平成 15〜16 年度〉
1 地域社会における不適合地図の現状と解消方案に関する考察
2 経済的インセンティブの導入による地籍整備促進
3 日本の地籍制度と諸外国の地籍制度
4 自然災害（地震・火山噴火）と地図混乱
5 都市再生を地図・地籍の視点から（六本木六丁目地区における再開発を事例として）
6 地籍に関する情報の適正化について（目黒区大橋一丁目を事例として）
7 土地家屋調査士の現状と今後の課題

〈平成 17〜18 年度〉
1 公益法人制度改革と公共嘱託登記土地家屋調査士協会の今後のありように関する一考察
2 境界点あるいは位置参照点の管理とデータベース化を切り口として、それに対する GPS の利用及び GIS を利
　　用した情報発信の方法、それに伴う個人情報保護の視点からの問題点の考察、その応用など
3 余剰容積の移動に関する権利保全の研究
4 境界問題相談センターの利用促進のためのアンケート
5 研修の効果を上げるための提案〜新人研修受講者の分析から〜
6 自作農創設特別措置法と登記手続
7 街区基準点の利用による登記測量

〈平成 19〜20 年度〉
1　韓国の地籍分野の組織に関する研究
2　ICT 時代における地籍情報及び関連組織の再構築
3　土地家屋調査士の取扱う個人情報の保護について
4　土地家屋調査士の新たな市場

〈平成 21〜22 年度〉
1　LADM から地籍を考える〜地籍に関する世界的動向と議論
2　ADR 認定土地家屋調査士の代理業務についての一考察
3　韓国の地籍の現況に関する研究
4　「筆界」論の深化・確立へ向けて―境界問題における「筆界」の意義と役割―
5　仮想基準点スタティック測量を用いた位置参照点実証実験

〈平成 23〜24 年度〉
1　19 条 5 項指定申請　―指定申請における作業マニュアルと今後の課題―
2　「情報公開システムの研究の第一段階としての基盤情報の整理」
　　土地家屋調査士が保有する業務情報の公開について
　　情報公開システムにおける 3D 画像地図アーカイブ
　　土地家屋調査士が保管する収集資料、成果品等を共同利用・情報公開する上での個人情報保護法等の対
　　応について
3　道路内民有地の取り扱いに関する諸問題
4　土地家屋調査士の専門性を生かした代理業務の制度化の研究
　　〜土地家屋調査士制度改革（業務拡大）の作成に係る研究〜
5　研修体系から考察する土地家屋調査士試験のあり方と資格制度の研究について
6　地籍管理に関する国際標準化（Standardization of Land Administration System）
7　土地家屋調査士調査・測量実施要領に関する研究（会長付託事項の研究）

〈平成 25〜26 年度〉
1　土地の筆界に関する鑑定理論・土地境界管理に関する研究
　　千葉県・福井県・滋賀県の明治の地籍図
　　今後の研究活動と展望
2　UAV 用画像処理ソフトを用いた三次元モデルの作成と業務への活用
3　3D 地形データを利用した山林の原始筆界復元手法のとりくみ
4　Cadastre2014 から 4D-IMADAS（画像地図アーカイブ航測法）
　　「高精度航海法」精度検証報告書 2015
5　今日的筆界の整理　〜土地家屋調査士が見る筆界〜
6　筆界判断の整合性―境界の新たな分類と提言―
7　筆界の判断の整合性についての研究
8　東日本大震災の次世代への承継に関する研究―これからの登記行政を考える―
9　東日本大震災の次世代への継承に関する研究　〜震災から見る登記行政の抱える問題点〜
10　LADM/STDM と日本の土地保有と混乱
11　韓国と日本の地籍制度に関する比較研究
12　ブータンにおける近年の土地問題と土地行政
13　「課税台帳と登記簿の二元化解消の研究」（会長付託テーマ）
　　（提案）登記簿と課税台帳の二段表示を改善する現状報告の義務化
　　固定資産課税台帳における二段表示と不動産の表示に関する登記について

〈平成 27〜28 年度〉
1　「全国の土地法制に関する研究」（共同研究）
2　オープンな基準点維持管理
3　QZSS を利用した衛星測位について〜土地家屋調査士における測位制度のあり方〜
4　SfM・MVS の利用及び派生効果の活用について
5　「筆界立会いの代理権・立会い要請権・筆界調査権・筆界認証権に関する研究」

社会的事情からの考察
6　「筆界立会いの代理権・立会い要請権・筆界調査権・筆界認証権に関する研究」
　　　実務的事情からの考察
7　「筆界立会いの代理権・立会い要請権・筆界調査権・筆界認証権に関する研究」
　　　法律的な見地からの考察
8　空家対策法に対する問題点に関する研究
9　カンボジア土地制度の研究
10　Taiwan Land Administration Report（台湾の地籍制度に関する研究）
11　ブータン『1979年土地法』の翻訳
　　　ブータン『2007土地法』とそれに至る土地法制の変遷
12　LADM準拠土地管理システムの必要性とニュージーランドの事例
13　日本における地籍制度の明確化への取り組み準備

〈平成29〜30年度〉
1　「近畿地方の旧公図の成り立ちに関する調査研究」（共同研究）
2　「土地家屋調査士によるクラウドマップに関する研究」
3　「土地家屋調査士に有効な地形解析について—筆界の参考となる微地形の可視化—」
4　「土地家屋調査士業務に関する研究—特に「立会」業務の必要性とその意義について—」（共同研究）
5　「所有者不明化土地に対応するために」
6　「不動産登記表題部情報の高度化」
7　「土砂災害発生源と所有者等不明土地との関係
　　　〜広島市現地調査と全国47都道府県アンケート調査から〜　最終報告」
8　「諸外国の土地制度」
9　「ドイツ、フランスの「地籍」制度の状況と、「地籍」制度と「不動産登記」制度の関係について」
10　「LADMの国内標準化の意義と道筋について」

〈令和元〜2年度〉
1　土地家屋調査士法第25条第2項と通常業務の連携に関する研究
2　フィックスMAP〈新たな土地境界図面の提案〉
3　法務省地図管理システムの改善とその運用方法について
4　携帯電話カメラを含む一般カメラによる土地・道路境界の閉合近接SfM写真測量と自動化の検討及びリ
　　　モート立会活用への提案
5　土地家屋調査士業務に於けるドローン利用
6　調査士版シェアリングエコノミーの可能性
7　不動産取引の要諦（共同研究）
8　国土が抱える問題に関する研究
　　・民法239条とドイツ民法928条について
　　・リノベーションされた中古建物の公示化について
9　土地家屋調査士の使命としての問題解決手法について
　　　〜筆界を明らかにする業務の専門家として〜

〈令和3〜4年度〉
1　「京都地域における歴史的地図・資料等について、土地家屋調査士業務に関連した考察、調査研究」
2　「『府県地租改正紀要』を読み直す」
3　「登記所備付地図作成地域におけるバックパック型MMS精度検証及び高精度化手法の検討」
4　「最新技術でTSによる測量をどこまで補完できるかの検証」
　　　（フォトグラメトリ、3Dレーザースキャン、GNSSを用いた現場作業効率化を図る）
5　「土地の整備と登記制度を活用したデジタル化に関する研究」
6　「みちびき高精度測位と新たなビジネスモデルに関する研究」
7　「相続税申告手続に関わる土地家屋調査士業務の研究」
8　「不動産取引と土地家屋調査士」
9　「地籍調査に関する研究」
10　「リモートセンシングによる地籍調査の効率化に係る研究」

2 土地家屋調査士特別研修と ADR 代理関係業務認定土地家屋調査士

　平成 18 年 3 月に改正された土地家屋調査士法により、裁判外紛争解決手続機関において土地家屋調査士が紛争当事者の代理人として活動する場が付与された。

　これについては、これまでの土地家屋調査士の業務であった、表示に関する登記に必要な調査・測量・申請手続における代理人と、紛争解決の場における一方当事者の代理人とは、類似した面もあるものの、その本質的な部分では相違する点が存在する。

　土地の境界が現地において明らかでないことを原因とする民事に関する紛争であって、法務大臣が指定する団体が行う民間紛争解決手続（裁判外紛争解決手続）機関において、土地家屋調査士が代理人として活動するためには、一定の専門能力の担保として、日調連が実施主体となる「土地家屋調査士特別研修」と呼ばれる研修を修了し、法務大臣の認定を受け、ADR 代理関係業務認定土地家屋調査士（以下「ADR 認定土地家屋調査士」という。）として、弁護士と共同受任することが必要である。

　同特別研修では、従来の不動産登記法に精通することはもとより、民法や民事訴訟法、憲法にも精通する必要があり、これらの研修カリキュラムを通して、民間紛争解決手続における主張及び立証活動・民間紛争解決手続における代理人としての倫理等、民間紛争解決手続代理関係業務を行うために必要な事項を研修し、高い倫理観を養成した後、民間紛争解決手続における代理人として必要な法律知識についての考査を受けるものである。

　また、研修方式については、基礎研修、グループ研修、集合研修及び総合講義と段階的に構成され、異なるタイプの研修を通して実践力を養うことができるものとなっている。

　同特別研修は、改正土地家屋調査士法施行直後から始まり、令和 5 年に 18 回を終了したが、平成 18 年の秋に第 1 回の法務大臣の認定者を輩出以来、令和 6 年 4 月 1 日現在で ADR 認定土地家屋調査士は全国で累計 6,899 名となった。

　前述のように、土地家屋調査士特別研修を修了し、ADR 認定土地家屋調査士となるまでのハードルは決して低くないが、よりスキルの高い、専門的知見の豊富な紛争解決手続のエキスパートとして評価されることとなり、土地の境界に関するトラブルを解決する道案内人として、社会からの期待が寄せられるとものと考えられる。

　掲載資料は、第 18 回土地家屋調査士特別研修の実施概要及び第 1 回（平成 18 年 3 月 19 日～同 5 月 13 日）～第 18 回（令和 5 年 7 月 14 日～同 9 月 2 日）までの、各都道府県別の土地家屋調査士の受講者・認定者・会員数に対する認定率の累計を集計した表である。令和 6 年 4 月 1 日現在、会員数に対する認定率は36.1％となっている。

◉ 土地家屋調査士特別研修　実施概要（第 18 回）

カリキュラムの概要
(1) 基礎研修　　　　　　　　　　　〈17 時間〉
　① 憲法　　② ADR 代理と専門家責任　　③ 民法　　④ ADR の意義と機能
　⑤ 民事訴訟法 I　　⑥ 民事訴訟法 II　　⑦ 筆界確定訴訟の実務
(2) グループ研修　　　　　　　　　〈15 時間以上〉
　① 申立書の起案＋問題研究　　② 答弁書の起案＋問題研究　　③ 倫理
(3) 集合研修　　　　　　　　　　　〈10 時間〉
　① 申立書起案（講義・講評）　　② 答弁書起案（講義・講評）
(4) 総合講義　　　　　　　　　　　〈3 時間〉
　① 倫理
(5) 考査　　　　　　　　　　　　　〈2 時間〉
　① 択一式・記述式　　　　　　（2 時間）
考査及び認定
　考査は、日本土地家屋調査士会連合会が主体となり、公平・公正を期して実施する。
　認定は、連合会による土地家屋調査士特別研修の実施報告及び受講者が行う民間紛争解決手続代理能力認定の申請を基に法務大臣が行う。

● 土地家屋調査士特別研修の受講者・認定者・会員数に対する認定率

都道府県名	第 1 回〜第 18 回（累計）		会員数	認定登録者数	会員数に対する認定率
	受講者数	認定者数	令和 6 年 4 月 1 日現在	令和 6 年 4 月 1 日現在	令和 6 年 4 月 1 日現在
北海道	275	217	425	173	40.7%
青　森	66	49	126	36	28.6%
岩　手	108	81	160	73	45.6%
宮　城	153	115	259	96	37.1%
秋　田	95	70	105	60	57.1%
山　形	112	92	157	75	47.8%
福　島	153	117	242	93	38.4%
茨　城	195	130	356	120	33.7%
栃　木	188	157	250	122	48.8%
群　馬	167	119	311	98	31.5%
埼　玉	382	290	776	217	28.0%
千　葉	503	367	567	291	51.3%
東　京	637	489	1,402	363	25.9%
神奈川	435	306	790	233	29.5%
新　潟	187	142	294	123	41.8%
富　山	118	84	156	75	48.1%
石　川	109	87	157	73	46.5%
福　井	116	76	143	67	46.9%
山　梨	85	60	144	53	36.8%
長　野	190	148	328	128	39.0%
岐　阜	160	130	355	115	32.4%
静　岡	370	289	544	248	45.6%
愛　知	437	335	1,033	297	28.8%
三　重	173	136	248	124	50.0%
滋　賀	86	69	204	62	30.4%
京　都	185	137	300	116	38.7%
大　阪	426	300	925	224	24.2%
兵　庫	313	211	636	173	27.2%
奈　良	194	129	179	95	53.1%
和歌山	97	71	145	57	39.3%
鳥　取	51	46	69	41	59.4%
島　根	83	68	101	59	58.4%
岡　山	139	110	241	83	34.4%
広　島	376	308	411	256	62.3%
山　口	159	127	202	105	52.0%
徳　島	111	86	150	68	45.3%
香　川	110	89	185	77	41.6%
愛　媛	131	101	255	92	36.1%
高　知	90	71	108	60	55.6%
福　岡	250	192	676	152	22.5%
佐　賀	88	50	108	35	32.4%
長　崎	108	77	181	66	36.5%
熊　本	176	137	269	110	40.9%
大　分	123	88	157	77	49.0%
宮　崎	139	108	174	88	50.6%
鹿児島	152	122	284	86	30.3%
沖　縄	168	116	176	44	25.0%
合　計	9,169	6,899	15,464	5,579	36.1%

※　・認定者数…各年度において認定された者の数　　・認定率…各年度において認定された者の割合
　　・認定登録者数…集計日現在において認定された者のうち、土地家屋調査士名簿に登録された者の数

3 土地家屋調査士新人研修

日調連は、不動産に係る国民の権利の明確化に寄与する土地家屋調査士のあるべき職能像及び法務・実務の基礎講座を、登録後1年以内の会員を対象の中心として「新人研修」というプログラムで提供している。

令和元年度からはより一層の効果を期待して実施主体を日調連に一元化し、講義内容の統一化を進めている。これにより土地家屋調査士としての心構えや土地家屋調査士制度への帰属意識を高める中央実施型新人研修となった。

さらに、令和5年度は、新人土地家屋調査士が登録期間やエリア等様々な理由で受講しやすいよう研修会場を東京（令和5年10月）と大阪（令和6年2月）の2か所で実施した。

これにより、受講者は自らの状況に合わせて受講会場を選べるようになった。

研修の講師については、講義実績のある各地の土地家屋調査士（内部講師）をはじめ、学識者や土地家屋調査士以外の実務経験者等（外部講師）を招き、質の高い講義になるよう努めている。

以下は、平成21年度から令和5年度までの新人研修の修了者数を示したグラフ及び直近の中央実施型新人研修（令和5年度実施）の概要である。

● 土地家屋調査士新人研修修了者数の推移

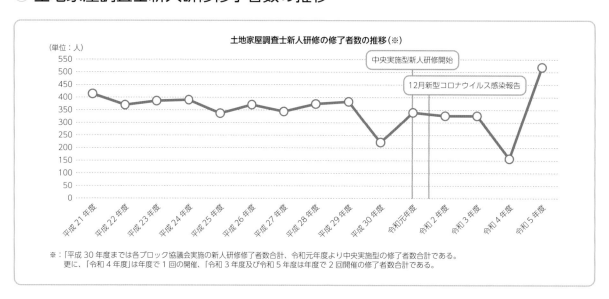

※：「平成30年度までは各ブロック協議会実施の新人研修修了者数合計、令和元年度より中央実施型の修了者数合計である。
更に、「令和4年度」は年度で1回の開催、「令和3年度及び令和5年度は年度で2回開催の修了者数合計である。

● 令和5年度土地家屋調査士新人研修概要

東京会場 令和5年10月22日〜10月23日
大阪会場 令和6年2月18日〜19日

1日目

	内　容
開講式	開会、会長挨拶等
講義（映像）	調査士の職責と倫理
説明	調査士カルテMapの案内
	グループ討論の説明　等
グループ研修	グループ課題① 倫理について
説明	地図作成事業に関する説明

2日目

	内　容
講義（生講義）	報酬の考え方
グループ研修	グループ課題② 報酬額の計算について
講義（映像）	土地家屋調査士の懲戒制度と懲戒処分事例
グループ研修解説等	グループ課題の解説・特別研修の案内
修了証書授与	
閉講式	総括・閉講

土地家屋調査士新人研修受講者アンケートから

　以下の統計は令和5年10月22日〜10月23日に開催された令和5年度土地家屋調査士新人研修東京会場の受講者を対象に行われたアンケート結果を統計としたものである。

　新人土地家屋調査士に関するおおよその実情や傾向が読み取れる。

1　土地測量の経験年数は何年ですか？

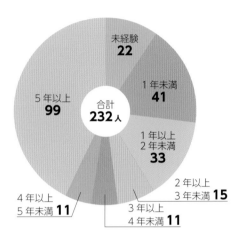

2　土地家屋調査士試験の受験（資格取得）形態は、どのような形態ですか？

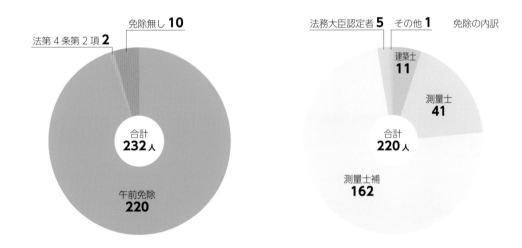

3-1 土地家屋調査士業務を行う直前はどのような
職業に従事していましたか？（複数回答可）

3-2 補助者の経験年数は何年で
すか？

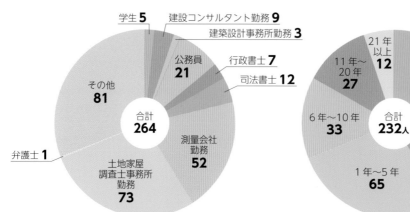

4-1 土地家屋調査士業務は専業ですか？
それとも他資格等との兼業ですか？

4-2 どのような資格と兼業ですか？
（複数回答可）

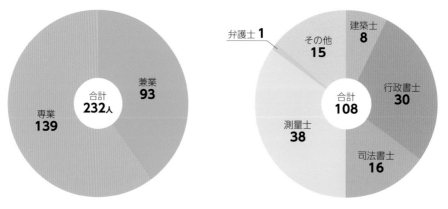

5 土地家屋調査士以外に取得済みの関連資格
があれば教えてください。（複数回答可）

6 今後取得したい関連資格はあります
か？（複数回答可）

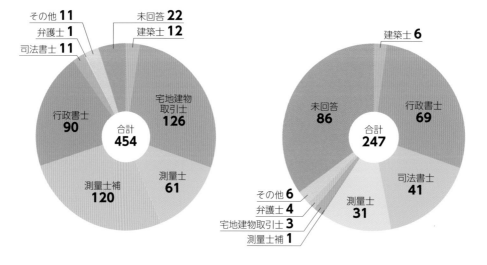

4 土地家屋調査士年次研修

　近年、土地家屋調査士の専門性が高度化し、土地家屋調査士としての責任の自覚と倫理の保持がなお一層求められている中で、令和2年12月、日調連は研修制度の規範である土地家屋調査士研修制度基本要綱の一部を改正した。

　これにより、令和3年度から土地家屋調査士年次研修（以下「年次研修」という。）を実施することと定め、新人研修とともに会則で「連合会が指定する研修（義務研修）」に規定し、各土地家屋調査士会にその運営を委託することとした。

　年次研修は、土地家屋調査士制度が制定されて以降初めて全国の土地家屋調査士会員に受講義務を課すこととなった研修制度である。

　以下の資料は、日調連が令和3年2月に、令和3年度から令和7年度までの5年度間を対象に策定した第1期の年次研修基本計画の概要である。本計画を基準に向こう5年度間に全ての土地家屋調査士が本研修を受講するものとして位置づけられている。

　土地家屋調査士としての専門家責任・職業倫理の更なる向上を図ることを基本方針とした義務研修として大変重要なものである。

◉ 第1期土地家屋調査士年次研修基本計画

第1期土地家屋調査士年次研修基本計画（本稿用に一部追記、省略、要約）

　土地家屋調査士研修制度基本要綱（以下「基本要綱」という。）に定める年次研修について、土地家屋調査士年次研修実施要領（以下「実施要領」という。）に基づき、第1期における実施計画を次のとおり定める。

1　実施機関

　　日本土地家屋調査士会連合会

2　期間

　　第1期は、令和3年度から令和7年度までの5年度間とする。

3　受講対象者

　　当該期における本研修の受講対象者は、当該期が開始する前日において現に会員である者とする。

　　会員は、所属する土地家屋調査士会が指定する時期に本研修を受講しなければならない。

　　なお、土地家屋調査士会は、原則として5年度に一回の頻度で会員に本研修を受講させるものとする。

4　実施時期

　　原則として、毎年度2月末日までに当該年度における本研修を終了しなければならない。

5　研修内容

　　土地家屋調査士としての専門家責任及び倫理の保持を図ることを目的とする研修内容として、次のとおり実施する。

(1) 映像教材の視聴

科目	講師
職務上請求書	土地家屋調査士会員
倫理・懲戒処分事例	弁護士

(2) グループ討論

　　　グループは5～7名程度で、可能な限り業務年数が分かれるように組成する。

　　　グループ討論の実施が困難な場合は、課題に取り組んでもらい提出させる。

(3) 配布資料による研修

　　　最近の法改正等の事項を振り返ることを目的として、近年の法改正等を取りまとめた資料を配布する。

(4) 上記 (1) ～ (3) によらない場合は、土地家屋調査士会において「土地家屋調査士としての専門責任及び倫理の保持を図ることを目的とする研修」を計画し、連合会に実施要領第5条第2項の申請をする。

6　開催計画及び運営

　　各土地家屋調査士会において開催計画を策定し、運営する。

7　履修証明書の交付

　(1) 全課程を受講した場合のみ修了とみなす。

　(2) 土地家屋調査士会は、本研修を修了した会員に対し別紙の履修証明書を紙面で交付する。

5 土地家屋調査士会による研修会

　以下の表は、令和3年12月に聴取した各土地家屋調査士会主催の、会員向けに実施した研修会の内容に関する取りまとめ資料である。

　研修内容は、土地家屋調査士の業務内容を中心に、3Dスキャナ、UAV、GNSS、地図XMLの活用など先端技術にも対応している。

　なお、土地家屋調査士の専門性が高度化する中で、土地家屋調査士としての自覚と倫理の保持が一層求められていることから、令和2年12月10日施行の内部規則により、令和3年度から令和7年度の5年間（第1期）の間に日調連が会員に指定義務研修（土地家屋調査士年次研修、P77参照）として土地家屋調査士会に開催計画を立て運営を委託し、内容の報告を求めている。

　また、日調連、各ブロック協議会、各土地家屋調査士会が行う研修会の情報の提供・集約・共有と研修会企画の一助とするため、日調連ウェブサイトに「研修インフォメーション」として公開している。

◉ 研修分野別の実施回数の割合

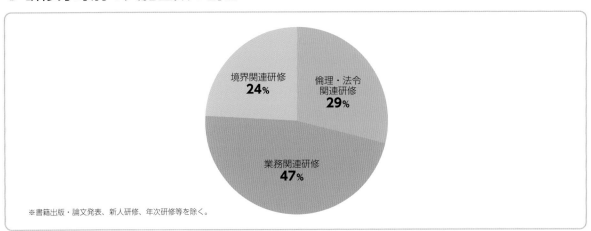

※書籍出版・論文発表、新人研修、年次研修等を除く。

◉ 科目ごとの実施回数

分野	科目	回数
倫理・法令関連研修	倫理・職責	16
	憲法	0
	民法	9
	民事訴訟法	1
	不動産登記法	4
	土地家屋調査士法	12
	民事調停法	2
	仲裁法	0
	ADR法	3
	法学検定	0
	土地家屋調査士特別研修	2
	その他関係法令研修等	5
業務関連研修	業務研修全般・各法務局の事務取扱等	14
	土地家屋調査士業務取扱要領	2
	オンライン申請関係	13
	GNSS（VRS）利用と業務	7
	地図とGISの研究	4

分野	科目	回数
業務関連研修	法第14条地図作成	0
	技術研修（基準点・水準・街区基準点）	7
	ADR・筆界特定関係	15
	地籍調査、区画整理等事業の研究	2
	隣接関係法令	5
	教養研修	1
	自己研鑽	3
	その他業務研修等	14
境界関連研修	土地制度と歴史的背景	7
	境界理論	5
	紛争解決学	2
	歴史的資料の分析・活用	7
	鑑定業務及び鑑定書作成	1
	筆界特定	15
	調停技法	3
	その他境界に関する研修等	4

6 eラーニングによる土地家屋調査士の研修の充実化

　日調連会員専用ウェブサイトでは、集合型研修会に加えて、土地家屋調査士会員が自らのスケジュールに合わせて必要な知識を習得、最新法令への対応、業務取扱要領等への理解度充実を図るために、オンラインによる研修システム（eラーニングシステム）を構築し、会員向けにコンテンツを公開している。講師、講義内容ともに多種多様であり、法務・測量の専門業務以外の一般社会常識やノウハウに関するコンテンツも含め構成されている。

　以下は、令和5年度（11月1日現在）と直近5年の土地家屋調査士会員のeラーニングアクセス状況及び公開しているeラーニングコンテンツの一覧である。

◉ 最近の土地家屋調査士会員のeラーニングアクセス状況

　平成30年度　アクセス数　10,745件、ユーザー数 2,723名
　令和元年度　アクセス数　　8,979件、ユーザー数 2,332名
　令和2年度　アクセス数　21,119件、ユーザー数 4,630名
　令和3年度　アクセス数　15,711件、ユーザー数 4,502名
　令和4年度　アクセス数　13,286件、ユーザー数 3,997名
　令和5年度　アクセス数　17,740件、ユーザー数 5,002名

◉ eラーニングコンテンツ一覧

No.	項別 No.	項別（カテゴリ）	項 No.	項（サブカテゴリ）	時間	コンテンツ名	講師肩書	収録日
1	3	境界関連研修	30	土地制度と歴史的背景	2時間30分	筆界の特定技法	土地家屋調査士	2011/2/26
2	1	倫理・法令関連研修	12	民法	2時間	土地家屋調査士基礎研修　民法総則講義（その1）	弁護士	2011/11/25
3	1	倫理・法令関連研修	12	民法	2時間10分	土地家屋調査士基礎研修　民法総則講義（その2）	弁護士	2012/1/27
4	2	業務関連研修	26	技術研修（基準点・水準・街区基準点）	1時間30分	認定登記基準点の実務と活用	土地家屋調査士	2012/8/31
5	1	倫理・法令関連研修	12	民法	2時間	土地家屋調査士基礎研修　民法物権法講義（その1）	弁護士	2012/11/20
6	1	倫理・法令関連研修	12	民法	2時間	土地家屋調査士基礎研修　民法物権法講義（その2）	弁護士	2012/11/20
7	2	業務関連研修	27	ADR・筆界特定関係	2時間10分	認定調査士によるADR申請代理の実務	弁護士	2013/2/23
8	1	倫理・法令関連研修	12	民法	2時間	土地家屋調査士基礎研修　民法債権法講義・契約法（その1）	弁護士	2013/11/25
9	1	倫理・法令関連研修	12	民法	2時間	土地家屋調査士基礎研修　民法債権法講義・契約法（その2）	弁護士	2013/11/25
10	2	業務関連研修	28	地籍調査、区画整理等事業の研究	1時間30分	地籍調査の最近の動向	国交省土地・産業局地籍整備課長	2013/9/27
11	2	業務関連研修	28	地籍調査、区画整理等事業の研究	1時間30分	近年の地籍調査と成果の活用	株式会社松本コンサルタント取締役	2013/9/27
12	1	倫理・法令関連研修	12	民法	2時間	土地家屋調査士基礎研修　民法相続法講義（その1）	弁護士	2014/11/25
13	1	倫理・法令関連研修	12	民法	2時間	土地家屋調査士基礎研修　民法相続法講義（その2）	弁護士	2014/11/25
14	−	平成25〜26年度 研究所研究報告会	(3z)	第1部門テーマ「土地の筆界に関する鑑定理論・土地境界管理に関する研究」	20分	千葉県の明治の地籍図（地域的特色）	研究所研究員	2015/3/19
15	−	平成25〜26年度 研究所研究報告会	(3z)	第1部門テーマ「土地の筆界に関する鑑定理論・土地境界管理に関する研究」	20分	福井県の明治の地籍図（地域的特色）	研究所研究員	2015/3/19
16	−	平成25〜26年度 研究所研究報告会	(3z)	第1部門テーマ「土地の筆界に関する鑑定理論・土地境界管理に関する研究」	15分	今後の研究活動と展望	制度対策本部員	2015/3/19
17	−	平成25〜26年度 研究所研究報告会	(3z)	第2部門テーマ「最新の計測機器を利用した土地家屋調査士業務の研究」	20分	三次元データの現状と調査士業務との関連について	研究所研究員	2015/3/19
18	−	平成25〜26年度 研究所研究報告会	(3z)	第2部門テーマ「最新の計測機器を利用した土地家屋調査士業務の研究」	20分	3D地形データを利用した山林の原始筆界復元手法の取組み	研究所研究員	2015/3/19
19	−	平成25〜26年度 研究所研究報告会	(3z)	第2部門テーマ「最新の計測機器を利用した土地家屋調査士業務の研究」	20分	地籍調査世界標準日本版地上法精度検証実験	研究所研究員	2015/3/19
20	−	平成25〜26年度 研究所研究報告会	(3z)	第3部門テーマ「筆界の判断基準と民法上の判断の整合の研究」	20分	筆界の判断の整合性についての研究	研究所研究員	2015/3/19
21	−	平成25〜26年度 研究所研究報告会	(3z)	第3部門テーマ「筆界の判断基準と民法上の判断の整合の研究」	20分	筆界の新たな分類	研究所研究員	2015/3/19
22	−	平成25〜26年度 研究所研究報告会	(3z)	第3部門テーマ「筆界の判断基準と民法上の判断の整合の研究」	15分	今日的筆界の整理	研究所研究員	2015/3/19
23	−	平成25〜26年度 研究所研究報告会	(3z)	第4部門テーマ「東日本大震災の次世代への継承に関する研究」	20分	これからの登記行政を考える	研究所研究員	2015/3/20

No.	項別 No.	項別 (カテゴリ)	項 No.	項 (サブカテゴリ)	時間	コンテンツ名	講師肩書	収録日
24	–	平成 25～26 年度 研究所研究報告会	(3z)	第 4 部門テーマ 「東日本大震災の次世代への継承に関する研究」	15分	震災から見る登記行政の抱える問題点	研究所研究員	2015/3/20
25	–	平成 25～26 年度 研究所研究報告会	(3z)	第 5 部門テーマ 「地籍管理に関する国際標準化についての研究」	20分	LADM/STDM と日本の土地保有と混乱 (1)	研究所研究員	2015/3/20
26	–	平成 25～26 年度 研究所研究報告会	(3z)	第 5 部門テーマ 「地籍管理に関する国際標準化についての研究」	25分	LADM/STDM と日本の土地保有と混乱 (2)	研究所研究員	2015/3/20
27	–	平成 25～26 年度 研究所研究報告会	(3z)	第 6 部門テーマ 「諸外国の地籍制度等の実態に関する研究」	20分	ブータンにおける近年の土地問題と土地行政	研究所研究員	2015/3/20
28	–	平成 25～26 年度 研究所研究報告会	(3z)	第 6 部門テーマ 「諸外国の地籍制度等の実態に関する研究」	20分	韓国と日本の地籍制度に関する比較研究報告	研究所研究員	2015/3/20
29	–	平成 25～26 年度 研究所研究報告会	(3z)	第 6 部門テーマ 「諸外国の地籍制度等の実態に関する研究」	20分	「台湾の地政―地籍・登記制度」	前研究所研究員	2015/3/20
30	1	倫理・法令関連研修	12	民法	2時間	土地家屋調査士基礎研修 民法講義（債権法その 2 ①）	弁護士	2015/12/8
31	1	倫理・法令関連研修	12	民法	2時間	土地家屋調査士基礎研修 民法講義（債権法その 2 ②）	弁護士	2015/12/8
32	2	業務関連研修	24	地図と GIS の研究	20分	「重ね図」作成手引書解説（GIS 基礎編）	土地家屋調査士	2016/2/25
33	2	業務関連研修	24	地図と GIS の研究	50分	「重ね図」作成手引書解説（地図太郎 PLUS 編）	土地家屋調査士	2016/2/25
34	2	業務関連研修	24	地図と GIS の研究	1時間30分	「重ね図」作成手引書解説（QGIS 編）	土地家屋調査士	2016/2/25
35	1	倫理・法令関連研修	10	倫理・職責	1時間30分	土地家屋調査士 会員必携 第 1 章「会員心得」	土地家屋調査士	2016/7/19
36	1	倫理・法令関連研修	1z	その他関係法令研修等	45分	土地家屋調査士 会員必携 第 2 章「不動産登記法及び関係法令」	土地家屋調査士	2016/7/19
37	–	平成 27～28 年度 研究所研究報告会	(3z)	基調講演	40分	権利客体としての土地	研究所研究員	2017/3/16
38	–	平成 27～28 年度 研究所研究報告会	(3z)	第 2 部門テーマ「最新技術に関する研究」	20分	オープンな基準点維持管理	研究所研究員	2017/3/16
39	–	平成 27～28 年度 研究所研究報告会	(3z)	第 2 部門テーマ「最新技術に関する研究」	30分	QZSS を利用した衛星測位と土地家屋調査士における測位制度のあり方について	研究所研究員	2017/3/16
40	–	平成 27～28 年度 研究所研究報告会	(3z)	第 2 部門テーマ「最新技術に関する研究」	20分	SfM・MVS の利用及び派生効果の活用について	研究所研究員	2017/3/16
41	–	平成 27～28 年度 研究所研究報告会	(3z)	第 3 部門テーマ 「筆界立会いの代理権・立会要請権・筆界調査権・筆界認証権に関する研究」	25分	「筆界立会いの代理権・立会要請権・筆界調査権・筆界認証権に関する研究」社会的事情からの考察	研究所研究員	2017/3/16
42	–	平成 27～28 年度 研究所研究報告会	(3z)	第 3 部門テーマ 「筆界立会いの代理権・立会要請権・筆界調査権・筆界認証権に関する研究」	30分	「筆界立会いの代理権・立会要請権・筆界調査権・筆界認証権に関する研究」実務的な視点からの考察	研究所研究員	2017/3/16
43	–	平成 27～28 年度 研究所研究報告会	(3z)	第 3 部門テーマ 「筆界立会いの代理権・立会要請権・筆界調査権・筆界認証権に関する研究」	35分	「筆界立会いの代理権・立会要請権・筆界調査権・筆界認証権に関する研究」法律的な見地からの考察	研究所研究員	2017/3/16
44	–	平成 27～28 年度 研究所研究報告会	(3z)	第 4 部門テーマ 「空家対策法に対する問題点に関する研究」	35分	空家対策法に対する問題点に関する研究	研究所研究員	2017/3/17
45	–	平成 27～28 年度 研究所研究報告会	(3z)	第 5 部門テーマ 「諸外国の地籍制度に関する研究」	20分	カンボジアの不動産の制度（土地・建物・区分建物について）	研究所研究員	2017/3/17
46	–	平成 27～28 年度 研究所研究報告会	(3z)	第 5 部門テーマ 「諸外国の地籍制度に関する研究」	45分	台湾の地籍制度に関する研究	研究所研究員 元研究所研究員	2017/3/17
47	–	平成 27～28 年度 研究所研究報告会	(3z)	第 5 部門テーマ 「諸外国の地籍制度に関する研究」	20分	南アジアの地籍制度と土地行政の比較研究	研究所研究員	2017/3/17
48	–	平成 27～28 年度 研究所研究報告会	(3z)	第 6 部門テーマ 「地籍管理に関する国際標準化についての研究」	20分	諸外国における LADM 準拠土地管理システム	研究所研究員	2017/3/17
49	–	平成 27～28 年度 研究所研究報告会	(3z)	第 6 部門テーマ 「地籍管理に関する国際標準化についての研究」	20分	Cadastre という定義とは？	研究所研究員	2017/3/17
50	1	倫理・法令関連研修	12	民法	2時間	土地家屋調査士基礎研修 民法講義（改正債権法その 1）	弁護士	2017/12/4
51	1	倫理・法令関連研修	12	民法	2時間	土地家屋調査士基礎研修 民法講義（改正債権法その 2）	弁護士	2017/12/4
52	2	業務関連研修	27	ADR・筆界特定関係	1時間30分	境界（筆界）ADR による境界紛争の解決	弁護士	2019/1/11
53	1	倫理・法令関連研修	10	倫理・職責	2時間	土地家屋調査士倫理の概要	弁護士	2019/1/11
54	2	業務関連研修	2z	その他業務研修等	1時間30分	空き家等問題に関する積極的な参加について	土地家屋調査士	2019/2/28
55	1	倫理・法令関連研修	12	民法	2時間	土地家屋調査士基礎研修 民法講義「改正相続法 (1)」	弁護士	2020/1/10
56	1	倫理・法令関連研修	12	民法	2時間	土地家屋調査士基礎研修 民法講義「改正相続法 (2)」	弁護士	2020/1/10
57	1	倫理・法令関連研修	12	民法	1時間	土地家屋調査士の業務と成年後見制度	土地家屋調査士	2020/1/29
58	2	業務関連研修	2a	教養研修	1時間30分	土地家屋調査士とオープンデータ	筑波大学システム情報系社会工学域教授	2021/1/18
59	2	業務関連研修	21	調査、測量実施要領	1時間	土地家屋調査士業務取扱要領（第 1 章～第 2 章）	土地家屋調査士	2021/1/29
60	2	業務関連研修	21	調査、測量実施要領	1時間30分	土地家屋調査士業務取扱要領（第 3 章～第 7 章）	土地家屋調査士	2021/1/29
61	2	業務関連研修	2z	その他業務研修等	50分	土地家屋調査士による所有者不明土地問題への貢献	土地家屋調査士	2021/9/27
62	2	業務関連研修	20	業務研修全般・各法務局の事務取扱等	1時間40分	民法・不動産登記法等の改正について	法務省大臣官房参事官	2022/2/24
63	2	業務関連研修	20	業務研修全般・各法務局の事務取扱等	1時間20分	財産管理制度と土地家屋調査士業務について	弁護士	2022/2/25
64	2	業務関連研修	29	隣接関係法令	1時間	静岡会主催「消費税におけるインボイス制度の実務」	静岡会顧問税理士	2021/8/25
65	2	業務関連研修	22	オンライン申請関係	1時間40分	大阪会主催「令和 3 年度第 1 回オンライン登記申請研修会（超初心者編）」	土地家屋調査士	2021/10/20
66	2	業務関連研修	22	オンライン申請関係	1時間50分	大阪会主催「令和 3 年度第 2 回オンライン登記申請研修会（初心者編）」	土地家屋調査士	2021/11/17
67	2	業務関連研修	22	オンライン申請関係	1時間40分	大阪会主催「令和 3 年度第 3 回オンライン登記申請研修会（中級者編）」	土地家屋調査士	2021/12/15
68	2	業務関連研修	22	オンライン申請関係	1時間	大阪会主催「令和 3 年度第 4 回オンライン登記申請研修会（最前線情報）」	土地家屋調査士	2022/1/12
69	2	業務関連研修	20	業務研修全般・各法務局の事務取扱等	1時間	民法・不動産登記法改正が土地家屋調査士業務に与える影響	土地家屋調査士	2022/4/8
70	1	倫理・法令関連研修	1z	その他関係法令研修等	1時間40分	東京会主催「土地基本法の改正と今後～土地所有者の「管理」と「責務」とは～」	土地家屋調査士	2022/2/1

7 土地家屋調査士専門職能継続学習（土地家屋調査士 CPD）制度

　現今の社会環境及び司法制度を取り巻く環境が急速に変化する中、土地家屋調査士は「隣接法律専門職」「測量技術者」として、その責任は非常に大きなものであり、プロフェッショナルとして社会の要請に応えるべく、常に業務遂行に必要な最新の知識・技術の習得に努め、専門資格者としてその能力の更なる維持・向上を図っていく必要がある。

　土地家屋調査士法第 25 条では、「調査士は、その所属する調査士会及び調査士会連合会が実施する研修を受け、その資質の向上を図るように努めなければならない。」と明文化されている。

　土地家屋調査士専門職能継続学習（土地家屋調査士 CPD（※1））制度は、そのような背景の中で、土地家屋調査士が本章で述べた様々な研修会・講習会への参加や専門書の購読等を通して研鑽に励んだ成果を、日調連が全国統一基準で適正・公平に評価した数値を用いてポイントを付与する。この制度は、各土地家屋調査士が取得したポイント数及び学習・教育内容を可視化し、さらにはウェブサイト等の手段で公開（※2）、発信することで、土地家屋調査士の社会的信用、社会的認知度の向上並びに国民への高い業務資質の継続的な提供と業務を依頼する際の参考情報の提供として、平成 21 年 4 月 1 日から運用が始まった制度である。

　以下の資料は、日調連が設定した土地家屋調査士 CPD 制度における認定基準を「形態」「種別」「区分」「内容」に分類したものである。

※1　CPD
　　Continuing Professional Development の頭文字をとった略称。「専門職能継続学習」と意訳。
※2　土地家屋調査士 CPD 履歴情報の公開
　　日本土地家屋調査士会連合会のウェブサイト中の土地家屋調査士検索のページにおいて、土地家屋調査士ごとの CPD 履歴情報を閲覧することができる。
　　https://www.chosashi.or.jp/activities/training/cpd/

● 土地家屋調査士専門職能継続学習　認定基準表（抜粋）

（令和 5 年 11 月 1 日現在）

形態	種別	区分	内容
1 参加学習型	特別研修	受講	土地家屋調査士特別研修の受講
		認定	土地家屋調査士法第 3 条第 2 項第 2 号の認定
	講習会等	一般講習	土地家屋調査士会主催の講習会、研修会の受講
		一般講演会	公開講座・講演会・シンポジウムへの参加
		外部	外部プログラムによる講習会、研修会の受講、公開講座・講演会・シンポジウムへの参加
		特定研修	特定業務等を対象とした研修会への参加
	見学会	見学会視察	見学会、国内外視察
	e ラーニング	視聴講習	e ラーニングシステムによる研修の受講
2 情報提供型	講師	講師	講習会、研修会等の講師
			講演会・シンポジウム等の講師、パネリスト等
			大学、専門学校等の講師
		発表	調査研究報告等の発表
	執筆	執筆活動	専門誌、機関誌、雑誌等の執筆
		論文発表	学術論文執筆
		図書	単著者
			共著者
			多数分担執筆
	社会貢献	社会貢献活動	専門知識、技術を生かした社会貢献
3 自己学習型	専門誌等購読	専門雑誌の購読	連合会会報「土地家屋調査士」の購読
			専門雑誌の購読
		専門図書の購読	専門図書の購読
	DVD 等の視聴	視聴講習	研修会等の DVD 等のメディア媒体を個人で視聴
4 その他			

第**5**章 日本全国あなたの近くの
土地家屋調査士

1 全国の土地家屋調査士会

　土地家屋調査士は、土地家屋調査士法により、その事務所の所在地を管轄する法務局又は地方法務局の管轄区域ごとに、会則を定めて、一個の土地家屋調査士会を設立しなければならないとされており、その結果、全国に 50 の土地家屋調査士会（下表）が存する。また、全国の土地家屋調査士会は、「日本土地家屋調査士会連合会」を設立しなければならないとされていることからも、各土地家屋調査士会が業界における主体的な役割を果たす機関であるといえる。

● 全国の土地家屋調査士会

令和 5 年 11 月 1 日現在

土地家屋調査士会	所在地	電話・FAX・e-mail
札幌土地家屋調査士会	〒 064-0804 札幌市中央区南四条西六丁目 8 番地 晴ればれビル 8F	TEL (011) 271-4593　FAX (011) 222-4379 sta@mbr.nifty.com
函館土地家屋調査士会	〒 040-0033 函館市千歳町 21 番 13 号　桐朋会館 3 階	TEL (0138) 23-7026　FAX (0138) 23-4486 hakotyo@iaa.itkeeper.ne.jp
旭川土地家屋調査士会	〒 070-0032 旭川市二条通十七丁目 465 番地 1	TEL (0166) 22-5530　FAX (0166) 23-0868 a-cho@lapis.plala.or.jp
釧路土地家屋調査士会	〒 085-0833 釧路市宮本一丁目 2 番 4 号	TEL (0154) 41-3463　FAX (0154) 43-2045 sen.cho@aurora.ocn.ne.jp
青森県土地家屋調査士会	〒 030-0821 青森市勝田一丁目 1 番 15 号	TEL (017) 722-3178　FAX (017) 775-7067 aomori@chyousashi.com
岩手県土地家屋調査士会	〒 020-0816 盛岡市中野一丁目 20 番 33 号	TEL (019) 622-1276　FAX (019) 622-1281 info@iwate-chosashi.jp
宮城県土地家屋調査士会	〒 980-0802 仙台市青葉区二日町 18 番 3 号	TEL (022) 225-3961　FAX (022) 213-8485 info@miyagi-chousashi.jp
秋田県土地家屋調査士会	〒 010-0951 秋田市山王六丁目 1 番 13 号　山王プレスビル 4 階	TEL (018) 824-0324　FAX (018) 865-6488 a-chosa@air.ocn.ne.jp
山形県土地家屋調査士会	〒 990-0041 山形市緑町一丁目 4 番 35 号	TEL (023) 632-0842　FAX (023) 632-0841 green@chosashi-yamagata.or.jp
福島県土地家屋調査士会	〒 960-8131 福島市北五老内町 4 番 22 号 土地家屋調査士会館	TEL (024) 534-7829　FAX (024) 535-7617 info@fksimaty.or.jp
茨城土地家屋調査士会	〒 319-0312 水戸市大足町 1078 番地の 1	TEL (029) 259-7400　FAX (029) 259-7403 ibacho@sweet.ocn.ne.jp
栃木県土地家屋調査士会	〒 320-0071 宇都宮市野沢町 3 番地 3　犬塚商事ビル 1F	TEL (028) 666-4734　FAX (028) 666-4735 tochicho@peach.ocn.ne.jp
群馬土地家屋調査士会	〒 379-2141 前橋市鶴光路町 19 番地 2	TEL (027) 288-0033　FAX (027) 265-6810 gunmakai@cocoa.ocn.ne.jp
埼玉土地家屋調査士会	〒 330-0063 さいたま市浦和区高砂四丁目 14 番 1 号	TEL (048) 862-3173　FAX (048) 862-0916 office@saitama-chosashi.org

土地家屋調査士会	所在地	電話・FAX・e-mail
千葉県土地家屋調査士会	〒 260-0024 千葉市中央区中央港一丁目 23 番 25 号	TEL (043) 204-2312 FAX (043) 204-2313 chosashi@olive.ocn.ne.jp
東京土地家屋調査士会	〒 101-0061 千代田区神田三崎町一丁目 2 番 10 号 土地家屋調査士会館	TEL (03) 3295-0587 FAX (03) 3295-4770 info@tokyo-chousashi.or.jp
神奈川県土地家屋調査士会	〒 220-0003 横浜市西区楠町 18 番地	TEL (045) 312-1177 FAX (045) 312-1277 info@kanagawa-chousashi.or.jp
新潟県土地家屋調査士会	〒 951-8068 新潟市中央区上大川前通六番町 1211 番地 5 三好マンション鏡橋 3 階	TEL (025) 378-5005 FAX (025) 225-5678 nii-cho@nii-cho.jp
富山県土地家屋調査士会	〒 930-0856 富山市牛島新町 8 番 22 号	TEL (076) 432-2516 FAX (076) 432-2529 info@tomicho.com
石川県土地家屋調査士会	〒 921-8013 金沢市新神田三丁目 9 番 27 号	TEL (076) 291-1020 FAX (076) 291-1371 honkai@ishicho.or.jp
福井県土地家屋調査士会	〒 918-8112 福井市下馬二丁目 314 番地　司・調合同会館 2 階	TEL (0776) 33-2770 FAX (0776) 33-2788 ftk@fukuitk.org（令和 6 年 1 月 4 日から運用）
山梨県土地家屋調査士会	〒 400-0043 甲府市国母八丁目 13 番 30 号	TEL (055) 228-1311 FAX (055) 228-1312 info@yamanashi-chosashi.or.jp
長野県土地家屋調査士会	〒 380-0872 長野市大字南長野妻科 399 番地 2	TEL (026) 232-4566 FAX (026) 232-4601 naganolb@nagano-chosashi.org
岐阜県土地家屋調査士会	〒 500-8115 岐阜市田端町 1 番地 12	TEL (058) 245-0033 FAX (058) 248-1898 honkai@bz04.plala.or.jp
静岡県土地家屋調査士会	〒 422-8006 静岡市駿河区曲金六丁目 16 番 10 号	TEL (054) 282-0600 FAX (054) 282-0650 info@shizuoka-chosashi.or.jp
愛知県土地家屋調査士会	〒 451-0043 名古屋市西区新道一丁目 2 番 25 号	TEL (052) 586-1200 FAX (052) 586-1222 info@chosashi-aichi.or.jp
三重県土地家屋調査士会	〒 514-0065 津市河辺町 3547 番地 2	TEL (059) 227-3616 FAX (059) 225-2930 honkai@mie-chosashi.or.jp
滋賀県土地家屋調査士会	〒 520-0056 大津市末広町 7 番 5 号	TEL (077) 525-0881 FAX (077) 522-8443 chosasi@shiga-kai.jp
京都土地家屋調査士会	〒 604-0984 京都市中京区竹屋町通富小路東入魚屋町 439 番地	TEL (075) 221-5520 FAX (075) 251-0520 mail@chosashi-kyoto.or.jp
大阪土地家屋調査士会	〒 540-0023 大阪市中央区北新町 3 番 5 号	TEL (06) 6942-3330 FAX (06) 6941-8070 otkc-3330@chosashi-osaka.jp
兵庫県土地家屋調査士会	〒 650-0017 神戸市中央区楠町二丁目 1 番 1 号	TEL (078) 341-8180 FAX (078) 341-8115 info@chosashi-hyogo.or.jp
奈良県土地家屋調査士会	〒 630-8305 奈良市東紀寺町二丁目 7 番 2 号	TEL (0742) 22-5619 FAX (0742) 24-1269 info@nara-chousashikai.or.jp
和歌山県土地家屋調査士会	〒 640-8144 和歌山市四番丁 7 番地	TEL (073) 421-1311 FAX (073) 436-8101 info@chosashi-wakayama.jp
鳥取県土地家屋調査士会	〒 680-0022 鳥取市西町一丁目 314 番地 1	TEL (0857) 22-7038 FAX (0857) 24-3633 toricho@guitar.ocn.ne.jp
島根県土地家屋調査士会	〒 690-0826 松江市学園南一丁目 2 番 1 号　くにびきメッセ 3 階	TEL (0852) 23-3520 FAX (0852) 27-1051 simachou@ceres.ocn.ne.jp
岡山県土地家屋調査士会	〒 700-0807 岡山市北区南方二丁目 1 番 6 号	TEL (086) 222-4606 FAX (086) 225-2018 info@okayama-chousashikai.or.jp
広島県土地家屋調査士会	〒 732-0057 広島市東区二葉の里一丁目 2 番 44 号 広島県土地家屋調査士会館 2 階	TEL (082) 567-8118 FAX (082) 567-8558 chosashi@mocha.ocn.ne.jp
山口県土地家屋調査士会	〒 753-0042 山口市惣太夫町 2 番 2 号	TEL (083) 922-5975 FAX (083) 925-8552 yamatyo@chousashi.net
徳島県土地家屋調査士会	〒 770-0823 徳島市出来島本町二丁目 42 番地 5	TEL (088) 626-3585 FAX (088) 626-3027 tokucho@coda.ocn.ne.jp
香川県土地家屋調査士会	〒 760-0033 高松市丸の内 9 番 29 号	TEL (087) 821-1836 FAX (087) 822-3410 info@kagawa-chosashikai.or.jp
愛媛県土地家屋調査士会	〒 790-0062 松山市南江戸一丁目 4 番 14 号	TEL (089) 943-6769 FAX (089) 943-6779 ehime@e-chosashi.or.jp
高知県土地家屋調査士会	〒 780-0928 高知市越前町二丁目 7 番 11 号 土地家屋調査士会館	TEL (088) 825-3132 FAX (088) 873-3018 honkai@k-chosashi.or.jp
福岡県土地家屋調査士会	〒 810-0073 福岡市中央区舞鶴三丁目 3 番 4 号 ライフピア舞鶴 201 号	TEL (092) 741-5780 FAX (092) 731-5202 info@fukuoka-chousashi.or.jp
佐賀県土地家屋調査士会	〒 840-0041 佐賀市城内二丁目 11 番 10-1 号	TEL (0952) 24-6356 FAX (0952) 24-6349 sagatyo@po.bunbun.ne.jp
長崎県土地家屋調査士会	〒 850-0031 長崎市桜町 7 番 6-101 号　サンガーデン桜町 1 階	TEL (095) 828-0009 FAX (095) 828-2629 nagasaki@trust.ocn.ne.jp
熊本県土地家屋調査士会	〒 862-0970 熊本市中央区渡鹿三丁目 14 番 21 号	TEL (096) 372-5031 FAX (096) 372-5057 kuma-cho@nifty.com
大分県土地家屋調査士会	〒 870-0045 大分市城崎町二丁目 3 番 10 号	TEL (097) 532-7709 FAX (097) 536-4088 oitakai@oita-chosashi.jp
宮崎県土地家屋調査士会	〒 880-0803 宮崎市旭二丁目 2 番 2 号	TEL (0985) 27-4849 FAX (0985) 27-4898 mz-chou@miyazaki-tc.net
鹿児島県土地家屋調査士会	〒 892-0828 鹿児島市金生町 4 番 10 号 アーバンスクエア鹿児島ビル 4 階	TEL (099) 203-0088 FAX (099) 203-0688 kachosa@orange.ocn.ne.jp
沖縄県土地家屋調査士会	〒 900-0021 那覇市泉崎二丁目 1 番地 4 大建ハーバービューマンション 401	TEL (098) 834-7599 FAX (098) 854-8131 otkc000@chive.ocn.ne.jp

2 全国の土地家屋調査士人口

1 全国の土地家屋調査士人口の推移・年代構成等

平成 25 年から令和 5 年までの各年 4 月 1 日現在の土地家屋調査士の会員、法人数の推移である。

令和 5 年 4 月 1 日現在の女性会員は約 3.4%（538 名）と全体の割合としては低いが、平成 23 年から令和 3 年まで毎年女性会員数は増加しており、女性の活躍が期待されている。

法人数は平成 15 年 8 月 1 日施行の土地家屋調査士法の改正により、土地家屋調査士法人の設立が認められ、以降毎年増加傾向にある。

特に、令和 3 年以降は、更に大きな増加を示している。これは、土地家屋調査士法の一部を改正する法律の施行（令和 2 年 8 月 1 日）により、一人法人の設立が認められたものによるものと考えられる。

◎ 土地家屋調査士人口の推移 （各年 4 月 1 日現在の会員数・法人数）

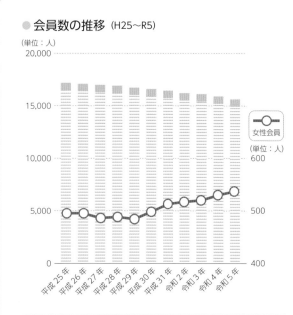

年	会員数（人）うち（ ）内は女性会員数	増減（人）
平成 25 年	17,216 (496)	—
平成 26 年	17,111 (496)	▲ 105
平成 27 年	17,017 (487)	▲ 94
平成 28 年	16,940 (489)	▲ 77
平成 29 年	16,761 (485)	▲ 179
平成 30 年	16,625 (499)	▲ 136
平成 31 年	16,471 (514)	▲ 154
令和 2 年	16,240 (518)	▲ 231
令和 3 年	16,141 (521)	▲ 99
令和 4 年	15,929 (531)	▲ 212
令和 5 年	15,650 (538)	▲ 279
（累計）		▲ 1,566

年	法人数	増減（法人）
平成 25 年	183	—
平成 26 年	197	14
平成 27 年	213	16
平成 28 年	226	13
平成 29 年	239	13
平成 30 年	256	17
平成 31 年	256	0
令和 2 年	262	6
令和 3 年	339	77
令和 4 年	403	64
令和 5 年	441	38
（累計）		△ 258

2 土地家屋調査士の年代構成等

令和5年4月1日現在の土地家屋調査士の会員の年代別を示すデータによると、会員は特定の年齢層に偏ることなく、幅広い年齢層から構成されている。令和4年度に新規登録した会員に関しては、30代と40代が全体の主要な構成を占めており、これらの年代の人々が社会経験を背景に土地家屋調査士となっていることが推測できる。さらに、20代の登録者が約10%を占めていることから、これから更に幅広い年代が土地家屋調査士として活躍していることが期待される。

◉ 土地家屋調査士の年代構成
（令和5年4月1日現在）

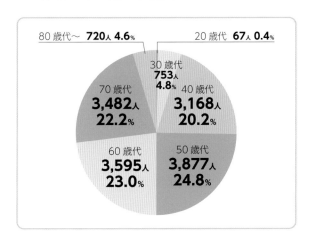

◉ 土地家屋調査士新規登録者の年代構成（令和4年度）

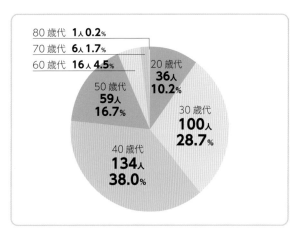

3 最近10年間の登録者数と取消者数の推移

平成25年度から令和4年度までの会員の新規登録者数と登録取消者数である。

新規登録者と廃業、死亡などの登録取消者の数をグラフ化すると、新規登録者は、令和に入ってから増加に転じている。しかし、登録取消者数が新規登録者数を上回っており、会員数の減少は避けられない状況である。

◉ 最近10年間の登録者数と取消者数の推移

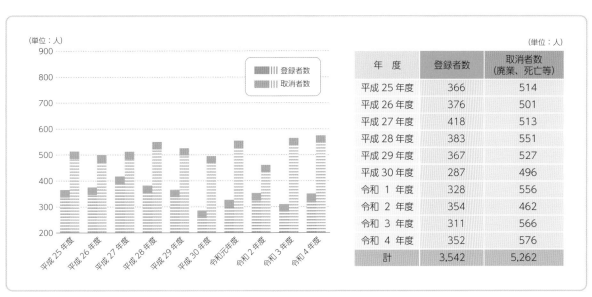

年　度	登録者数	取消者数（廃業、死亡等）
平成25年度	366	514
平成26年度	376	501
平成27年度	418	513
平成28年度	383	551
平成29年度	367	527
平成30年度	287	496
令和 1 年度	328	556
令和 2 年度	354	462
令和 3 年度	311	566
令和 4 年度	352	576
計	3,542	5,262

4 都道府県別（土地家屋調査士会別）土地家屋調査士人口の推移

　以下のグラフ及び次頁以下の表は、昭和 32 年度から令和 5 年度までの土地家屋調査士（会員）の人数を示している。

　昭和 32 年度から昭和 55 年度までの約 23 年間、ほとんどの年で会員数が増加し続け、昭和 32 年度に 10,776 人であった会員数は、この期間で約 18,000 人に増えた。その後、18,000 人台が続き平成 14 年度に 18,741 人となりピークに達した。

　しかし、その後減少傾向に転じ、令和 5 年ではピーク時の約 84％である 15,650 人となった。

● 全国の土地家屋調査士人口の推移

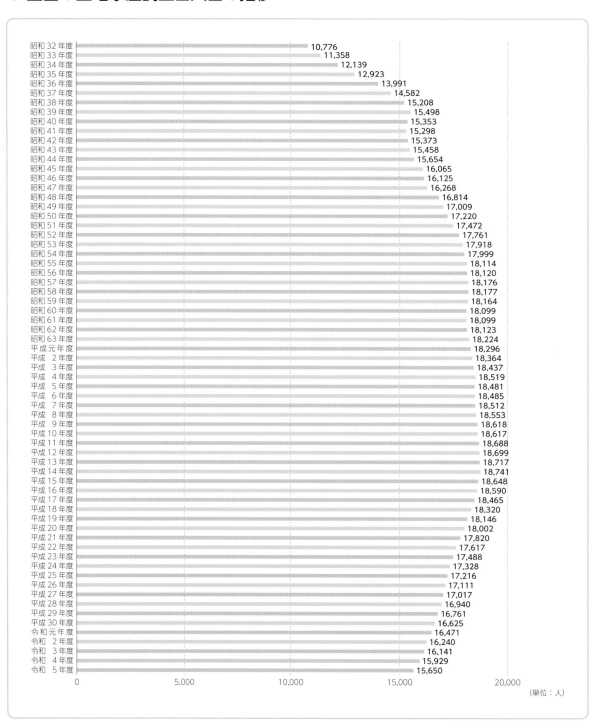

● 全国都道府県別の土地家屋調査士人口の推移

(掲載順序は都道府県コードに基づく。北海道内は、市区町村コードに基づく。本書における都道府県別資料は、原則的にこの順序に基づく。)

都道府県		昭和32年度	昭和33年度	昭和34年度	昭和35年度	昭和36年度	昭和37年度	昭和38年度	昭和39年度	昭和40年度	昭和41年度	昭和42年度	昭和43年度	昭和44年度	昭和45年度
北海道	札幌	166	160	160	206	228	236	244	250	255	271	278	282	285	294
	函館	23	23	23	23	37	37	37	42	42	42	48	48	49	55
	旭川	61	66	77	73	78	78	85	79	79	75	75	75	75	75
	釧路	67	70	76	86	94	94	99	102	99	98	98	102	112	118
青森		225	240	260	270	280	273	265	285	271	269	269	253	252	252
岩手		380	376	402	411	426	408	423	401	380	353	344	340	350	338
宮城		137	200	213	214	229	243	243	239	239	239	228	228	232	236
秋田		304	274	333	328	307	304	294	287	273	269	263	255	244	242
山形		365	365	365	365	375	375	366	366	366	366	368	366	359	360
福島		378	375	390	398	441	439	417	402	395	393	393	396	394	399
茨城		266	272	274	291	307	323	340	357	352	340	340	338	337	332
栃木		162	174	180	192	201	201	201	228	228	228	228	228	223	243
群馬		107	107	128	154	204	204	234	244	244	254	254	254	264	274
埼玉		173	188	188	259	259	316	510	530	540	550	580	614	666	704
千葉		133	154	184	221	270	274	290	308	321	341	354	362	390	435
東京		738	840	1,097	1,265	1,434	1,613	1,728	1,985	1,951	1,863	1,801	1,801	1,750	1,811
神奈川		184	208	220	270	418	580	724	732	729	718	730	736	762	804
新潟		451	483	550	587	627	620	620	590	570	560	556	554	560	550
富山		78	116	122	124	126	124	127	122	123	125	130	129	134	133
石川		158	158	158	160	164	167	151	152	153	147	149	157	154	160
福井		64	70	81	84	101	102	101	101	101	101	103	101	100	105
山梨		31	31	31	31	31	35	35	35	67	67	90	90	89	89
長野		730	719	703	713	742	780	755	734	721	707	702	660	659	663
岐阜		383	383	387	372	371	364	375	375	375	365	361	354	347	360
静岡		319	319	350	350	420	405	415	430	443	443	468	493	493	523
愛知		369	404	404	480	480	550	600	600	600	600	600	600	631	636
三重		194	197	195	198	201	197	191	187	184	180	182	182	182	201
滋賀		61	61	61	60	63	63	70	70	70	71	70	82	82	86
京都		118	131	141	151	158	160	162	165	170	173	180	180	185	198
大阪		255	299	377	415	474	510	573	560	537	562	562	625	660	680
兵庫		378	409	448	476	507	521	530	544	540	527	530	531	550	562
奈良		50	55	53	55	60	61	62	68	70	74	74	75	77	83
和歌山		57	76	78	106	123	130	130	130	125	125	125	125	125	125
鳥取		128	141	139	133	136	137	138	134	132	130	131	128	128	131
島根		162	172	161	146	151	156	157	156	153	147	140	142	134	134
岡山		302	306	318	332	360	373	359	355	348	361	358	357	364	368
広島		231	250	254	268	331	331	332	368	368	368	361	362	364	368
山口		252	261	261	268	278	278	272	270	269	262	251	251	251	256
徳島		77	79	79	79	79	111	111	111	111	111	111	103	103	103
香川		101	115	129	124	131	128	123	128	128	128	128	135	151	152
愛媛		193	205	207	218	221	231	228	215	210	210	212	212	212	232
高知		114	114	161	161	161	161	185	182	182	182	182	159	157	157
福岡		327	343	351	375	413	416	430	437	443	450	458	469	481	499
佐賀		137	146	150	158	165	162	165	156	156	156	148	144	141	136
長崎		191	200	186	183	189	183	189	186	177	178	180	183	185	196
熊本		343	356	366	378	376	370	368	357	347	342	341	339	339	339
大分		193	193	193	225	254	254	254	248	240	240	237	236	234	234
宮崎		173	176	174	176	184	176	172	171	161	164	160	166	170	172
鹿児島		287	298	301	311	326	328	328	324	315	310	306	306	308	312
沖縄										63	136	150	160	150
計		10,776	11,358	12,139	12,923	13,991	14,582	15,208	15,498	15,353	15,298	15,373	15,458	15,654	16,065

第5章 日本全国あなたの近くの土地家屋調査士

都道府県		昭和46年度	昭和47年度	昭和48年度	昭和49年度	昭和50年度	昭和51年度	昭和52年度	昭和53年度	昭和54年度	昭和55年度	昭和56年度	昭和57年度	昭和58年度	昭和59年度
北海道	札幌	302	308	320	334	344	353	352	355	367	379	383	381	389	390
	函館	55	55	52	51	53	52	57	63	61	63	63	67	64	63
	旭川	75	75	75	77	80	80	78	78	81	82	86	84	80	78
	釧路	115	113	119	117	111	117	124	124	127	128	127	130	133	135
青森		259	259	260	257	255	257	261	263	267	262	257	252	247	243
岩手		330	322	312	311	306	310	302	303	294	297	292	291	293	291
宮城		238	245	252	248	256	275	283	295	295	302	300	303	311	316
秋田		237	233	235	235	242	235	234	230	225	219	221	222	218	216
山形		351	340	345	343	338	328	326	325	308	302	302	301	295	298
福島		397	392	403	406	398	411	414	412	417	411	401	406	410	404
茨城		332	335	370	385	400	412	422	423	430	425	448	451	451	447
栃木		243	243	253	253	253	280	280	302	301	303	304	304	305	306
群馬		274	274	282	303	302	312	329	343	336	346	349	356	359	360
埼玉		714	738	753	783	795	805	828	830	849	860	868	879	881	884
千葉		454	495	529	564	576	591	609	613	625	648	646	642	636	634
東京		1,811	1,811	1,931	1,927	1,943	1,960	1,987	1,987	2,000	2,007	1,981	1,975	1,958	1,926
神奈川		811	834	855	842	843	859	875	902	899	908	901	892	880	885
新潟		547	539	545	538	530	540	546	550	535	535	518	503	504	509
富山		135	135	146	151	147	148	150	149	157	156	155	158	160	153
石川		157	164	167	172	179	174	174	175	175	177	175	170	173	173
福井		107	111	112	114	112	110	108	109	111	114	115	113	115	119
山梨		88	94	90	100	103	107	110	111	113	112	123	124	119	118
長野		661	651	667	674	671	666	660	656	634	627	622	614	593	586
岐阜		360	360	360	369	365	370	378	377	373	375	380	372	368	357
静岡		526	544	562	579	581	602	613	631	641	655	676	670	673	670
愛知		636	635	688	680	720	725	736	749	758	755	760	789	798	806
三重		201	201	214	217	217	215	221	222	220	235	227	230	234	243
滋賀		84	92	100	104	109	110	118	119	122	123	117	122	120	117
京都		205	203	208	205	212	213	215	215	217	218	219	213	212	217
大阪		704	718	759	772	821	843	878	881	910	923	939	947	952	964
兵庫		572	585	608	633	656	662	681	687	695	713	717	704	700	691
奈良		84	85	90	96	97	96	101	103	109	112	112	119	121	124
和歌山		125	125	125	119	120	123	128	131	131	136	132	132	137	141
鳥取		129	133	132	131	131	125	123	121	116	119	115	118	118	117
島根		135	132	132	132	133	130	133	134	133	137	138	141	139	139
岡山		361	353	352	359	359	365	365	373	372	367	363	360	349	338
広島		368	371	382	390	391	399	417	406	406	412	409	413	413	420
山口		256	256	256	256	260	271	276	272	273	275	277	282	282	278
徳島		101	103	112	117	117	117	119	122	124	124	127	127	133	138
香川		153	155	157	155	157	161	162	164	164	163	167	171	169	166
愛媛		232	235	233	234	233	244	247	244	235	238	236	244	249	247
高知		157	171	171	165	166	166	169	175	172	166	160	163	176	172
福岡		502	514	521	539	553	562	580	600	612	610	620	633	640	655
佐賀		137	139	135	134	132	127	125	122	124	120	124	123	130	130
長崎		194	192	206	202	206	209	216	215	216	217	214	217	219	220
熊本		340	330	336	331	335	338	341	340	349	345	337	346	336	342
大分		234	238	235	234	234	234	237	242	239	237	233	230	235	230
宮崎		174	178	184	189	201	203	202	199	202	199	207	208	210	207
鹿児島		312	304	315	312	309	312	312	312	315	320	320	325	330	335
沖縄		150	150	168	170	168	168	159	164	164	157	157	159	160	166
計		16,125	16,268	16,814	17,009	17,220	17,472	17,761	17,918	17,999	18,114	18,120	18,176	18,177	18,164

昭和 32 年度～昭和 45 年度：7 月 1 日現在
昭和 46 年度～令和 5 年度：4 月 1 日現在

（単位：人）

都道府県		昭和60年度	昭和61年度	昭和62年度	昭和63年度	平成元年度	平成2年度	平成3年度	平成4年度	平成5年度	平成6年度	平成7年度	平成8年度	平成9年度	平成10年度
北海道	札幌	390	389	390	387	386	377	380	376	372	367	361	359	355	357
	函館	65	67	69	71	73	74	72	74	74	74	74	75	74	74
	旭川	78	78	77	81	75	73	76	75	77	77	75	77	75	71
	釧路	134	131	131	125	124	125	127	122	116	113	112	114	114	113
青　森		228	221	214	211	212	209	209	206	205	201	202	202	198	196
岩　手		285	280	278	275	270	269	274	276	272	265	264	250	244	240
宮　城		314	315	317	315	316	319	321	325	335	333	331	328	325	326
秋　田		209	212	216	211	214	213	215	219	222	222	222	222	217	215
山　形		291	285	275	286	281	280	276	278	270	265	262	266	267	266
福　島		403	398	390	394	394	393	398	397	397	390	385	389	378	375
茨　城		443	451	452	457	461	457	456	457	455	456	453	457	456	449
栃　木		310	315	312	304	306	310	306	308	312	310	307	308	313	313
群　馬		349	346	351	354	353	352	355	357	359	364	362	360	364	357
埼　玉		892	901	905	912	925	937	937	933	937	938	939	940	940	931
千　葉		637	643	648	650	653	651	664	657	665	671	671	678	699	703
東　京		1,890	1,878	1,871	1,878	1,893	1,875	1,882	1,871	1,826	1,802	1,780	1,756	1,735	1,733
神奈川		898	902	908	922	922	923	923	920	912	920	916	918	922	915
新　潟		500	494	496	496	490	493	487	490	491	486	482	479	478	471
富　山		154	159	158	160	165	161	160	159	155	156	156	159	162	164
石　川		173	170	176	175	180	180	176	181	187	187	185	189	185	183
福　井		120	116	118	119	122	122	124	129	128	128	128	129	134	139
山　梨		116	115	117	120	122	128	133	136	140	139	138	140	139	138
長　野		584	592	593	590	588	593	585	587	586	579	580	572	577	568
岐　阜		366	361	356	348	345	349	343	351	351	358	362	363	364	373
静　岡		672	669	661	658	656	674	664	658	656	659	667	663	663	653
愛　知		808	819	833	850	862	857	865	886	898	910	934	949	965	978
三　重		236	239	243	240	238	245	249	249	250	254	259	264	265	273
滋　賀		121	121	123	125	128	130	135	139	141	145	148	154	159	162
京　都		211	214	215	220	228	230	240	246	248	254	258	260	267	276
大　阪		952	965	961	985	1,004	1,012	1,029	1,039	1,043	1,062	1,084	1,113	1,136	1,157
兵　庫		702	704	706	702	696	709	723	721	711	722	721	739	738	746
奈　良		129	134	133	134	136	140	146	155	157	162	168	173	174	182
和歌山		136	134	134	135	141	144	143	149	149	148	149	150	152	153
鳥　取		114	112	105	112	111	108	110	113	109	107	105	101	103	104
島　根		138	135	132	132	133	132	133	132	131	130	128	127	122	121
岡　山		338	329	326	322	316	317	316	312	301	299	296	293	285	283
広　島		421	418	408	417	419	429	424	430	437	442	451	452	448	448
山　口		275	272	268	266	263	265	269	265	261	257	260	261	263	261
徳　島		142	141	147	150	147	153	155	158	161	160	158	157	158	160
香　川		168	166	170	176	178	182	182	181	182	182	181	180	181	184
愛　媛		245	242	247	245	246	246	248	262	268	268	273	275	283	291
高　知		163	164	159	161	163	164	168	163	163	162	161	157	157	154
福　岡		660	665	665	665	665	670	670	680	683	682	691	688	700	704
佐　賀		130	131	137	135	138	134	134	134	139	135	136	133	133	129
長　崎		220	220	216	219	217	221	218	218	220	225	223	224	229	221
熊　本		349	351	354	352	354	350	352	351	342	332	327	326	322	315
大　分		233	230	233	230	231	226	224	229	227	225	225	223	225	222
宮　崎		208	206	209	213	215	218	213	212	211	210	214	217	222	219
鹿児島		335	335	355	365	360	360	358	355	350	349	348	342	345	342
沖　縄		164	164	165	174	181	185	190	198	199	203	200	202	208	209
計		18,099	18,099	18,123	18,224	18,296	18,364	18,437	18,519	18,481	18,485	18,512	18,553	18,618	18,617

都道府県	平成11年度	平成12年度	平成13年度	平成14年度	平成15年度	平成16年度	平成17年度	平成18年度	平成19年度	平成20年度	平成21年度	平成22年度	平成23年度	平成24年度
北海道 札幌	355	346	344	342	334	330	329	326	325	312	311	308	301	305
函館	71	70	70	71	70	67	68	66	64	62	60	60	59	59
旭川	71	72	68	67	65	66	65	66	66	61	61	62	63	64
釧路	109	107	104	103	103	101	98	96	92	94	93	91	89	85
青森	194	192	186	187	183	175	163	160	154	154	149	143	145	141
岩手	238	236	231	232	227	221	215	202	195	193	186	184	182	179
宮城	328	326	323	322	317	310	313	310	309	299	298	289	282	285
秋田	210	203	203	200	196	191	184	176	170	164	164	152	144	141
山形	263	259	251	243	233	231	222	219	215	207	204	200	197	194
福島	379	372	363	361	352	346	340	330	308	304	303	302	295	289
茨城	443	434	427	428	429	433	433	430	424	427	423	419	417	411
栃木	319	317	313	321	317	318	312	311	306	307	302	301	301	289
群馬	355	360	353	360	358	356	361	363	363	361	351	346	347	340
埼玉	926	919	937	935	925	923	900	902	893	890	882	873	877	868
千葉	708	711	713	708	703	694	689	691	688	669	649	645	636	625
東京	1,713	1,691	1,681	1,672	1,663	1,665	1,655	1,616	1,586	1,582	1,558	1,553	1,541	1,520
神奈川	906	906	919	924	915	923	926	936	943	933	911	907	904	898
新潟	469	472	467	459	457	442	424	411	403	400	387	372	366	358
富山	162	163	162	164	161	163	162	164	160	157	160	153	157	155
石川	184	183	186	183	179	177	175	180	180	179	182	178	175	168
福井	136	133	134	142	148	148	156	158	160	158	153	153	157	158
山梨	144	145	144	150	147	145	145	144	140	142	139	142	143	140
長野	565	557	550	542	533	520	504	484	477	457	447	436	426	415
岐阜	376	383	389	406	409	409	410	405	395	394	397	400	397	394
静岡	651	651	646	643	630	628	623	621	611	608	606	612	613	611
愛知	998	1,018	1,036	1,039	1,039	1,065	1,078	1,077	1,077	1,087	1,108	1,097	1,107	1,114
三重	283	293	296	299	296	299	299	300	297	298	302	295	292	285
滋賀	174	183	186	185	193	196	200	200	205	202	201	204	206	209
京都	284	289	288	293	301	305	299	294	291	300	300	306	311	312
大阪	1,177	1,189	1,194	1,203	1,226	1,231	1,237	1,221	1,210	1,206	1,174	1,138	1,113	1,103
兵庫	756	770	777	785	791	767	773	764	765	765	771	739	731	728
奈良	188	190	196	199	203	203	202	208	213	214	207	209	208	207
和歌山	152	157	154	160	157	159	157	159	157	153	153	154	155	160
鳥取	103	104	100	95	93	90	89	89	89	86	83	83	82	77
島根	125	122	123	120	118	119	122	123	124	121	124	123	119	113
岡山	282	285	283	288	286	286	295	288	287	273	274	273	272	275
広島	456	467	478	471	464	472	479	489	481	481	475	475	464	461
山口	262	259	258	258	259	263	250	250	250	247	245	241	235	229
徳島	160	165	168	174	178	180	177	177	179	178	176	168	172	167
香川	186	190	193	199	205	213	211	212	214	216	214	216	210	212
愛媛	291	294	301	295	302	308	301	296	304	301	308	301	295	291
高知	155	155	153	156	151	141	137	134	134	132	131	128	126	125
福岡	713	713	715	721	711	698	692	692	688	685	679	678	674	671
佐賀	129	124	123	123	123	120	120	122	121	125	123	125	123	120
長崎	228	233	232	234	232	235	230	223	217	217	210	206	202	201
熊本	319	315	319	318	314	314	313	307	306	304	299	295	290	289
大分	222	209	212	210	210	204	201	199	192	191	190	191	189	192
宮崎	217	218	213	206	204	205	202	199	199	196	193	194	194	192
鹿児島	343	341	348	343	339	338	331	328	324	314	310	306	312	312
沖縄	210	208	207	202	199	197	198	202	195	196	194	191	192	191
計	18,688	18,699	18,717	18,741	18,648	18,590	18,465	18,320	18,146	18,002	17,820	17,617	17,488	17,328

(単位：人)

都道府県		平成25年度	平成26年度	平成27年度	平成28年度	平成29年度	平成30年度	令和元年度	令和2年度	令和3年度	令和4年度	令和5年度
北海道	札幌	305	302	296	292	288	284	283	282	274	271	259
	函館	58	58	58	57	54	53	53	54	52	51	46
	旭川	63	59	58	57	56	58	60	56	54	55	52
	釧路	83	81	81	80	79	79	80	78	76	75	74
青 森		141	137	135	134	135	134	128	126	129	131	131
岩 手		179	182	178	172	174	178	178	178	181	178	167
宮 城		283	287	287	282	277	275	274	266	271	267	267
秋 田		137	136	134	138	135	127	122	119	118	112	107
山 形		191	184	184	181	180	175	174	168	168	164	163
福 島		281	282	286	283	279	274	267	257	249	249	243
茨 城		416	409	402	401	388	381	386	385	378	377	369
栃 木		289	290	292	292	288	281	273	271	264	265	260
群 馬		341	340	335	336	340	337	333	330	326	326	316
埼 玉		854	844	850	847	828	824	806	792	804	781	769
千 葉		612	615	609	608	602	601	598	591	589	581	574
東 京		1,507	1,503	1,496	1,498	1,487	1,462	1,472	1,447	1,446	1,424	1,397
神奈川		887	879	877	875	852	850	832	815	816	798	796
新 潟		363	352	347	341	335	328	325	321	316	310	294
富 山		157	154	154	153	151	153	155	160	163	166	160
石 川		174	177	175	177	177	172	173	172	168	165	164
福 井		155	156	154	152	151	152	154	151	150	149	145
山 梨		146	145	147	145	146	148	152	151	153	150	148
長 野		407	400	391	385	376	369	361	364	359	352	335
岐 阜		392	384	383	381	379	379	367	374	367	366	362
静 岡		607	605	609	610	607	601	591	584	574	566	556
愛 知		1,105	1,100	1,104	1,114	1,100	1,106	1,099	1,091	1,079	1,065	1,053
三 重		284	278	279	273	273	267	268	261	264	260	252
滋 賀		206	204	199	199	198	192	192	195	199	202	203
京 都		317	316	315	311	316	313	309	300	301	293	293
大 阪		1,084	1,075	1,057	1,044	1,031	1,029	1,015	989	975	959	941
兵 庫		722	719	716	712	699	697	686	674	667	663	651
奈 良		208	207	209	204	206	205	199	199	196	191	186
和歌山		162	155	155	152	148	148	147	144	145	143	145
鳥 取		75	73	70	69	71	72	72	71	67	67	67
島 根		113	111	111	110	110	105	105	104	102	102	102
岡 山		279	281	275	272	267	264	262	258	255	255	250
広 島		459	450	450	442	433	439	430	424	421	417	409
山 口		231	232	232	225	224	222	216	214	211	209	204
徳 島		167	164	165	169	166	161	162	159	156	155	151
香 川		211	214	211	207	209	205	203	198	199	193	192
愛 媛		285	287	281	280	279	272	272	272	268	259	258
高 知		122	119	121	122	122	123	117	113	112	113	110
福 岡		676	687	687	682	674	676	674	665	672	664	662
佐 賀		121	121	116	115	115	116	116	109	110	110	109
長 崎		201	199	201	204	206	204	202	197	195	192	186
熊 本		285	281	284	283	282	277	279	276	270	270	267
大 分		187	186	187	184	179	178	173	171	170	164	161
宮 崎		192	193	189	193	191	187	189	185	184	178	172
鹿児島		307	308	304	308	313	310	306	305	305	302	296
沖 縄		189	190	181	189	185	182	181	174	173	174	176
計		17,216	17,111	17,017	16,940	16,761	16,625	16,471	16,240	16,141	15,929	15,650

2 全国の土地家屋調査士人口

3 土地家屋調査士試験受験者数、合格者数及び合格率等

　以下のグラフ及び表は、平成18年から令和5年までの土地家屋調査士試験の受験者数、合格者数、受験者数に対する合格率である。

　土地家屋調査士試験は、土地家屋調査士法の規定に基づき毎年行われ、年齢・性別・学歴等関係なく誰でも受験することができる。

　土地家屋調査士試験の受験案内については、毎年7月下旬から8月上旬にかけて、全国の法務局及び地方法務局において願書の配布・受付が行われている。また、同様の案内が法務省のウェブサイト（＊）においても公開されている。筆記（一次）試験は、午前（測量）・午後（法令・書式）の二部構成となっており、測量士、測量士補、一級建築士若しくは二級建築士となる資格を有する者等については、午前（測量）の試験が免除される。例年10月の第3日曜日に実施される筆記（一次）試験に合格した者は、翌年1月の第4木曜日に実施される口述（二次）試験に挑み、2月の第3金曜日に合格発表が行われる。

　統計を見ると、生産年齢人口の減少が続く中、平成18年以降減少傾向にあった受験者数が、令和2年を転機にして、令和3年から上昇傾向を示している。これは、全体的に縮小している労働市場の中で、土地家屋調査士という専門職への関心が高まっていることを示唆している。

　また、合格者における女性比率も平成27年頃より増加傾向にあり、令和5年では合格者に対する女性の割合は12.9％に達した。

　日調連では、土地家屋調査士の制度広報活動等を通じ、男女問わず魅力的な資格・職業として紹介している。

＊　法務省ウェブサイト（https://www.moj.go.jp/shikaku_saiyo_index5.html）

● 土地家屋調査士試験受験者数、合格者数及び合格率等（平成18年〜令和5年）

（法務省ウェブサイト中において公開の情報を基に統計を作成。）

	受験者数（人）	合格者数（人）	合格率（%）	平均合格者年齢	最低合格者年齢	最高合格者年齢	合格者の男女比率 男	女
平成18年	6,523	520	7.97%	35.06	21	62	94.2%	5.8%
平成19年	6,250	503	8.05%	36.12	21	67	95.8%	4.2%
平成20年	6,074	488	8.03%	36.43	20	64	94.9%	5.1%
平成21年	6,026	486	8.07%	36.35	22	68	95.3%	4.7%
平成22年	5,643	471	8.35%	36.32	23	63	94.5%	5.5%
平成23年	5,056	390	7.71%	39.26	23	74	95.4%	4.6%
平成24年	4,986	418	8.38%	38.10	20	66	94.7%	5.3%
平成25年	4,700	412	8.77%	39.02	23	69	94.7%	5.3%
平成26年	4,617	407	8.82%	39.06	22	69	96.1%	3.9%
平成27年	4,568	403	8.82%	38.99	21	76	93.3%	6.7%
平成28年	4,506	402	8.92%	40.06	20	78	94.8%	5.2%
平成29年	4,600	400	8.70%	40.23	20	71	93.5%	6.5%
平成30年	4,380	418	9.54%	40.16	19	70	93.5%	6.5%
令和元年	4,198	406	9.67%	39.63	21	70	91.6%	8.4%
令和2年	3,785	392	10.36%	40.02	20	66	90.3%	9.7%
令和3年	3,859	404	10.47%	39.74	21	68	90.8%	9.2%
令和4年	4,404	424	9.63%	39.41	20	67	91.7%	8.3%
令和5年	4,429	428	9.66%	38.52	21	67	87.1%	12.9%

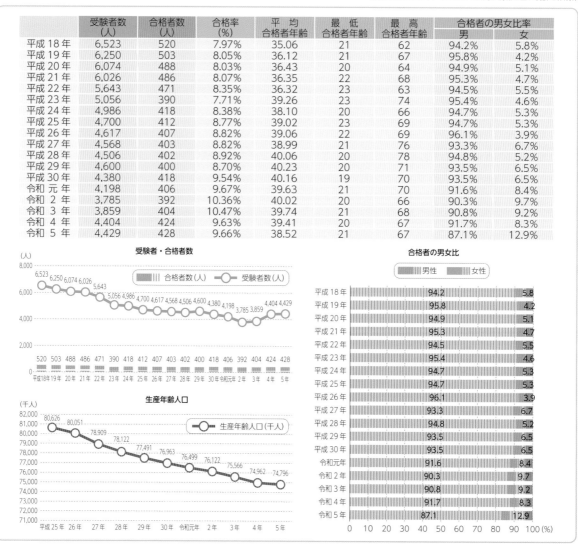

4 都道府県別人口と各法律専門職等士業人口

　以下の図表は、全国を地方別（※）に分けた際の人口と土地家屋調査士人口を図示したものである。
　都道府県ごとの土地家屋調査士一人当たりの人口割合を次頁の表で示している。全国平均は8,014名である。大都市圏及び北海道・東北地方では、土地家屋調査士一人当たりの人口が全国平均を上回る傾向にあり、大都市及びこれらの地域では土地家屋調査士の数が不足している傾向が読み取れる。つまり、同じく法務省所管の国家資格である司法書士、弁護士で問題となっている、人口の少ない地域に資格者が不足する、いわゆる「司法過疎」の状態に近い部分も見られる。
　また、土地家屋調査士法人については、大都市圏をはじめとする主要都市での設立が多い傾向にある。
　参考として、各法律専門職等士業人口と併せて資料掲載するものである。

※　日調連では、法務局の管轄区域ごとに、全国を8ブロックに分けてブロック協議会を設置

● 全国ブロック協議会別人口と土地家屋調査士人口

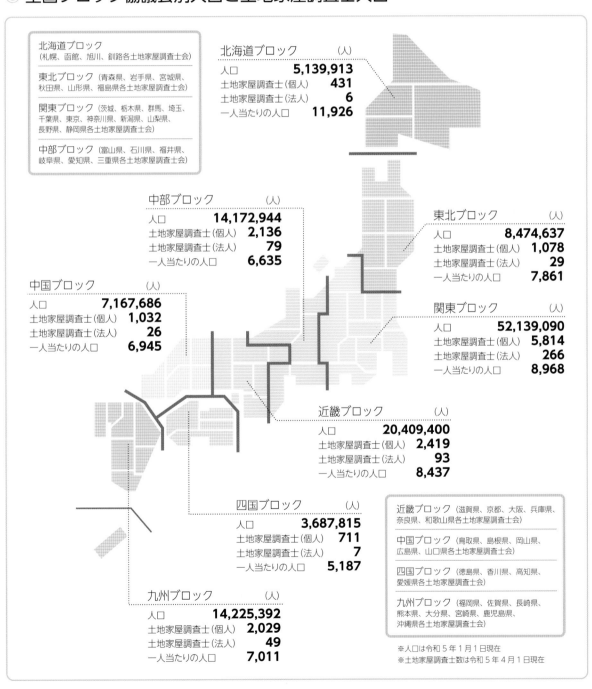

北海道ブロック
（札幌、函館、旭川、釧路各土地家屋調査士会）

東北ブロック（青森県、岩手県、宮城県、秋田県、山形県、福島県各土地家屋調査士会）

関東ブロック（茨城、栃木県、群馬、埼玉、千葉県、東京、神奈川県、新潟県、山梨県、長野県、静岡県各土地家屋調査士会）

中部ブロック（富山県、石川県、福井県、岐阜県、愛知県、三重県各土地家屋調査士会）

北海道ブロック	（人）
人口	5,139,913
土地家屋調査士（個人）	431
土地家屋調査士（法人）	6
一人当たりの人口	11,926

中部ブロック	（人）
人口	14,172,944
土地家屋調査士（個人）	2,136
土地家屋調査士（法人）	79
一人当たりの人口	6,635

東北ブロック	（人）
人口	8,474,637
土地家屋調査士（個人）	1,078
土地家屋調査士（法人）	29
一人当たりの人口	7,861

中国ブロック	（人）
人口	7,167,686
土地家屋調査士（個人）	1,032
土地家屋調査士（法人）	26
一人当たりの人口	6,945

関東ブロック	（人）
人口	52,139,090
土地家屋調査士（個人）	5,814
土地家屋調査士（法人）	266
一人当たりの人口	8,968

近畿ブロック	（人）
人口	20,409,400
土地家屋調査士（個人）	2,419
土地家屋調査士（法人）	93
一人当たりの人口	8,437

四国ブロック	（人）
人口	3,687,815
土地家屋調査士（個人）	711
土地家屋調査士（法人）	7
一人当たりの人口	5,187

近畿ブロック（滋賀県、京都、大阪、兵庫県、奈良県、和歌山県各土地家屋調査士会）

中国ブロック（鳥取県、島根県、岡山県、広島県、山口県各土地家屋調査士会）

四国ブロック（徳島県、香川県、高知県、愛媛県各土地家屋調査士会）

九州ブロック（福岡県、佐賀県、長崎県、熊本県、大分県、宮崎県、鹿児島県、沖縄県各土地家屋調査士会）

九州ブロック	（人）
人口	14,225,392
土地家屋調査士（個人）	2,029
土地家屋調査士（法人）	49
一人当たりの人口	7,011

※人口は令和5年1月1日現在
※土地家屋調査士数は令和5年4月1日現在

● 都道府県別人口及び法律専門職等士業人口

都道府県	人 口	土地家屋調査士 (R05. 4/1 現在)		1人当たりの人口 (対個人)	司法書士 (R05 4/1 現在)		弁護士 (R05 4/1 現在)		公証人 (R05 4/1 現在)
		個 人	法 人		個 人	法 人	個 人	法 人	個 人
北海道	5,139,913	431	6	11,926	708	28	1,077	70	18
青森県	1,225,497	131	4	9,355	118	5	112	7	3
岩手県	1,189,670	167	10	7,124	138	8	104	4	4
宮城県	2,257,472	267	8	8,455	335	17	494	19	9
秋田県	941,021	107	1	8,795	112	2	76	3	2
山形県	1,042,396	163	2	6,395	155	0	104	5	3
福島県	1,818,581	243	4	7,484	274	6	198	16	6
茨城県	2,879,808	369	8	7,804	339	4	299	15	8
栃木県	1,929,434	260	3	7,421	234	7	232	13	6
群馬県	1,930,976	316	3	6,111	297	8	325	14	8
埼玉県	7,381,035	769	29	9,598	960	47	957	34	20
千葉県	6,310,075	574	29	10,993	777	39	867	25	15
東京都	13,841,665	1,397	125	9,908	4,553	314	22,119	551	116
神奈川県	9,212,003	796	43	11,573	1,257	70	1,779	49	29
新潟県	2,163,908	294	6	7,360	288	18	287	12	6
富山県	1,028,440	160	1	6,428	144	3	130	6	4
石川県	1,117,303	164	1	6,813	195	3	189	13	5
福井県	759,777	145	1	5,240	121	5	119	8	4
山梨県	812,615	148	2	5,491	127	3	129	2	3
長野県	2,043,798	335	7	6,101	366	5	265	10	9
岐阜県	1,982,294	362	7	5,476	327	9	217	15	7
静岡県	3,633,773	556	11	6,536	488	28	532	23	14
愛知県	7,512,703	1,053	62	7,135	1,312	80	2,099	115	26
三重県	1,772,427	252	7	7,033	237	5	193	5	7
滋賀県	1,413,989	203	11	6,965	232	14	166	3	4
京都府	2,501,269	293	10	8,537	588	29	852	37	9
大阪府	8,784,421	941	54	9,335	2,481	144	4,928	193	31
兵庫県	5,459,867	651	14	8,387	1,041	27	1,028	43	22
奈良県	1,325,385	186	3	7,126	210	6	191	3	3
和歌山県	924,469	145	1	6,376	167	1	150	4	7
鳥取県	546,558	67	0	8,158	87	3	72	6	3
島根県	658,809	102	1	6,459	107	3	80	3	2
岡山県	1,865,478	250	5	7,462	371	18	412	22	7
広島県	2,770,623	409	17	6,774	536	24	629	24	11
山口県	1,326,218	204	3	6,501	226	4	179	16	6
徳島県	718,879	151	4	4,761	137	5	88	8	3
香川県	956,787	192	0	4,983	179	2	195	6	4
愛媛県	1,327,185	258	2	5,144	235	7	161	10	7
高知県	684,964	110	1	6,227	115	5	97	1	3
福岡県	5,104,921	662	21	7,711	1,027	44	1,459	66	23
佐賀県	806,877	109	1	7,403	123	11	105	8	2
長崎県	1,306,060	186	6	7,022	150	5	157	10	4
熊本県	1,737,946	267	10	6,509	322	15	283	12	6
大分県	1,123,525	161	1	6,978	168	5	165	22	4
宮崎県	1,068,838	172	4	6,214	159	4	144	24	4
鹿児島県	1,591,699	296	3	5,377	312	6	229	26	5
沖縄県	1,485,526	176	3	8,440	224	10	288	18	3
全 国	125,416,877	15,650	555	8,014	23,059	1,106	44,961	1,599	505

人口は総務省発表「住民基本台帳に基づく人口、人口動態及び世帯数（令和5年1月1日現在）」中の都道府県別人口を引用。

*国土交通省ウェブサイト掲載の統計から引用。本統計は、一定の事業実績を上げている者の都道府県別の統計（実際の登録数は不動産鑑定士 8,608、不動産鑑定業者 3,117）

都道府県	公認会計士 (R05 3/31現在)		税理士 (R05 3/31現在)		社会保険労務士 (R05 3/31現在)		行政書士 (R05 4/1現在)		弁理士 (R05 3/31現在)		不動産鑑定士(*) (R05 1/1現在)	
	公認会計士	監査法人	個人	法人	個人	法人	個人	法人	個人	法人	不動産鑑定士	不動産鑑定業者
北海道	398	6	1,885	166	1,320	97	1,907	38	48	2	98	74
青森県	32	1	278	14	197	6	356	5	9	0	21	18
岩手県	38	1	265	21	215	20	395	8	5	0	27	24
宮城県	219	1	939	59	588	42	1,020	27	19	2	62	43
秋田県	23	0	237	20	171	11	297	4	8	0	19	17
山形県	54	0	284	17	236	12	406	5	6	0	20	17
福島県	71	0	498	30	354	25	729	18	10	0	44	38
茨城県	132	1	859	45	521	37	1,193	17	132	3	56	53
栃木県	95	1	777	47	385	34	892	13	41	0	51	42
群馬県	94	1	836	58	597	31	1,110	8	26	0	42	38
埼玉県	876	0	3,347	171	1,969	81	2,528	46	208	2	158	133
千葉県	859	1	2,543	127	1,654	69	2,238	42	221	5	168	144
東京都	19,482	170	24,031	1,448	11,602	813	7,628	308	6,279	229	1,474	736
神奈川県	1,741	3	4,770	237	2,809	126	3,165	78	868	15	234	201
新潟県	179	1	837	75	548	40	900	17	24	0	47	42
富山県	113	0	483	38	311	18	389	8	23	2	23	17
石川県	145	1	613	51	343	21	395	8	19	0	27	26
福井県	47	0	354	27	262	17	329	4	17	2	16	13
山梨県	36	1	313	14	197	11	373	5	24	1	20	17
長野県	164	0	926	63	626	36	985	11	57	2	49	41
岐阜県	162	1	1,108	56	595	36	875	12	64	5	47	37
静岡県	355	3	1,789	122	1,079	106	1,512	30	89	0	84	74
愛知県	1,619	12	5,497	392	2,864	176	3,233	85	598	36	230	145
三重県	108	1	781	43	447	24	723	13	31	1	46	36
滋賀県	83	0	540	46	397	16	504	6	84	0	43	37
京都府	643	9	1,985	152	931	48	943	20	265	3	88	56
大阪府	3,650	39	8,905	475	4,550	250	3,610	131	1,733	68	421	266
兵庫県	882	3	2,916	130	1,798	76	1,942	34	301	5	146	116
奈良県	152	0	567	14	345	15	473	11	49	1	45	30
和歌山県	36	1	367	20	246	8	348	3	14	0	29	28
鳥取県	21	0	181	15	136	3	217	3	4	0	14	12
島根県	25	0	196	6	143	9	271	2	4	0	13	13
岡山県	138	2	776	50	551	25	792	17	29	2	50	47
広島県	279	2	1,605	94	847	49	1,188	17	44	2	79	62
山口県	42	1	468	20	309	13	482	4	16	0	30	24
徳島県	34	1	293	24	177	9	324	5	15	1	20	18
香川県	120	0	543	31	287	12	427	8	14	1	29	24
愛媛県	71	4	583	36	370	26	551	8	14	1	37	33
高知県	24	0	233	9	195	8	257	4	6	0	20	18
福岡県	814	7	2,960	167	1,720	118	1,711	40	119	3	158	107
佐賀県	24	0	237	17	151	8	258	4	5	1	15	14
長崎県	31	0	326	24	203	8	409	8	4	0	25	20
熊本県	89	1	930	47	469	28	649	17	15	0	35	22
大分県	35	0	454	35	273	17	373	8	6	0	35	26
宮崎県	32	0	329	16	231	13	490	9	9	0	26	20
鹿児島県	74	2	562	38	425	24	816	13	10	0	29	24
沖縄県	95	1	486	37	226	16	428	10	8	0	33	24
全　国	34,436	279	80,692	4,844	44,870	2,688	51,041	1,196	11,597	393	4,483	3,067

*千葉県は外国公認会計士 2名を含む。

*弁理士は国外除く。

97

5 各都道府県における土地家屋調査士（法人含む）事務所の補助者について

　以下の表は、全国の各都道府県における土地家屋調査士（法人含む。）事務所の補助者の一覧である。

　補助者とは、土地家屋調査士又は土地家屋調査士法人が行う業務を補助させるために使用する者のことであり、職務において、土地家屋調査士を支えている存在である。ただし、関係法令や日調連の定める業務規範に定めるとおり、土地家屋調査士には補助者の届出義務があり、業務においての使用者責任も課されている。

　常に厳正な指導監督の下、業務の適性・円滑な遂行を補助している。

　令和5年11月現在、全国に21,577名の補助者がいる。年齢分布は、30代～60代の層が厚く、中でも40代が最も多い。男女比は男性約57.2%、女性約42.8%となっている。

土地家屋調査士法施行規則【抜粋】
（補助者）
第23条　調査士は、その業務の補助をさせるため補助者を置くことができる。
2　調査士は、補助者を置いたときは、遅滞なく、その旨を所属の調査士会に届け出なければならない。補助者を置かなくなつたときも、同様とする。
3　調査士会は、前項の規定による届出があつたときは、その旨をその調査士の事務所の所在地を管轄する法務局又は地方法務局の長に通知しなければならない。

土地家屋調査士業務取扱要領（日調連作成）**【抜粋】**
（補助者の監督責任）
第9条　調査士は、調査士の指揮監督の下において、補助者にその業務の補助をさせることができる。ただし、調査士の資格及び職能に基づく判断を要する事項については、補助者に行わせてはならない。
2　調査士は、補助者にその業務の一切を包括的に行わせてはならない。

● 各都道府県における土地家屋調査士（法人含む）事務所の補助者

令和5年11月1日現在

都道府県		補助者の総人数[*1]（人）	男女別内訳[*2]		年代別内訳（人）[*2]					
			男性補助者数（人）	女性補助者数（人）	～19歳	20～29歳	30～39歳	40～49歳	50～59歳	60歳以上
北海道	札幌	308	177	131	0	16	62	76	66	88
	函館	62	50	12	0	4	8	12	16	22
	旭川	63	27	36	0	1	14	11	16	21
	釧路	106	59	47	0	1	14	24	31	36
青森県		189	101	88	0	19	43	86	24	17
岩手県		384	221	163	0	38	62	134	80	70
宮城県		445	251	194	0	21	81	118	103	122
秋田県		113	58	55	0	2	11	25	35	40
山形県		117	41	76	0	8	15	35	18	41
福島県		342	194	148	0	27	68	81	80	86
茨城県		320	175	145	4	25	59	91	79	62
栃木県		386	218	168	0	17	65	109	108	87
群馬県		531	289	242	1	21	71	168	105	165
埼玉県		1,137	761	376	0	81	200	332	294	230
千葉県		1,102	718	384	6	69	154	305	286	282

都道府県	補助者の総人数(*1)(人)	男女別内訳(*2)		年代別内訳（人）(*2)					
		男性補助者数(人)	女性補助者数(人)	～19歳	20～29歳	30～39歳	40～49歳	50～59歳	60歳以上
東京都	2,678	—	—	—	—	—	—	—	—
神奈川県	1,436	1,000	436	0	110	219	375	428	304
新潟県	245	140	105	0	10	32	74	63	66
富山県	224	94	130	0	13	43	61	52	55
石川県	203	87	116	0	7	28	61	57	50
福井県	148	48	100	0	6	14	31	50	47
山梨県	210	101	109	0	7	22	73	65	43
長野県	293	149	144	0	11	53	74	70	85
岐阜県	557	317	240	2	30	78	155	136	156
静岡県	583	295	288	0	24	100	204	145	110
愛知県	1,578	920	658	0	145	310	514	357	252
三重県	310	122	188	2	17	38	85	94	74
滋賀県	239	93	146	0	18	39	68	60	54
京都府	367	235	132	0	12	64	98	100	93
大阪府	1,104	736	368	1	111	176	291	322	203
兵庫県	535	328	207	0	28	85	141	140	141
奈良県	182	113	69	1	17	17	58	46	43
和歌山県	187	96	91	0	5	26	60	59	37
鳥取県	64	18	46	0	2	4	17	18	23
島根県	95	42	53	0	2	9	27	34	23
岡山県	379	205	174	0	14	67	102	104	92
広島県	484	251	233	0	30	91	131	103	129
山口県	312	150	162	1	15	36	90	84	86
徳島県	169	70	99	0	9	26	47	34	53
香川県	251	122	129	0	7	22	88	64	70
愛媛県	196	115	81	0	15	24	67	45	45
高知県	109	66	43	0	9	9	32	21	38
福岡県	958	598	360	4	82	217	260	195	200
佐賀県	183	74	109	1	7	45	44	31	55
長崎県	244	134	110	6	19	39	59	54	67
熊本県	335	177	158	0	24	71	119	60	61
大分県	225	106	119	0	10	39	70	44	62
宮崎県	187	78	109	1	6	28	43	36	73
鹿児島県	307	98	209	0	9	50	77	58	113
沖縄県	395	297	98	0	31	79	121	83	81
合計	21,577	10,815	8,084	30	1,212	3,127	5,424	4,653	4,453

（*1）土地家屋調査士事務所から土地家屋調査士会に報告される土地家屋調査士
　　　（法人）補助者使用届等に基づく
（*2）内訳合計は東京都を除く

5

各都道府県における土地家屋調査士（法人含む）事務所の補助者について

6 日本土地家屋調査士会連合会組織について

　日調連では、社会情勢や土地家屋調査士を取り巻く環境の変化に対応するため、規模や委員の人選、あるいは対応案件の即応性などにより様々な特徴を持った専門部会や各種委員会等を設置し、土地家屋調査士制度発展のため取り組んでいる。

　以下は、日調連の令和5年11月1日現在の組織図と過去5年間の財政状況である。

● 日本土地家屋調査士会連合会　組織図

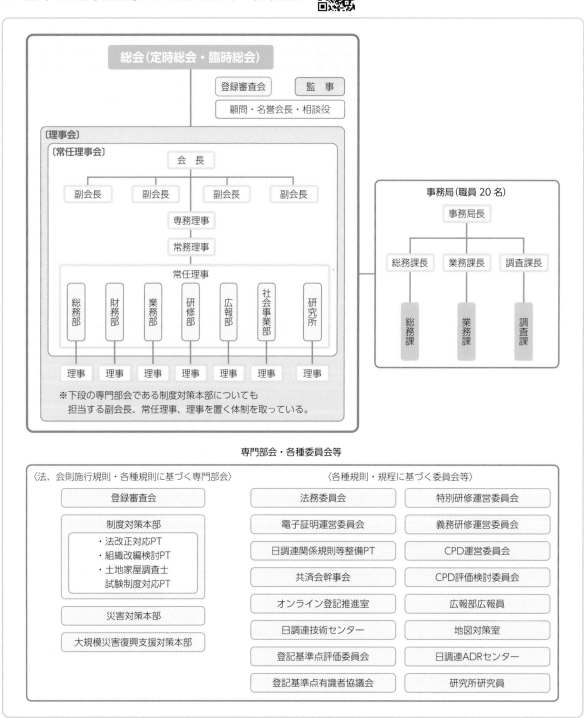

◉ 日本土地家屋調査士会連合会の収支 （平成 30 年度～令和 4 年度）

● 一般会計（収入）

科目	平成 30 年度	令和元年度	令和 2 年度	令和 3 年度	令和 4 年度
会費収入	457,965,000	452,621,250	449,745,750	447,705,000	444,368,250
その他	30,245,524	121,079,845	67,891,229	47,704,702	44,563,446
収入合計	488,210,524	573,701,095	517,636,979	495,409,702	488,931,696

● 一般会計（支出）

科目	平成 30 年度	令和元年度	令和 2 年度	令和 3 年度	令和 4 年度
管理費	306,103,399	303,068,292	290,320,040	293,474,916	304,673,990
事業費	166,661,907	123,303,752	116,887,042	112,305,107	139,944,449
他会計操出金	12,274,827	12,500,000	12,500,000	42,500,000	46,500,000
その他	1,287,360	98,424,401	8,116,320	14,087,102	9,416,350
支出合計	486,327,493	537,296,445	427,823,402	462,367,125	500,534,789

科目	平成 30 年度	令和元年度	令和 2 年度	令和 3 年度	令和 4 年度
前期繰入金	140,430,795	142,313,826	178,718,476	268,532,053	301,574,630
次期繰越金	142,313,826	178,718,476	268,532,053	301,574,630	289,971,537
収支差額	1,883,031	36,404,650	89,813,577	33,042,577	−11,603,093

6

日本土地家屋調査士会連合会組織について

7 土地家屋調査士賠償責任保険

　日調連が把握している、各土地家屋調査士会における損害賠償責任保険の加入状況を一覧とした。専門資格者として間違いのない業務処理を目指すのは当然であるが、土地家屋調査士業務は、机上だけで行うものではなく、測量、境界立会い等の外業があり、また、依頼人や関係者と接する機会も多いことから、正しく、国民への信頼性を高めるための賠償能力担保として必要な「保険」として、万一の事故に万全に備えることも資格者の使命だといえる。土地家屋調査士の会員数は 15,929 人（＊1）であり、損害賠償保険の加入者は 13,033 人（＊2）である。これは、全体の 81.8％に相当する。この加入率は全国の土地家屋調査士が国家資格者としての責任を重んじ、安全な業務遂行を確保するために積極的に保険を利用していることを示している。

　また、賠償責任保険以外にも自己責任としての「共済年金」、「測量機器保険」、「所得補償保険」等を用意している。

◉ 土地家屋調査士賠償責任保険加入状況一覧

土地家屋調査士会名	土地家屋調査士会員数	加入数	土地家屋調査士会名	土地家屋調査士会員数	加入数
札 幌	271	205	三 重	260	225
函 館	51	28	滋 賀	202	148
旭 川	55	42	京 都	293	234
釧 路	75	60	大 阪	959	959
青 森	131	89	兵 庫	663	427
岩 手	178	121	奈 良	191	160
宮 城	267	195	和歌山	143	120
秋 田	112	85	鳥 取	67	43
山 形	164	99	島 根	102	51
福 島	249	142	岡 山	255	180
茨 城	377	256	広 島	417	328
栃 木	265	157	山 口	209	149
群 馬	326	258	徳 島	155	129
埼 玉	781	781	香 川	193	170
千 葉	581	581	愛 媛	259	207
東 京	1,424	1,424	高 知	113	102
神奈川	798	798	福 岡	664	536
新 潟	310	206	佐 賀	110	60
富 山	166	136	長 崎	192	145
石 川	165	145	熊 本	270	222
福 井	149	101	大 分	164	146
山 梨	150	102	宮 崎	178	153
長 野	352	257	鹿児島	302	262
岐 阜	366	240	沖 縄	174	130
静 岡	566	476	合 計	15,929	13,033
愛 知	1,065	763			

＊1　全国会員数は、令和4年4月1日現在
＊2　各種保険類加入数は、令和5年1月1日現在

8 大規模災害対策基金

　以下のグラフは、令和5年3月31日現在の、日調連における大規模災害対策基金の寄附金額・災害給付金額・基金残高を表わしたものである。

　大規模災害対策基金は、原則として全国の土地家屋調査士会からの寄附により成り立っている。また、日調連の定時総会、全国会長会議等においても募金箱の設置を行い、災害発生の多い状況の中、相互扶助の精神により保たれている。

　災害給付金は、残念ながら一定数発生する台風や集中豪雨、大地震などの災害に対応している。

　被災した会員は、各自治体から発行される罹災証明書を所属の土地家屋調査士会に提出し、手続き行う。その後、確認を経て、基金から当該土地家屋調査士会を経由して会員に支払われる。

　グラフ中、災害給付金の支出金額が多い平成16年度は新潟中越沖地震、平成23年度は東日本大震災、平成28年度は熊本地震や鳥取県中部地震、平成30年度は大阪府北部を震源とした地震、北海道胆振東部地震等が要因となっており、大地震の発生時には支出金額が大きくなる。

◉ 大規模災害対策基金

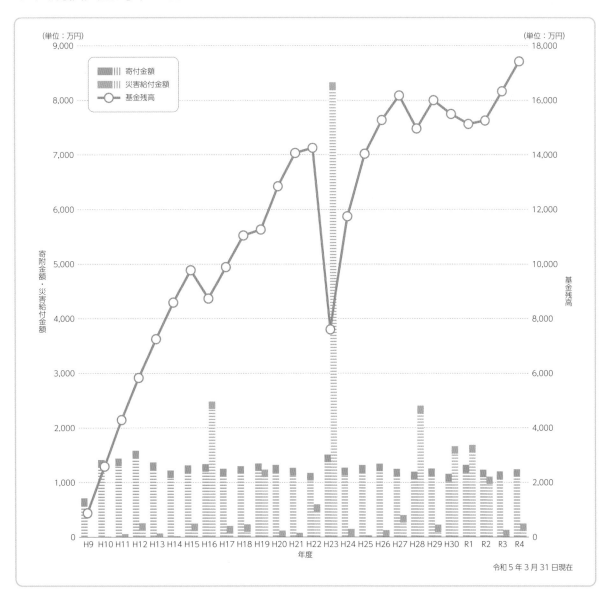

令和5年3月31日現在

8 大規模災害対策基金

9 土地家屋調査士政治連盟の進化と役割

　土地家屋調査士政治連盟は、土地家屋調査士会ごとに設立された 50 の各土地家屋調査士政治連盟とその連合体である全国土地家屋調査士政治連盟がある。

　司法制度改革や規制緩和等、土地家屋調査士を取り巻く環境が激変する中、平成 12 年 6 月の日調連の定時総会において、政治連盟設立の必要性が提言されたことを受け、平成 13 年 5 月までに、『土地家屋調査士制度の充実・発展と土地家屋調査士の地位の向上を図り、不動産に係る権利の明確化を推進し、国民の権利の擁護に貢献するために必要な政治活動を行うこと』を目的として、全国の各土地家屋調査士会において、順次「土地家屋調査士政治連盟」が設立された。

　その後、平成 13 年 6 月 23 日開催の日調連の定時総会において、全国土地家屋調査士政治連盟を設立することが正式に承認され、同日に全国土地家屋調査士政治連盟設立大会が開催され、組織的なスタートを切った。

　令和 3 年 6 月に全国土地家屋調査士政治連盟は設立 20 年を迎え、同年 3 月に記念誌の発行が行われたところである。

　今後も土地家屋調査士を取り巻く環境の変化に応じてより一層の飛躍と連携が期待されるところである。

　日調連では、国の重要な施策等に対する働き掛けについて、必要に応じて政治連盟と連携を取りながら活動を行っている。

　以下は、各土地家屋調査士政治連盟の入会者数一覧と、令和 3 年度（令和 3 年 12 月 22 日から）〜令和 5 年度（令和 5 年 12 月末まで）の日調連と全国土地家屋調査士政治連盟が提携して各政党へ行った予算及び政策要望をまとめたものである。

◉ 各土地家屋調査士政治連盟入会者数一覧

（ウェブサイト https://zenchoseiren.net/）

各土地家屋調査士政治連盟		入会者数（人）	土地家屋調査士会会員数（人）	入会率（%）	各土地家屋調査士政治連盟	入会者数（人）	土地家屋調査士会会員数（人）	入会率（%）
北海道	札幌土地家屋調査士政治連盟	132	266	49.6	愛知県土地家屋調査士政治連盟	601	1,057	56.9
	函館土地家屋調査士政治連盟	31	47	66.0	三重県土地家屋調査士政治連盟	215	255	84.3
	旭川土地家屋調査士政治連盟	38	53	71.7	滋賀県土地家屋調査士政治連盟	114	202	56.4
	釧路土地家屋調査士政治連盟	42	75	56.0	京都土地家屋調査士政治連盟	145	291	49.8
青森県土地家屋調査士政治連盟		80	132	60.6	大阪土地家屋調査士政治連盟	415	951	43.6
岩手県土地家屋調査士政治連盟		141	171	82.5	兵庫県土地家屋調査士政治連盟	218	659	33.1
宮城県土地家屋調査士政治連盟		118	266	44.4	奈良県土地家屋調査士政治連盟	93	187	49.7
秋田県土地家屋調査士政治連盟		77	110	70.0	和歌山県土地家屋調査士政治連盟	99	144	68.8
山形県土地家屋調査士政治連盟		101	164	61.6	鳥取県土地家屋調査士政治連盟	63	67	94.0
福島県土地家屋調査士政治連盟		171	247	69.2	島根県土地家屋調査士政治連盟	93	101	92.1
茨城土地家屋調査士政治連盟		141	375	37.6	岡山県土地家屋調査士政治連盟	105	251	41.8
栃木県土地家屋調査士政治連盟		163	263	62.0	広島県土地家屋調査士政治連盟	163	411	39.7
群馬土地家屋調査士政治連盟		194	317	61.2	山口県土地家屋調査士政治連盟	128	202	63.4
埼玉土地家屋調査士政治連盟		311	773	40.2	徳島県土地家屋調査士政治連盟	103	152	67.8
千葉県土地家屋調査士政治連盟		357	575	62.1	香川県土地家屋調査士政治連盟	123	195	63.1
東京土地家屋調査士政治連盟		466	1,402	33.2	愛媛県土地家屋調査士政治連盟	168	258	65.1
神奈川県土地家屋調査士政治連盟		378	796	47.5	高知県土地家屋調査士政治連盟	76	110	69.1
新潟県土地家屋調査士政治連盟		179	299	59.9	福岡県土地家屋調査士政治連盟	411	666	61.7
富山県土地家屋調査士政治連盟		128	164	78.0	佐賀県土地家屋調査士政治連盟	63	107	58.9
石川県土地家屋調査士政治連盟		109	165	66.1	長崎県土地家屋調査士政治連盟	120	190	63.2
福井県土地家屋調査士政治連盟		109	143	76.2	熊本県土地家屋調査士政治連盟	261	269	97.0
山梨県土地家屋調査士政治連盟		118	149	79.2	大分県土地家屋調査士政治連盟	114	162	70.4
長野県土地家屋調査士政治連盟		223	339	65.8	宮崎県土地家屋調査士政治連盟	145	173	83.8
岐阜県土地家屋調査士政治連盟		269	364	73.9	鹿児島県土地家屋調査士政治連盟	190	299	63.5
静岡県土地家屋調査士政治連盟		482	564	85.5	沖縄県土地家屋調査士政治連盟	116	175	66.3
					合　計	8,900	15,753	56.5

※土地家屋調査士政治連盟は任意団体であるため、入会は会員の意思による。
※全国土地家屋調査士政治連盟調べによる令和 5 年 1 月 1 日現在の取りまとめ。

● **予算・政策要望**（令和3年度（令和3年12月22日から）〜令和5年度（令和5年12月末まで））

（令和3年度の12月22日以前は「土地家屋調査士白書2022」へ掲載）

令和3年12月22日　自由民主党　土地家屋調査士制度改革推進議員連盟宛て

予算・政策要望

(1)　登記所備付地図（不動産登記法第14条第1項）作成作業の促進と予算措置の確保について

(2)　表題部所有者不明土地の解消に関する施策の予算措置の確保について

(3)　筆界特定手続に関する予算措置の確保について

(4)　狭隘道路解消に係る予算の創設及び国による統一的な制度、基準の策定について

(5)　公共嘱託登記土地家屋調査士協会の所有者不明土地等問題解消への活用について

(6)　所有者不明土地問題に関する諸施策への土地家屋調査士の活用について

(7)　民法・不動産登記法改正による所有者不明土地発生予防および新たな制度の周知広報について

(8)　相続等により取得した土地所有権の国庫への帰属手続きにおける土地家屋調査士の活用について

(9)　地籍調査事業の予算拡充及び土地家屋調査士の活用について

(10)　所有者探索を円滑に進めるための施策について

令和4年2月4日　立憲民主党土地家屋調査士制度推進議員連盟会長宛て

予算要望

(1)　登記所備付地図（不動産登記法第14条第1項）作成作業の促進と予算措置の確保について

(2)　表題部所有者不明土地の解消に関する施策の予算措置の確保について

(3)　筆界特定手続に関する予算措置の確保について

(4)　狭隘道路解消に係る予算の創設及び国による統一的な制度、基準の策定について

(5)　公共嘱託登記土地家屋調査士協会の所有者不明土地等問題解消への活用について

(6)　所有者不明土地問題に関する諸施策への土地家屋調査士の活用について

(7)　民法・不動産登記法改正による所有者不明土地発生予防および新たな制度の周知広報について

(8)　相続等により取得した土地所有権の国庫への帰属手続きにおける土地家屋調査士の活用について

(9)　地籍調査事業の予算拡充及び土地家屋調査士の活用について

(10)　所有者探索を円滑に進めるための施策について

令和 4 年 10 月 26 日　自由民主党政務調査会長、同組織運動本部長、
**　　　　　　　　　　　　同団体総局長　法務部会長宛て**

　予算・政策要望

　　(1)　登記所備付地図（不動産登記法第 14 条第 1 項）作成作業の促進と予算措置の確保について

　　(2)　表題部所有者不明土地の解消に向けた施策の推進及び予算措置の確保について

　　(3)　筆界特定手続に関する予算措置の確保について

　　(4)　狭あい道路解消に係る予算の拡大及び国による統一的な制度、基準の策定について

　　(5)　公共嘱託登記土地家屋調査士協会の所有者不明土地等問題解消への活用について

　　(6)　所有者不明土地問題に関する諸施策の円滑な実施について

　　(7)　民法・不動産登記法改正による所有者不明土地発生予防及び新たな制度の周知広報について

　　(8)　相続土地国庫帰属法の円滑な施行について

　　(9)　地籍調査事業の促進及び予算措置について

　　(10)　所有者探索等を円滑に進めるための施策について

令和 4 年 11 月 18 日　公明党代表、公明党土地家屋調査士制度の改革・振興議員懇話会長宛て

　予算・政策要望

　　(1)　登記所備付地図（不動産登記法第 14 条第 1 項）作成作業の促進と予算措置の確保について

　　(2)　表題部所有者不明土地の解消に向けた施策の推進及び予算措置の確保について

　　(3)　筆界特定手続に関する予算措置の確保について

　　(4)　狭あい道路解消に係る予算の拡大及び国による統一的な制度、基準の策定について

　　(5)　公共嘱託登記土地家屋調査士協会の所有者不明土地等問題解消への活用について

　　(6)　所有者不明土地問題に関する諸施策の円滑な実施について

　　(7)　民法・不動産登記法改正による所有者不明土地発生予防及び新たな制度の周知広報について

　　(8)　相続土地国庫帰属法の円滑な施行について

　　(9)　地籍調査事業の促進及び予算措置について

　　(10)　所有者探索等を円滑に進めるための施策について

令和 4 年 11 月 21 日　自由民主党土地家屋調査士制度改革推進議員連盟会長宛て

　予算・政策要望

　　(1)　登記所備付地図（不動産登記法第 14 条第 1 項）作成作業の促進と予算措置の確保について

　　(2)　表題部所有者不明土地の解消に向けた施策の推進及び予算措置の確保について

　　(3)　筆界特定手続に関する予算措置の確保について

　　(4)　狭あい道路解消に係る予算の拡大及び国による統一的な制度、基準の策定について

　　(5)　公共嘱託登記土地家屋調査士協会の所有者不明土地等問題解消への活用について

　　(6)　所有者不明土地問題に関する諸施策の円滑な実施について

　　(7)　民法・不動産登記法改正による所有者不明土地発生予防及び新たな制度の周知広報について

　　(8)　相続土地国庫帰属法の円滑な施行について

　　(9)　地籍調査事業の促進及び予算措置について

　　(10)　所有者探索等を円滑に進めるための施策について

令和 4 年 11 月 28 日　国民民主党宛て

予算・政策要望

(1)　登記所備付地図（不動産登記法第 14 条第 1 項）作成作業の促進と予算措置の確保について

(2)　表題部所有者不明土地の解消に向けた施策の推進及び予算措置の確保について

(3)　筆界特定手続に関する予算措置の確保について

(4)　狭あい道路解消に係る予算の拡大及び国による統一的な制度、基準の策定について

(5)　公共嘱託登記土地家屋調査士協会の所有者不明土地等問題解消への活用について

(6)　所有者不明土地問題に関する諸施策の円滑な実施について

(7)　民法・不動産登記法改正による所有者不明土地発生予防及び新たな制度の周知広報について

(8)　相続土地国庫帰属法の円滑な施行について

(9)　地籍調査事業の促進及び予算措置について

(10)　所有者探索等を円滑に進めるための施策について

令和 5 年 3 月 8 日　立憲民主党土地家屋調査士制度推進議員連盟会長宛て

予算・政策要望

(1)　登記所備付地図（不動産登記法第 14 条第 1 項）作成作業の促進と予算措置の確保について

(2)　表題部所有者不明土地の解消に向けた施策の推進及び予算措置の確保について

(3)　筆界特定手続に関する予算措置の確保について

(4)　狭あい道路解消に係る予算の拡大及び国による統一的な制度、基準の策定について

(5)　公共嘱託登記土地家屋調査士協会の所有者不明土地等問題解消への活用について

(6)　所有者不明土地問題に関する諸施策の円滑な実施について

(7)　民法・不動産登記法改正による所有者不明土地発生予防及び新たな制度の周知広報について

(8)　相続土地国庫帰属法の円滑な施行について

(9)　地籍調査事業の促進及び予算措置について

(10)　所有者探索等を円滑に進めるための施策について

令和 5 年 11 月 8 日　自由民主党　組織運動本部　法務・自治関係団体委員長
　　　　　　　　　　　　同政務調査会　法務部会長宛て

予算・政策要望

(1)　登記所備付地図（不動産登記法第 14 条第 1 項）作成作業の推進について

(2)　地籍調査事業の推進について

(3)　表題部所有者不明土地の解消に向けた施策の推進について

(4)　筆界特定手続に関する施策の推進について

(5)　法務局に提供する図面について

(6)　所有者不明土地・所有者不明建物の発生を防止するための施策について（相続登記等の推進）

(7-1)　所有者探索を円滑に進めるための施策について
　　　　（表示に関する登記の手続における固定資産課税台帳情報の利用について）

(7-2)　所有者探索を円滑に進めるための施策について
　　　　（指定市町村長に対してする戸籍謄本等の請求について）

(8)　狭あい道路解消に係る予算措置及びガイドラインの周知について

(9)　公共嘱託登記土地家屋調査士協会が「筆界を明らかにする業務」を行うこと及び「筆界特定手続の代理」をすることを可能にする方策について

(10)　土地家屋調査士試験受験会場の増設について

令和5年11月9日　自由民主党土地家屋調査士制度改革推進議員連盟会長宛て

　予算・政策要望

(1)　登記所備付地図（不動産登記法第14条第1項）作成作業の推進について

(2)　地籍調査事業の推進について

(3)　表題部所有者不明土地の解消に向けた施策の推進について

(4)　筆界特定手続に関する施策の推進について

(5)　法務局に提供する図面について

(6)　所有者不明土地・所有者不明建物の発生を防止するための施策について（相続登記等の推進）

(7-1)　所有者探索を円滑に進めるための施策について

　　　　（表示に関する登記の手続における固定資産課税台帳情報の利用について）

(7-2)　所有者探索を円滑に進めるための施策について

　　　　（指定市町村長に対してする戸籍謄本等の請求について）

(8)　狭あい道路解消に係る予算措置及びガイドラインの周知について

(9)　公共嘱託登記土地家屋調査士協会が「筆界を明らかにする業務」を行うこと及び「筆界特定手続の代理」をすることを可能にする方策について

(10)　土地家屋調査士試験受験会場の増設について

令和5年11月17日　公明党代表、公明党土地家屋調査士制度の改革・振興議員懇話会長宛て

　予算・政策要望

(1)　登記所備付地図（不動産登記法第14条第1項）作成作業の推進について

(2)　地籍調査事業の推進について

(3)　表題部所有者不明土地の解消に向けた施策の推進について

(4)　筆界特定手続に関する施策の推進について

(5)　法務局に提供する図面について

(6)　所有者不明土地・所有者不明建物の発生を防止するための施策について（相続登記等の推進）

(7-1)　所有者探索を円滑に進めるための施策について

　　　　（表示に関する登記の手続における固定資産課税台帳情報の利用について）

(7-2)　所有者探索を円滑に進めるための施策について

　　　　（指定市町村長に対してする戸籍謄本等の請求について）

(8)　狭あい道路解消に係る予算措置及びガイドラインの周知について

(9)　公共嘱託登記土地家屋調査士協会が「筆界を明らかにする業務」を行うこと及び「筆界特定手続の代理」をすることを可能にする方策について

(10)　土地家屋調査士試験受験会場の増設について

令和5年12月6日　国民民主党と無所属議員による土地家屋調査士議員連盟会長宛て

予算・政策要望

(1)　登記所備付地図（不動産登記法第14条第1項）作成作業の推進について

(2)　地籍調査事業の推進について

(3)　表題部所有者不明土地の解消に向けた施策の推進について

(4)　筆界特定手続に関する施策の推進について

(5)　法務局に提供する図面について

(6)　所有者不明土地・所有者不明建物の発生を防止するための施策について（相続登記等の推進）

(7-1)　所有者探索を円滑に進めるための施策について

　　　　（表示に関する登記の手続における固定資産課税台帳情報の利用について）

(7-2)　所有者探索を円滑に進めるための施策について

　　　　（指定市町村長に対してする戸籍謄本等の請求について）

(8)　狭あい道路解消に係る予算措置及びガイドラインの周知について

(9)　公共嘱託登記土地家屋調査士協会が「筆界を明らかにする業務」を行うこと及び「筆界特定手続の代理」をすることを可能にする方策について

(10)　土地家屋調査士試験受験会場の増設について

第**6**章 土地家屋調査士
自らを省みる

1 土地家屋調査士の登録

　土地家屋調査士法第4条により、土地家屋調査士試験に合格する等、資格を得た者であっても、それだけで土地家屋調査士となり、土地家屋調査士の業務を行うことができるわけではない。事務所を設けようとする地を管轄する法務局又は地方法務局の管轄区域内に設立された土地家屋調査士会を経由して、日調連に登録の申請を行い、日調連に備える土地家屋調査士名簿に氏名、生年月日、事務所の所在地、所属する土地家屋調査士会その他法務省令で定める事項の登録を受け、かつ、その土地家屋調査士会に入会することによって、土地家屋調査士の業務を行うことができる。

　土地家屋調査士名簿の登録事務は、昭和60年、土地家屋調査士法の改正により、法務局又は地方法務局の長から日調連に移譲されている。

　なお、平成14年の司法書士法及び土地家屋調査士法の一部改正により、法人による事務所形態も認められたことから、次ページ以降に個人の土地家屋調査士の登録手続及び設立の登記を経る土地家屋調査士法人の登録手続の流れを掲載する。

土地家屋調査士法【抜粋】

（資　格）

第4条　次の各号のいずれかに該当する者は、調査士となる資格を有する。
- 一　土地家屋調査士試験に合格した者
- 二　法務局又は地方法務局において不動産の表示に関する登記の事務に従事した期間が通算して10年以上になる者であつて、法務大臣が前条第1項第1号から第6号までに規定する業務を行うのに必要な知識及び技能を有すると認めたもの

（欠格事由）

第5条　次に掲げる者は、調査士となる資格を有しない。
- 一　禁錮以上の刑に処せられ、その執行を終わり、又は執行を受けることがなくなつてから3年を経過しない者
- 二　未成年者
- 三　破産手続開始の決定を受けて復権を得ない者
- 四　公務員であつて懲戒免職の処分を受け、その処分の日から3年を経過しない者
- 五　第42条の規定により業務の禁止の処分を受け、その処分の日から3年を経過しない者
- 六　測量法（昭和24年法律第188号）第52条第2号の規定により、登録の抹消の処分を受け、その処分の日から3年を経過しない者
- 七　建築士法（昭和25年法律第202号）第10条の規定により免許の取消しの処分を受け、その処分の日から3年を経過しない者
- 八　司法書士法（昭和25年法律第197号）第47条の規定により業務の禁止の処分を受け、その処分の日から3年を経過しない者

（土地家屋調査士名簿の登録）

第8条　調査士となる資格を有する者が調査士となるには、日本土地家屋調査士会連合会（以下「調査士会連合会」という。）に備える土地家屋調査士名簿に、氏名、生年月日、事務所の所在地、所属する土地家屋調査士会その他法務省令で定める事項の登録を受けなければならない。

2　土地家屋調査士名簿の登録は、調査士会連合会が行う。

（登録の申請）

第9条　前条第1項の登録を受けようとする者は、その事務所を設けようとする地を管轄する法務局又は地方法務局の管轄区域内に設立された調査士会を経由して、調査士会連合会に登録申請書を

提出しなければならない。

2　前項の登録申請書には、前条第 1 項の規定により登録を受けるべき事項その他法務省令で定める事項を記載し、調査士となる資格を有することを証する書類を添付しなければならない。

(設　立)

第 26 条　調査士は、この章の定めるところにより、土地家屋調査士法人（調査士の業務を行うことを目的として、調査士が設立した法人をいう。以下「調査士法人」という。）を設立することができる。

(登　記)

第 30 条　調査士法人は、政令で定めるところにより、登記をしなければならない。

2　前項の規定により登記をしなければならない事項は、登記の後でなければ、これをもつて第三者に対抗することができない。

(設立の手続)

第 31 条　調査士法人を設立するには、その社員となろうとする調査士が、定款を定めなければならない。

2　会社法（平成 17 年法律第 86 号）第 30 条第 1 項の規定は、調査士法人の定款について準用する。

3　定款には、少なくとも次に掲げる事項を記載しなければならない。

　　一　目的

　　二　名称

　　三　主たる事務所及び従たる事務所の所在地

　　四　社員の氏名及び住所

　　五　社員の出資に関する事項

(成立の届出)

第 33 条　調査士法人は、成立したときは、成立の日から 2 週間以内に、登記事項証明書及び定款の写しを添えて、その旨を、その主たる事務所の所在地を管轄する法務局又は地方法務局の管轄区域内に設立された調査士会（以下「主たる事務所の所在地の調査士会」という。）及び調査士会連合会に届け出なければならない。

● 土地家屋調査士の登録事務の流れ

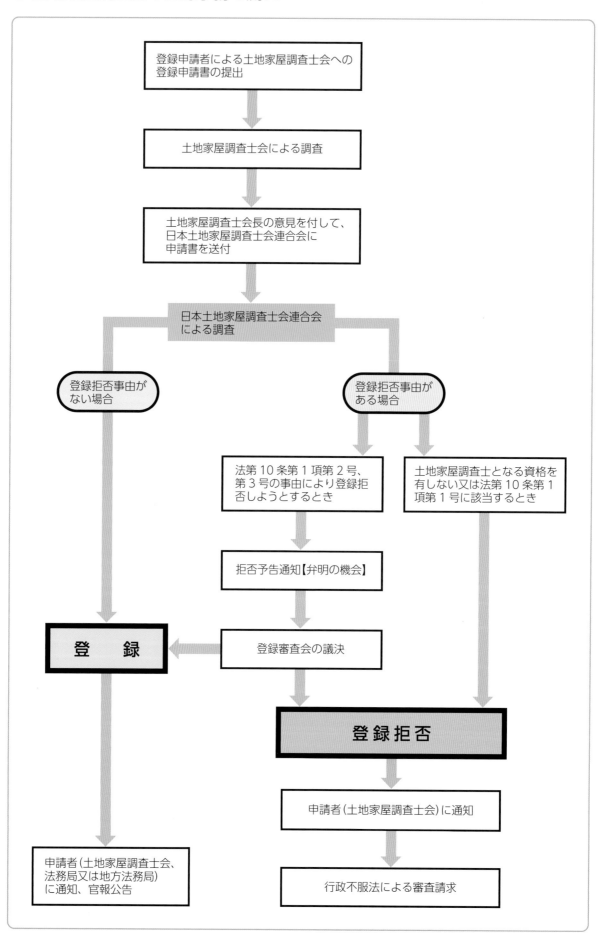

登録申請者による土地家屋調査士会への
登録申請書の提出

↓

土地家屋調査士会による調査

↓

土地家屋調査士会長の意見を付して、
日本土地家屋調査士会連合会に
申請書を送付

↓

日本土地家屋調査士会連合会
による調査

登録拒否事由が
ない場合　　　　　　　　　　　　　　登録拒否事由が
　　　　　　　　　　　　　　　　　　ある場合

法第 10 条第 1 項第 2 号、
第 3 号の事由により登録拒
否しようとするとき　　　　　　　　土地家屋調査士となる資格を
　　　　　　　　　　　　　　　　　　有しない又は法第 10 条第 1
　　　　　　　　　　　　　　　　　　項第 1 号に該当するとき

↓

拒否予告通知【弁明の機会】

↓

登　録 ← 登録審査会の議決

登録拒否

申請者（土地家屋調査士会、
法務局又は地方法務局）
に通知、官報公告　　　　　　　申請者（土地家屋調査士会）に通知

↓

行政不服法による審査請求

第
6
章

土地家屋調査士自らを省みる

114

◉ 土地家屋調査士法人の登録事務の流れ

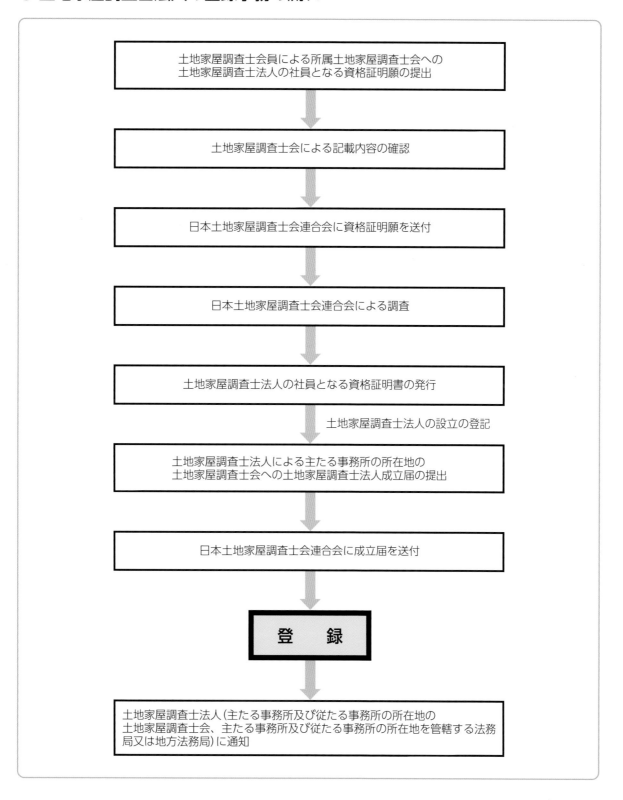

土地家屋調査士会員による所属土地家屋調査士会への
土地家屋調査士法人の社員となる資格証明願の提出

↓

土地家屋調査士会による記載内容の確認

↓

日本土地家屋調査士会連合会に資格証明願を送付

↓

日本土地家屋調査士会連合会による調査

↓

土地家屋調査士法人の社員となる資格証明書の発行

土地家屋調査士法人の設立の登記

↓

土地家屋調査士法人による主たる事務所の所在地の
土地家屋調査士会への土地家屋調査士法人成立届の提出

↓

日本土地家屋調査士会連合会に成立届を送付

↓

登　録

↓

土地家屋調査士法人（主たる事務所及び従たる事務所の所在地の
土地家屋調査士会、主たる事務所及び従たる事務所の所在地を管轄する法務
局又は地方法務局）に通知

2 懲戒処分

　専門資格者に対する国民からの信頼が強く求められる今日の社会において、土地家屋調査士としての倫理に基づく行動やコンプライアンスがより一層求められている。

　懲戒については、土地家屋調査士法第42条及び第43条に基づき、法務大臣が懲戒処分を行うことに加え、土地家屋調査士法第56条に基づき土地家屋調査士会が注意勧告を行うことができる。

　全国の土地家屋調査士会においては綱紀委員会が設置されており、日調連においても土地家屋調査士法第42条及び同第43条に基づく懲戒処分に関する資料の提供を受け、これを「土地家屋調査士懲戒処分事例集」として取りまとめるほか、懲戒処分の情報についても平成26年7月1日から日調連のウェブサイト（情報公開のページ）で公開している。

　なお、近年の社会情勢の変化、業務範囲の拡大や活動範囲の広域化に伴い、現状に即して懲戒手続をより合理化する必要から、令和2年8月1日に一部改正された土地家屋調査士法により次の事項が法文化された。

・全国における多様な事案について、法務大臣の一元的な指揮の下で、より適正・迅速な懲戒を実現するため、懲戒権者を「法務局又は地方法務局の長」から「法務大臣」に変更。
・防御のための長期にわたる資料保管等の負担を軽減するため、懲戒事由の発生から7年経過後は、懲戒手続を開始しない制度（除斥期間）を新設。
・戒告処分の影響に鑑み、手続保証の充実を図るため、戒告処分においても聴聞手続を必須に。
・懲戒逃れを防止するため、懲戒手続中に清算が終了した法人への懲戒処分を可能に。

　また、土地家屋調査士等に対する懲戒処分に関して法務大臣から発せられた訓令については、この度の司法書士法及び土地家屋調査士法の一部を改正する法律の施行に伴い、「土地家屋調査士及び土地家屋調査士法人に対する懲戒事務処理規則」及び「土地家屋調査士及び土地家屋調査士法人に対する懲戒処分の考え方（処分基準等）」が定められ、法務省のウェブサイトに公開されている。

土地家屋調査士法【抜粋】
（調査士に対する懲戒）
第42条　調査士がこの法律又はこの法律に基づく命令に違反したときは、法務大臣は、当該調査士に対し、次に掲げる処分をすることができる。
　一　戒告
　二　二年以内の業務の停止
　三　業務の禁止

（調査士法人に対する懲戒）
第43条　調査士法人がこの法律又はこの法律に基づく命令に違反したときは、法務大臣は、当該調査士法人に対し、次に掲げる処分をすることができる。
　一　戒告
　二　二年以内の業務の全部又は一部の停止
　三　解散
2　前項の規定による処分の手続に付された調査士法人は、清算が結了した後においても、この章の規定の適用については、当該手続が結了するまで、なお存続するものとみなす。

（懲戒の手続）
第44条　何人も、調査士又は調査士法人にこの法律又はこの法律に基づく命令に違反する事実があると思料するときは、法務大臣に対し、当該事実を通知し、適当な措置をとることを求めることができる。
2　前項の規定による通知があつたときは、法務大臣は、通知された事実について必要な調査をしなければならない。
3　法務大臣は、第42条第1号若しくは第2号又は前条第1項第1号若しくは第2号に掲げる処分をしようとするときは、行政手続法（平成5年法律第88号）第13条第1項の規定による意見陳述のための手続の区分にかかわらず、聴聞を行わなければならない。

4~5 略

(除斥期間)
第45条の2 懲戒の事由があつたときから7年を経過したときは、第42条又は第43条第1項の
規定による処分の手続を開始することができない。

土地家屋調査士及び土地家屋調査士法人に対する懲戒事務処理規則について

$$\left(\begin{array}{l}\text{令和2年7月27日付け日調連発第134号、}\\ \text{各土地家屋調査士会長宛連合会長参考送付}\end{array}\right)$$

標記について、法務省民事局民事第二課から、別添のとおり情報提供がありましたので、参考までに
送付します。

土地家屋調査士及び土地家屋調査士法人に対する懲戒事務処理規則を次のとおり定める。

$$\left(\begin{array}{l}\text{令和2年7月20日付け法務省民二訓第2号}\\ \text{法務局長、地方法務局長宛て法務大臣訓令}\end{array}\right)$$

土地家屋調査士及び土地家屋調査士法人に対する懲戒事務処理規則

(趣旨)
第1条 この規則は、土地家屋調査士法(昭和25年法律第228号。以下「法」という。)第6章、第
66条の2及び第67条並びに土地家屋調査士法施行規則(昭和54年法務省令第53号。以下「施行
規則」という。)第6章の規定に基づいてする土地家屋調査士及び土地家屋調査士法人(以下「土地
家屋調査士等」という。)に対する懲戒に関する事務(以下、個々の懲戒事案を「事件」という。)に
必要な事項を定めるものとする。

(事件処理の担当)
第2条 施行規則第35条の7、第35条の8第2項及び第40条の規定に基づく土地家屋調査士等に対
する懲戒に関する事務は、事件の対象となる土地家屋調査士等の事務所又は主たる事務所の所在地
を管轄する法務局又は地方法務局がその処理を担当する。
 2 民事局長は、事件が2以上の法務局又は地方法務局において処理を担当することが相当な場合そ
  の他必要があると認める場合には、その処理を担当する法務局又は地方法務局を指定することがで
  きる。

(共同調査)
第3条 法務局又は地方法務局は、民事局長から指示を受けたときは、民事局と共同して事件の調査を
行わなければならない。

(事実についての調査の依頼)
第4条 法務局又は地方法務局の長は、当該法務局又は地方法務局が処理を担当する土地家屋調査士
等に対する懲戒に関する事務について、法第44条第2項の規定による調査を民事局長又は他の法務
局若しくは地方法務局の長に依頼することができる。

(管轄区域外の調査)
第5条 事件の調査は、必要があるときは、事件の処理を担当する法務局又は地方法務局の管轄区域

外においても行うことができる。

（聴聞の権限の委任）

第6条　施行規則第35条の8第2項の規定に基づく聴聞の権限の委任は、民事局長が、当該聴聞に係る事件の処理を担当する法務局若しくは地方法務局の長又は当該地方法務局を監督する法務局の長に対してするものとする。

（求指示及び報告）

第7条　法務局又は地方法務局の長は、当該法務局又は地方法務局が処理を担当する土地家屋調査士等に対する懲戒に関する事務について、民事局長が別に定めるところに従い、民事局長に対し、指示を求め、又は報告をしなければならない。

（公告）

第8条　法第46条に基づく公告については、懲戒処分を受けた土地家屋調査士等の氏名又は名称、所属する土地家屋調査士会の名称、登録番号及び事務所の所在地並びに処分の年月日及びその量定を公表するものとする。

（委任）

第9条　この規則に定めるもののほか、土地家屋調査士等に対する懲戒に関する事務の処理について必要な事項は、民事局長が定める。

　　附　　則

1　この訓令は、令和2年8月1日から施行する。

2　土地家屋調査士等に対する懲戒処分に関する訓令（平成19年5月17日付け法務省民二訓第1082号）は、廃止する。

※第9条により定められた土地家屋調査士及び土地家屋調査士法人に対する懲戒事務処理細則（令和2年7月20日付け法務局長、地方法務局長宛法務省民事局長通達）は掲載略

「土地家屋調査士及び土地家屋調査士法人に対する懲戒処分の考え方（処分基準等）」の公開について（令和2年10月23日付け日調連発第246号、各土地家屋調査士会長宛連合会長お知らせ）

　標記について、法務省のウェブサイト（下記URL）に別添の資料が公開されておりますのでお知らせします。

　なお、本件につきましては、令和2年8月1日から司法書士法及び土地家屋調査士法の一部を改正する法律（令和元年法律第29号）が施行され、土地家屋調査士及び土地家屋調査士法人に対する懲戒権者が法務局又は地方法務局の長から法務大臣に変更されたことに伴い、多様な事案について、法務大臣の一元的な指揮の下で、より適正・迅速な懲戒処分を実現するために「土地家屋調査士及び土地家屋調査士法人に対する懲戒処分の考え方（処分基準等）」が定められたものです。

記

URL：http://www.moj.go.jp/MINJI/minji05_00067.html

以上

土地家屋調査士及び土地家屋調査士法人に対する懲戒処分の考え方
（処分基準等）

法務省民事局

　土地家屋調査士法（昭和 25 年法律第 228 号。以下「法」という。）第 42 条又は第 43 条第 1 項の規定に基づき土地家屋調査士又は土地家屋調査士法人（以下「土地家屋調査士等」という。）に対して懲戒処分を行う場合の基準及び法第 46 条の規定に基づく懲戒処分の公告については、次のとおりとする。

第 1　総則
　1　法務大臣による懲戒処分
　　　法務大臣による土地家屋調査士等に対する懲戒処分は、不動産の表示に関する登記及び土地の筆界を明らかにする業務の専門家として、不動産に関する権利の明確化に寄与し、もって国民生活の安定と向上に資することを使命とする土地家屋調査士等の業務の適正を保持するために行われるものであり、この基準に基づいて公正に行う。
　2　懲戒事由
　(1)　土地家屋調査士等が法又は法に基づく命令に違反したときは、法務大臣は、当該土地家屋調査士等に対し、懲戒処分をすることができる（法第 42 条、第 43 条第 1 項）。
　(2)　土地家屋調査士会及び日本土地家屋調査士会連合会の会則は自治規範であるが、土地家屋調査士等はその所属する土地家屋調査士会及び日本土地家屋調査士会連合会の会則を守らなければならない（法第 24 条、第 41 条において準用する第 24 条）ことから、別表の違反行為の欄に掲げるものに該当する会則違反については、特に懲戒処分による必要性が認められるものとして、法違反（会則遵守義務違反）を理由として懲戒処分をするものとする。
　(3)　土地家屋調査士等は、常に品位を保持しなければならない（法第 2 条、第 41 条において準用する第 2 条）ことから、土地家屋調査士等の行った行為がその業務に関連しない場合であっても、その行為が土地家屋調査士等の品位を害した場合には、法違反を理由として懲戒処分をすることができる。
　3　懲戒処分の種類
　(1)　土地家屋調査士に対する懲戒処分（法第 42 条）
　　ア　戒告
　　イ　2 年以内の業務の停止
　　ウ　業務の禁止
　(2)　土地家屋調査士法人に対する懲戒処分（法第 43 条第 1 項）
　　ア　戒告
　　イ　2 年以内の業務の全部又は一部の停止
　　ウ　解散
第 2　処分基準
　1　違反事実の認定
　　　懲戒処分は、客観的資料等により認定することができる違反事実を対象となる事実とし、当該違反事実、考慮要素及び情状等による加重又は軽減の理由を明らかにして行う。
　2　懲戒処分の量定
　　　土地家屋調査士等が行った行為が別表の違反行為の欄に掲げるものに該当するときは、同表の懲戒処分の量定の欄に掲げる処分を基準とした上で、考慮要素の欄に掲げる事項等を考慮した上

2

懲戒処分

で量定を決定し、懲戒処分を行う。ただし、土地家屋調査士法人に対して懲戒処分を行う場合には、同表の懲戒処分の量定の欄中「2年以内の業務の停止」とあるのは「2年以内の業務の全部又は一部の停止」と、「1年以内の業務の停止」とあるのは「1年以内の業務の全部又は一部の停止」と、「業務の禁止」とあるのは「解散」と読み替えるものとする。

3　情状等による加重及び軽減

(1)　土地家屋調査士等が行った行為が別表の違反行為の欄に掲げるものに該当する場合において、土地家屋調査士等が行った行為の態様が極めて悪質であること、又はその行為の回数が多数であること等の特段の情状等が認められるときは、同表の懲戒処分の量定の欄に掲げる処分より重い懲戒処分を行うことができる。

(2)　土地家屋調査士等が行った行為が別表の違反行為の欄に掲げるものに該当する場合において、当該対象行為の態様、当該対象行為をするに至った過程において酌むべき事情の内容、発生した経済的損失等の程度及びその回復の内容、既に受けた社会的な制裁等の内容、所属する土地家屋調査士会による自治的処分の内容その他の一切の事情を勘案して懲戒処分の量定を軽減することが相当である情状等が認められるときは、同表の懲戒処分の量定の欄に掲げる処分より軽い懲戒処分を行うことができる。

(3)　土地家屋調査士等の行った行為が別表の違反行為の欄に掲げるものに該当する場合において、(2) に掲げる事情を勘案して懲戒処分を行わないことが相当であると認められるとき（特段の事情のない限り同表の懲戒処分の量定の欄に掲げる処分に戒告が含まれているときに限る。）は、懲戒処分を行わないことができる。

(4)　土地家屋調査士等に懲戒処分歴があることは懲戒処分を加重する情状とすることができ、土地家屋調査士等に懲戒処分歴がないことは懲戒処分を軽減する情状とすることができる。

(5)　別表の違反事実の欄に該当する行為が複数ある場合における懲戒処分の量定は、それぞれの違反行為について同表の懲戒処分の量定の欄に掲げる処分が最も重いものを基準としつつ、複数の違反行為全体を勘案し、必要に応じてこれを加重するものとする。

(6)　土地家屋調査士等が行った行為が法又は法に基づく命令に違反する場合において、別表の違反行為の欄に掲げるもののいずれにも該当しないときは、同欄に掲げる違反行為のうち当該行為に最も類似するものに準ずるなどの方法により当該行為に対する懲戒処分を行うものとする。

(7)　土地家屋調査士法人における特則

　　土地家屋調査士法人における量定の判断に当たっては、(1) から (6) までに加え、当該法人の内部規律及び内部管理等を勘案する。

4　業務停止の期間

　　土地家屋調査士等の業務の停止期間は、年、月、週を単位とする。

第3　公告

　法第46条に基づく公告をする場合は、土地家屋調査士等の個々の懲戒処分について、懲戒処分を受けた者の氏名又は名称、所属する土地家屋調査士会の名称、登録番号及び事務所の所在地並びに処分の年月日及び処分の量定を公表するものとする。

別表（第1の2 (2)、第2の2、3関係）

番号	違反行為		懲戒処分の量定	考慮要素
1	公文書偽造又は私文書偽造等	刑法（明治40年法律第45号）第155条、第157条、第158条、第159条、第161条又は第161条の2の規定に該当するもの	2年以内の業務の停止又は業務の禁止	偽造行為の態様・回数 経済的損失等の程度 経済的損失等の回復の程度
2	名義貸し又は他人による業務の取扱い	自己の名義において、故意に他人に業務を行わせたもの		違反行為の態様・回数

No.	違反行為		処分	考慮要素
3	業務停止期間中の業務行為	故意に、業務停止期間中に業務を行ったもの		業務停止期間中に行った業務の態様・回数
4	報酬又は費用の不正請求	故意に、報酬の不正請求又は費用の架空請求や水増し請求をしたもの		違反行為の態様・回数 経済的損失等の程度 経済的損失等の回復の程度
5	虚偽の登記名義人確認情報提供で実害が生じたもの（故意）	不動産登記法（平成16年法律第123号）第23条第4項第1号の規定による情報の提供を行う場合において、故意に虚偽の情報を提供し、かつ、不実の登記、経済的損失等の実害が生じたもの		違反行為の態様・回数 不実の登記の内容 経済的損失等の程度 経済的損失等の回復の程度
6	虚偽の登記名義人確認情報提供で実害が生じたもの（注意義務違反）	不動産登記法第23条第4項第1号の規定による情報の提供を行う場合において、相当な注意を怠って虚偽の情報を提供し、かつ、不実の登記、経済的損失等の実害が生じたもの		違反行為の態様・回数 不実の登記の内容 経済的損失等の程度 経済的損失等の回復の程度
7	現地確認義務違反又は筆界確認義務違反	不動産の表示に関する登記の申請をする場合において、現地確認又は筆界確認を怠ったもの		違反行為の態様・回数 経済的損失等の程度 経済的損失等の回復の程度
8	職務上請求用紙の不正使用等	不正な目的で戸籍謄本等職務上請求用紙を使用したもの又は戸籍謄本等職務上請求用紙を用いて取得した戸籍謄本等を不正な目的で使用したもの	戒告 又は 2年以内の業務の停止	違反行為の態様・回数 不正使用等の目的
9	不当誘致行為	故意に、不当な手段を用いて業務の誘致を行ったもの		違反行為の態様・回数
10	受任事件の放置	受任した事件を正当な事由なく故意に履行しないもの		放置した回数・事件の内容 放置の期間・程度 被害の内容・程度 被害等の回復の程度
11	秘密保持義務違反（故意）	故意に、業務上取り扱った事件について知ることのできた秘密を正当な事由なく他に漏らしたもの		他に漏らした秘密の内容 被害の内容・程度 被害等の回復の程度
12	本人確認義務違反又は依頼者等の意思確認義務違反で実害が生じたもの	本表に別に定めるもののほか、故意に又は相当の注意を怠って本人確認等の義務に違反し、かつ、不実の登記等、経済的損失等の実害が生じたもの		違反行為の態様・回数 不実の登記等の内容 経済的損失等の程度 経済的損失等の回復の程度
13	虚偽の登記名義人確認情報提供で実害は生じていないもの（故意）	不動産登記法第23条第4項第1号の規定による情報の提供を行う場合において、故意に虚偽の情報を提供したが、不実の登記、経済的損失等の実害が生じなかったもの		違反行為の態様・回数 社会に対する影響の有無・程度
14	職務上請求用紙の管理懈怠等	戸籍謄本等職務上請求用紙若しくは戸籍謄本等職務上請求用紙を用いて取得した戸籍謄本等の管理を怠り、又はその使用方法を誤り、実害が生じたもの		違反行為の態様・回数 管理懈怠の態様・程度 被害の内容・程度 被害等の回復の程度
15	調査拒否	正当な事由なく土地家屋調査士法施行規則（昭和54年法務省令第53号）第40条第1項又は第2項の調査を拒んだもの	戒告 又は 1年以内の業務の停止	拒否行為の態様 調査の対象となった違反行為の疑いがある事実の態様・回数
16	補助者の監督責任	補助者の監督を怠り、本表の違反行為に該当し、又はこれに準ずる行為をしたもの		違反行為の内容 補助者に対する監督の懈怠の態様・程度
17	預り金等の管理懈怠等	依頼者又は依頼者のための預り金を他の金銭と区別せずに保管するなどその管理を怠り、経済的損失等の実害が生じたもの		管理懈怠の対象となった預り金等の金額・内容 管理懈怠の態様・程度 経済的損失等の回復の程度
18	秘密保持義務違反（注意義務違反）	相当な注意を怠り、業務上取り扱った事件について知ることのできた秘密を他に漏らしたもの		他に漏らした秘密の内容 被害の内容・程度 被害の回復の程度
19	受任拒否	正当な事由なく依頼された事件の受任を拒否したもの（民間紛争解決手続代理関係業務に関するものを除く。）のうち、悪質なもの	戒告	違反行為の態様・回数
20	その他会則に違反する行為	本表の違反行為に該当しない土地家屋調査士会の会則の不遵守であって、土地家屋調査士会による自治的処分を複数回受けた場合、実害が生じた場合等悪質なもの		違反行為の態様・回数
21	業務外行為	業務外の違反行為で刑事罰の対象となる行為に該当するもの	戒告、2年以内の業務の停止又は業務の禁止	違反行為の態様・回数

● 懲戒処分の種類の内訳と件数（平成24年度～令和3年度）

　平成20年度から平成23年度、平成24年度から平成26年度、平成27年度から平成29年度、平成30年度から令和3年度の懲戒処分の種類の内訳は以下のとおりである。

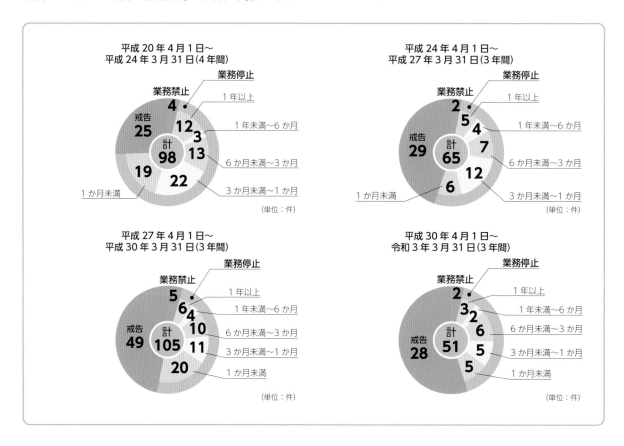

● 主な懲戒事由の内訳（平成30年度～令和3年度）

　平成30年度から令和3年度の主な懲戒事由の内訳は以下のとおりである。

違反行為	件数
会則違反	22
登記申請意思確認義務違反又は本人確認義務違反	14
公文書偽造又は私文書偽造	10
業務外行為	8
名義貸し又は他人による業務の取扱い	8
補助者の監督責任又は未登録補助者の使用	8
現地確認義務違反又は筆界確認義務違反	5
業務停止期間中の業務行為	3
職務上請求用紙の不正使用等	2
受託事件の放置	2
報酬の不正受領	1

※　平成30年4月1日（平成30年度）～令和3年3月31日（令和3年度）までの件数51件（上記円グラフ）について、具体的な事例記述から、違反行為の項目をすべて抽出し掲載。
　一事例につき、違反行為が複数に亘ってる事例が多いことから、上表の総数は前述の51件とは異なっている。

第6章　土地家屋調査士自らを省みる

第**7**章 土地家屋調査士が
歩み続けた道

1 土地家屋調査士制度の誕生

　土地家屋調査士法（昭和 25 年 7 月 31 日法律第 228 号）制定に至る沿革は、以下のとおりである。土地家屋調査士制度については、日調連が発行する周年記念誌や会史及び藤原政弥氏の著書「日本を測る人びと」（武蔵野書房）等にも、その経緯資料や当時の有力尽力者の方の気概が詳細に記載されているが、本誌では、その一部を抜粋して掲載するものである。

胎動期の概要

　徳川幕府の大政奉還によって成立した明治政府は、我が国において初めて国民に土地の所有権を認め、地租、家屋税は国政運営の重要な財源となった。後に、政府は全国各地の税務署に土地調査員を配置したが、徴税の公正を期するために必要な全国の土地を一律正確に調査、測量するまでには至らなかった。

　昭和の初頭、一説には大正時代からといわれているが、名古屋税務監督局管内の各税務署においては、特に地租、家屋税に関して申告制度ではあっても、無申告による脱税に厳重な対策を講じており、市町村を通じて土地建物の所有者に申告を促す必要があった。

　また、申告がされても専門家の手を経ないものは不備が多く、未処理事件が山積することとなる事情から、名古屋局管内の 6 県には市町村長の推薦により、各税務署長から嘱託を受けた土地調査員という職が置かれて、土地建物の調査、測量、申告手続等を行っていた。

　そのような中、昭和 2 年、信州松本税務署において法制定運動の機運が高まった。

　時の署長の植木庚子郎氏（後の法務大臣）は、昭和 3 年、当時管内に散在していた約 240 名の土地調査員（内 2 割は市町村吏員）に結集を呼び掛け、土地調査員に国家資格を与えることによる業界の刷新を提唱した。それに共鳴した中島実、赤羽多知雄両氏は同運動の基盤とするため、同年 10 月 8 日、官民協力して同署管内に松本土地調査員会を結成し、また拡張して県内の調査員会をまとめ、昭和 13 年に連合会的な長野県土地調査員会を創設して、他府県に協力連携を呼び掛けた。

　しかし、他府県には調査員の組織が不完全であったため、了解を得て爾後、国会請願の全国運動は長野県が主体となって行うこととなり、同運動の正副会長に中島実、赤羽多知雄両氏を選任し、昭和 16 年、従来の嘱託員制度を免許制度に改正することの請願書を初めて国会に提出し、その後、数度にわたる請願運動を展開した。

　昭和 20 年に至り、戦後日本はアメリカ軍による軍政によって支配され、激変した国会情勢に対処して運動方針も大転換し、昭和 24 年、従来の政府提案方式を改めて、アメリカ流の議員立法方式に切り替え、八方努力した結果、法案は昭和 25 年 7 月臨時国会及び GHQ を無事通過したのである。

土地整理士法制定運動

〔第 1 回請願〕　昭和 16 年 2 月 17 日　衆議院に請願提出（赤羽多知雄　外 313 名）
　　　　　　　　同　　2 月 22 日　請願文書表第 382 号で受理
　　　　　　　　同　　2 月 25 日　採択可決決定
　　　　　　　法文作成に至らず。
〔第 2 回請願〕　昭和 17 年 1 月 30 日　衆議院に請願提出（赤羽多知雄　外 371 名）
　　　　　　　　同　　2 月　6 日　請願文書表第 45 号で受理
　　　　　　　　同　　2 月 25 日　衆議院採択可決決定（3 月 3 日、貴族院に送付）
　　　　　　　　同　　3 月 12 日　貴族院採択可決決定
　　　　　　　法文作成に至らず。
〔第 3 回請願〕　昭和 18 年 3 月 23 日、第 81 議会の衆議院建議委員会に小野秀一議員から建議
　　　　　　　建議文書（第 25 号）要旨「去る第 78 議会及び第 79 議会で通過しているにもかかわらず未だに法文化されないのは不当であるから速やかに本法の制定を要望する。」
　　　　　　　満場一致可決されるも、太平洋戦争苛烈化に伴い終戦まで運動も一時中止となる。

第7章　土地家屋調査士が歩み続けた道

戦後の土地家屋調査士法制定運動

昭和 21 年　松本土地調査員会長の中島実氏から、東京に近い諏訪の会長の林義成先生に運動の先達が引き継がれる。（長野県から全国的運動への転換）

昭和 22 年　「土地家屋整理士法制定に関する請願」

　　　　　長野県土地家屋調査員　林義成氏　外 419 名

　　　　　※　家屋税の関係から、ここで初めて「家屋」という言葉が現れてくる。また、調査員では役所的であるとのことから、「土地家屋整理士」の名称にする予定のところ、当時使用していた「土地家屋調査員」の員が士となって、後に日の目を見ることとなる。

　戦前同様に法案化されず、以後、請願運動は昭和 24 年に至る。

昭和 24 年　降旗徳弥逓信大臣（後の連合会初代会長）を通じ議員提案に動く。

　　　　　家令昌紀日本測量士会長（後の連合会第 2 代会長）らの協力を得る。

　　　　　※　測量士の登録資格規定を織り込んだ測量法（昭和 24 年 6 月 3 日法律第 188 号）は厳重で、一般の測量実務家の既得権は認められず、試験を受けなければ資格が得られないことから、その救済のための測量法一部改正と土地家屋調査士法成立を互いに協力して運動することとなった。

昭和 25 年 5 月　シャウプ勧告の税制改革による台帳制度改正の流れの後押しもあり、法案成立が期待されたが、国税を地方税へ移譲する法案が審議未了となったため、土地家屋調査士法も審議未了となる。（同時に提案されていた司法書士法は、地方税と関係がないため、5 月 22 日法律第 197 号として制定、即日施行された。）

昭和 25 年 7 月 31 日　第 8 回臨時国会に税法改正案と共に再提出され、「土地家屋調査士法」制定公布となる。

土地家屋調査士制度発祥の地碑

　長野県松本市が「土地家屋調査士制度発祥の地」であることから、制度制定に尽力された先達の偉業に敬意を表し、長野県土地家屋調査士会のご尽力により、平成 6 年 10 月 3 日旧松本市民会館（現市民芸術館）前のライラック公園内に彫刻家の高岡典男氏が「時を内包した形」というテーマの基、建立した。

　その後、平成 13 年に松本市総合体育館（現キッセイ文化ホール）北側の県道添いへ移設をされましたが、人目につきにくい場所であったことから、当時の長野会長はじめ役員の方々の尽力により、平成 26 年 12 月に現在のキッセイ文化ホールの南側の目立つ場所に再移設をした。

　また、今般、この記念碑がある場所から道を挟んだ反対側の緑地に、土地家屋調査士制度制定 70 周年を記念して、長野県土地家屋調査士会と（公社）長野県公共嘱託登記土地家屋調査士協会が作業機関となり、1 級基準点「土地家屋調査士制度発祥の地」を設置され、現在に至っている。

　この土地家屋調査士の心のシンボルというべき記念碑は、地元の長野県土地家屋調査士会松本支部の会員が中心となり清掃、管理等を行っている。

令和 2 年 9 月に土地家屋調査士制度制定 70 周年を記念して設置された 1 級基準点「土地家屋調査士制度発祥の地」

土地家屋調査士制度発祥の地碑
（松本市総合体育館（現キッセイ文化ホール）南側）

日本土地家屋調査士会連合会の歩み並びに土地家屋調査士制度及び不動産登記制度の変遷

以下は、日調連の歩み並びに土地家屋調査士制度及び不動産登記制度のこれまでの変遷の概要である。

第7章 土地家屋調査士が歩み続けた道

	歴代連合会会長	連合会の歩み	土地家屋調査士制度の変遷	不動産登記制度等の変遷
昭和25 (1950) 年	降旗徳弥 (元逓信大臣) 昭和25年11月13日～昭和27年5月17日	● 11月13日、全国土地家屋調査士会連合会設立準備委員会（長野県諏訪市吉田屋別館） ● 11月13日、全国土地家屋調査士会連合会設立総会（長野県諏訪市吉田屋別館）	● 7月31日、土地家屋調査士法制定（法律第228号） ● 土地家屋調査士の資格（民事局長通達） ①選考により土地家屋調査士となる資格 ②法附則第2項該当者認否	● 7月31日、土地台帳法等の一部を改正する法律（法律第227号） 〔関係法令〕 地方税法（法律第226号）
昭和26 (1951) 年		● 5月26日、全国土地家屋調査士会連合会理事会（第2回総会）（東京都参議院会館第1号会議室） ● 10月、土地家屋調査士会員徽章制定	● 6月4日、土地家屋調査士法一部改正（法律第195号）〔建築士法の一部を改正する法律附則3項による改正〕・資格（建築士）の追加 ● 法附則第2条該当者の認否等単に台帳登録申告手続のみを業としていた者は法附則第2項に該当しない。（民事局長通達）	● 4月20日、不動産登記法の一部改正（法律第150号） ● 6月29日、不動産登記法施行細則一部改正（法務府令第150号） 〔関係法令〕 土地改良登記令（政令第146号） 国土調査法（法律第180号）
昭和27 (1952) 年	家令昌紀 (所属：東京土地家屋調査士会) 昭和27年5月17日～昭和28年6月26日	● 5月17日、第3回全国土地家屋調査士会連合会総会（東京都参議院会館第1号会議室）	● 7月31日、土地家屋調査士法一部改正（法律第268号）〔法務府設置法等の一部を改正する法律37条による改正〕	● 7月31日、法務府設置法等の一部を改正する法律（法律第268号） 〔関係法令〕 農地法（法律第229号）
昭和28 (1953) 年	長田正雄 (所属：東京土地家屋調査士会) 昭和28年6月26日～昭和30年6月6日	● 6月26日、第4回全国土地家屋調査士会連合会総会（東京都参議院会館第1号会議室）		● 8月8日、農地法による不動産登記に関する政令（政令第173号）
昭和29 (1954) 年		● 5月25日、第5回全国土地家屋調査士会連合会定時総会（東京都参議院会館第1号会議室）	● 土地家屋調査士試験合格証を紛失した場合は再交付できないが証明願があれば交付できる。（民事局長通達）	
昭和30 (1955) 年	内山勝衛 (所属：埼玉土地家屋調査士会) 昭和30年6月6日～昭和35年5月20日	● 6月6日、第6回全国土地家屋調査士会連合会定時総会（東京都参議院会館第1号会議室）	● 市町村官吏で土地家屋調査士業務を営もうとする者でない限り登録はできない。（民事局長通達）	● 3月20日、不動産登記法施行細則一部改正（法務省令第134号）
昭和31 (1956) 年		● 3月1日、第7回全国土地家屋調査士会連合会臨時総会（東京都参議院会館第1号会議室） ● 6月14日、第8回全国土地家屋調査士会連合会定時総会（神奈川県箱根湯元三昧荘） ● 11月1日、連合会会報第1号創刊	● 3月22日、土地家屋調査士法一部改正〔第一次改正〕（法律第19号）・強制会、強制加入、会則の大臣認可制度土地家屋調査士の法令・会則等の遵守（民事局長通達）	
昭和32 (1957) 年		● 5月19～20日、第9回全国土地家屋調査士会連合会定時総会（岐阜県稲葉郡鵜沼町城山荘）	● 土地家屋調査士の年計報告書・事件簿の取扱い（民事局長通達）	● 7月9日、不動産登記事務取扱手続準則制定（民事甲第1127号民事局長通達）
昭和33 (1958) 年		● 6月5～6日、第10回全国土地家屋調査士会連合会定時総会（静岡県熱海市志ほみや本館）		

	歴代連合会長	連合会の歩み	土地家屋調査士制度の変遷	不動産登記制度等の変遷
昭和34 (1959)年		●5月16～17日、第11回全国土地家屋調査士会連合会定時総会（静岡県熱海市暖海荘）	●弁護士は土地家屋調査士の業務に属する申請手続をすることができない。（民事局長通達）	●8月14日、不動産登記法施行細則一部改正（法務省令第45号）
昭和35 (1960)年	金井光次郎 （所属：東京土地家屋調査士会） 昭和35年5月20日～昭和44年5月16日	●5月20日、第12回全国土地家屋調査士会連合会定時総会（兵庫県有馬温泉中之坊）	●3月31日、土地家屋調査士法一部改正〔不動産登記法の一部を改正する等の法律附則17条による改正〕（法律第14号） ●土地家屋調査士の登録資格 土地家屋調査士法附則第3項により調査士となる資格を有する者は昭和35年9月30日までに登録を受けない限り登録資格を喪失する。（民事局長通達）	●3月31日、不動産登記法の一部改正等（法律第14号）・登記簿と台帳の一元化 ●3月31日、不動産登記法施行細則一部改正等（法務省令第10号） ●8月5日、不動産登記法施行令制定（政令第228号）
昭和36 (1961)年		●5月13日、第13回全国土地家屋調査士会連合会定時総会（静岡県熱海市富士屋ホテル）	●5月13日、土地家屋調査士法制定10周年記念式典（静岡県熱海市富士屋ホテル）	●10月13日、不動産登記法施行細則一部改正（法務省令第42号）
昭和37 (1962)年		●5月20日、第14回全国土地家屋調査士会連合会定時総会（神奈川県湯河原町大伊豆旅館） ●10月20～21日、事務取扱者研修会（現在の会長会議の前身）（東京都中央区銀座ホテル）		●3月20日、不動産登記法第17条の規定による地図備付けについて（民事甲第369号民事局長通達） ●4月4日、建物の区分所有等に関する法律の制定（法律第69号） ●4月20日、不動産登記事務取扱手続準則全文改正（民事甲第1175号民事局長通達） ●4月28日、不動産登記法施行細則一部改正（法務省令第39号） 〔関係法令〕 5月10日、住居表示に関する法律制定（法律第119号）
昭和38 (1963)年		●5月13日～14日、第15回全国土地家屋調査士会連合会定時総会（福島県飯坂町若喜本店） ●11月16日、全国指導者協議会（東京都中央区共済会館）	●法務局長の監督権限 地方法務局長からの土地家屋調査士の懲戒処分の内議は、法務局長が認可又は承認する。（民事局長通達）	●3月14日、不動産登記法施行細則一部改正（法務省令第18号） ●4月15日、不動産登記事務取扱手続準則全文改正（民事甲第931号民事局長通達）
昭和39 (1964)年		●5月15～16日、第16回全国土地家屋調査士会連合会定時総会（静岡県熱海市西熱海ホテル） ●11月19日、指導者研究会（静岡県熱海市西熱海ホテル）		●3月30日、不動産登記法の一部改正（法律第18号） ●3月31日、不動産登記法施行細則一部改正（法務省令第48号） ●4月1日、不動産登記記載例について（民事甲第839号民事局長通達）
昭和40 (1965)年		●5月17～18日、第17回全国土地家屋調査士会連合会定時総会（静岡県熱海市西熱海ホテル） ●11月15～16日、指導者協議会（和歌山県勝浦市ホテル浦島）	●3月31日、琉球土地家屋調査士会の加入（沖縄本土復帰を前提として加入）	●3月31日、不動産登記法施行細則一部改正（法務省令第15号）
昭和41 (1966)年		●5月16～17日、第18回全国土地家屋調査士会連合会定時総会（静岡県熱海市ニューフジヤホテル） ●11月13～14日、全国指導者協議会（兵庫県有馬温泉有馬グランドホテル）	●5月16日、土地家屋調査士法制定15周年記念式典（静岡県熱海市ニューフジヤホテル） ●6月30日、土地家屋調査士法一部改正（法律第98号）〔審議会等の整理に関する法律6条による改正〕	●3月1日、土地の地積又は建物の床面積を平方メートルによる単位で表示する場合の換算率及び換算方法等について（民事甲第279号民事局長通達） ●3月26日、登記の申請書に不動産の表示をする場合の取扱について（民事甲第1011号民事局長通達）

	歴代連合会長	連合会の歩み	土地家屋調査士制度の変遷	不動産登記制度等の変遷
			● 審議会等の整理に関する法律制定 ● 法務省に土地家屋調査士試験委員を置く。	
昭和42 (1967)年		● 3月27日、連合会事務所移転（東京都港区） ● 5月21〜22日、第19回全国土地家屋調査士会連合会定時総会（静岡県熱海市ニューフジヤホテル） ● 8月23〜24日、第20回全国土地家屋調査士会連合会臨時総会（静岡県熱海市西熱海ホテル）	● 6月12日、土地家屋調査士法一部改正（法律第36号）〔登録免許税法の施行に伴う関係法令の整備等に関する法律10条による改正〕 ● 7月18日、土地家屋調査士法一部改正（法律第66号）〔司法書士法及び土地家屋調査士法の一部を改正する法律2条による改正〕 ● 土地家屋調査士会及び連合会に法人格付与 ●「全国土地家屋調査士会連合会」を「日本土地家屋調査士会連合会」と名称変更した。（第20回臨時総会決議。法人設立の年月日は昭和42年12月15日）	● 3月1日、不動産登記記載例について（民事甲第600号民事局長通達） 〔関係法令〕 　6月12日、登録免許税法（法律第35号）
昭和43 (1968)年		● 5月12〜13日、第21回日本土地家屋調査士会連合会定時総会（静岡県熱海市西熱海ホテル） ● 12月21〜22日、全国指導者協議会（石川県山中温泉岩間荘）	● 不動産登記法第17条地図作製モデル作業開始	
昭和44 (1969)年	中山松一 （所属：東京土地家屋調査士会） 昭和44年5月16日〜昭和45年3月2日 （昭和45年3月4日〜同5月16日まで山本凱信（所属：兵庫県土地家屋調査士会）氏が会長代行）	● 5月15〜16日、第22回日本土地家屋調査士会連合会定時総会（静岡県熱海市西熱海ホテル） ● 10月22〜23日、全国指導者協議会（静岡県伊豆船原ホテル）		
昭和45 (1970)年	山本凱信 （所属：兵庫県土地家屋調査士会） 昭和45年5月18日〜昭和48年5月24日	● 5月15〜16日、第23回日本土地家屋調査士会連合会定時総会（神奈川県箱根湯元県立箱根観光会館）	● 10月19日、土地家屋調査士法制定20周年記念全国大会（東京都千代田区日比谷公会堂）	● 3月1日、不動産登記記載例について（民事甲第966号民事局長通達）
昭和46 (1971)年		● 2月27日、全国会長会議（静岡県浜松市遠鉄ホテル） ● 5月17〜18日、第24回日本土地家屋調査士会連合会定時総会（静岡県熱海市南明ホテル） ● 9月14日、連合会機構改革		● 3月15日、不動産登記事務取扱手続準則改正（民事甲第557号民事局長通達） ● 10月1日、不動産登記法施行細則一部改正（法務省令第47号）
昭和47 (1972)年		● 3月17〜18日、全国会長会議（広島県宮島町宮島観光会館） ● 5月11〜12日、第25回日本土地家屋調査士会連合会定時総会（静岡県熱海市ニューフジヤホテル）	● 不動産調査士という名称は土地家屋調査士法第19条第2項に抵触する。（民事局長回答）	● 12月22日、不動産登記法施行細則一部改正（法務省令第79号）
昭和48 (1973)年	多田光吉 （所属：千葉県土地家屋調査士会） 昭和48年5月24日〜昭和52年6月21日	● 2月23〜24日、全国会長会議（三重県鳥羽市ホテル鯛池） ● 5月23〜24日、第26回日本土地家屋調査士会連合会定時総会（神奈川県箱根市箱根小湧園） ● 土地家屋調査士会員徽章変更 ● 11月8日、全国企画部長会同（東京都港区共済会館） ● 11月22〜23日、全国会長会議（宮崎県宮崎市サンホテルフェニックス）		● 3月5日、国土調査法第20条第1項の規定により登記所に送付される地籍図の写しの材質をポリエステルフィルムにすることについて（民三第1886号民事局長通達）

	歴代連合会長	連合会の歩み	土地家屋調査士制度の変遷	不動産登記制度等の変遷
昭和49 (1974) 年		● 5月15～16日、第27回日本土地家屋調査士会連合会定時総会（静岡県熱海市つるやホテル） ● 11月6～7日、全国会長会議（宮城県宮城郡松島町ホテルニュー小松） ● 11月26日、全国広報部長会同（東京都港区虎ノ門会館）		〔関係法令〕 10月1日、商法の一部を改正する法律（法律第21号） 10月1日、商法の法律を改正する法律（法律第23号） 10月1日、株式会社の監査等に関する商法の特例に関する法律（法律第22号）
昭和50 (1975) 年		● 3月17～18日、全国総務・経理・厚生部長会同（東京都千代田区全国町村会館） ● 6月19～20日、第28回日本土地家屋調査士会連合会定時総会（東京都港区高輪ホテルパシフィック） ● 11月8～9日、全国会長会議（香川県高松市高松国際ホテル）	● 6月19日、土地家屋調査士法制定25周年記念式典（東京都港区高輪ホテルパシフィック）	
昭和51 (1976) 年		● 3月1日、綱紀委員長会同（東京都港区虎ノ門会館） ● 6月17～18日、第29回日本土地家屋調査士会連合会定時総会（静岡県熱海市つるやホテル） ● 9月13～14日、全国会長会議（北海道登別温泉第1滝本館）	● 3月1日、表示登記の日を「4月1日」と設定	
昭和52 (1977) 年	池田信治 （所属：大阪土地家屋調査士会） 昭和52年6月21日～昭和53年10月26日	● 6月20～21日、第30回日本土地家屋調査士会連合会定時総会（静岡県熱海市つるやホテル） ● 11月9～10日、全国会長会議（東京都港区高輪ホテルパシフィック） ● 11月10日、共済会支部長会議（東京都港区高輪ホテルパシフィック）		● 9月3日、不動産登記法施行細則一部改正（法務省令第54号） ● 9月3日、不動産登記事務取扱手続準則改正（民三第4473号民事局長通達）
昭和53 (1978) 年	多田光吉 （所属：千葉県土地家屋調査士会） 昭和53年10月26日～平成元年6月20日	● 3月31日、全国会長会議［緊急］（東京都港区新橋第一ホテル） ● 4月20日、全国会長会議［緊急］（東京都千代田区全国町村議員会館） ● 6月1日、第31回日本土地家屋調査士会連合会定時総会（京都府京都市京都国際会館） ● 10月2日、厚生担当者会同（東京都千代田区農林年金会館） ● 10月25～26日、第32回日本土地家屋調査士会連合会臨時総会（静岡県熱海市つるやホテル）	● 6月23日、土地家屋調査士法一部改正（法律第82号）〔司法書士法の一部を改正する法律附則7項による改正〕	● 10月1日、仮登記担保契約に関する法律（法律第78号）
昭和54 (1979) 年		● 3月24日、全国会長会議（東京都千代田区都市センターホテル） ● 4月6日、第33回日本土地家屋調査士会連合会臨時総会（東京都港区日本女子会館） ● 6月8～9日、第34回日本土地家屋調査士会連合会定時総会（静岡県熱海市つるやホテル） ● 8月25日、厚生担当者会同（東京都千代田区農林年金会館） ● 9月4日、広報担当者会同（東京都千代田区農林年金会館） ● 11月13日、全国会長会議（福井県芦原温泉芦原町公民館）	● 12月18日、土地家屋調査士法一部改正〔第二次改正〕（法律第66号） ・職責の明確化 ・業務内容の付加 ・特認事項及び欠格事由の整備 ・試験制度の整備 ・登録入会手続の一本化 ・土地家屋調査士会に対する注意勧告権の付与・連合会に対する建議権の付与	● 3月31日、不動産登記記載例について（民三第2112号民事局長通達）
昭和55 (1980) 年		● 6月5日、第35回日本土地家屋調査士会連合会定時総会（東京都港区高輪ホテルパシフィック） ● 10月21～22日、自家共済担当者会同（東京都千代田区農林年金会館） ● 11月13～14日、綱紀委員長会同（東京都港区日本女子会館）	● 6月6日、土地家屋調査士法制定30周年記念式典（東京都港区高輪ホテルパシフィック）	

2

日本土地家屋調査士会連合会の歩み並びに土地家屋調査士制度及び不動産登記制度の変遷

	歴代連合会長	連合会の歩み	土地家屋調査士制度の変遷	不動産登記制度等の変遷
昭和56 (1981) 年		● 2月6〜7日、全国会長会議（広島県広島市市町村職員共済組合新八丁掘会館） ● 6月11〜12日、第36回日本土地家屋調査士会連合会定時総会（静岡県熱海市つるやホテル） ● 10月26〜27日、経理・厚生担当者会同（静岡県熱海市つるやホテル） ● 11月12〜13日、全国会長会議（佐賀県嬉野町和多屋別荘）	● 12月22日、土地家屋調査士法制定30周年記念座談会（法務省大会議室）	
昭和57 (1982) 年		● 6月10〜11日、第37回日本土地家屋調査士会連合会定時総会（東京都千代田区ホテルグランドパレス） ● 10月20〜21日、全国会長会議（福島県若松市東山グランドホテル） ● 11月12〜13日、広報担当者会同（静岡県熱海市つるやホテル）		
昭和58 (1983) 年		● 2月5〜6日、綱紀委員長会同（東京都千代田区サンケイ会館） ● 2月15〜16日、公共事業担当者会同（静岡県熱海市つるやホテル） ● 6月10〜11日、第38回日本土地家屋調査士会連合会定時総会（静岡県熱海市つるやホテル） ● 10月18〜19日、厚生担当者会同（東京都渋谷区千代田生命研修センター） ● 11月18〜19日、企画担当者会同（神奈川県箱根湯本ホテルおかだ） ● 11月24〜25日、全国会長会議（高知県高知市三翠園ホテル）	● 5月20日、土地家屋調査士法一部改正（法律第44号）〔建築士法及び建築基準法の一部を改正する法律附則6項による改正〕	● 5月21日、建物の区分所有等に関する法律及び不動産登記法の一部改正（法律第51号） ● 建物の区分所有等に関する法律及び不動産登記法の一部を改正する法律の施行に伴う関係政令の整備に関する政令（政令219） ● 区分建物移行作業（建物の区分所有等に関する法律及び不動産登記法の一部を改正する法律、附則第5条乃至第8条） ● 10月21日、不動産登記法施行細則一部改正（法務省令第34号） ● 11月10日、不動産登記記載例について（民三第6400号民事局長通達）
昭和59 (1984) 年		● 6月15〜16日、第39回日本土地家屋調査士会連合会定時総会（静岡県伊東市ハトヤホテル） ● 10月11〜12日、企画担当者会同（東京都港区虎ノ門パストラル） ● 11月30〜12月1日、全国会長会議（千葉県千葉市ホテルニューツカモト）		
昭和60 (1985) 年		● 6月13〜14日、第40回日本土地家屋調査士会連合会定時総会（静岡県伊東市ハトヤホテル） ● 7月30〜31日、企画担当者会同（東京都千代田区ダイヤモンドホテル） ● 8月5〜6日、公共事業担当者会同（東京都千代田区日本都市センター） ● 11月1日、連合会事務所移転（東京都文京区）	● 6月28日、土地家屋調査士法一部改正〔司法書士法及び土地家屋調査士法の一部を改正する法律2条による改正〕（法律第86号）・連合会への登録事務移譲・公共嘱託登記土地家屋調査士協会の制度化・罰則規定の整備、強化	● 5月1日、電子情報処理組織による登記事務の円滑化のための措置等に関する法律（法律第23号） ● 6月7日、登記特別会計法（法律第54号）施行：昭和60年7月1日
昭和61 (1986) 年		● 1月23〜24日、全国会長会議（東京都文京区連合会会議室） ● 1月24日、第41回日本土地家屋調査士会連合会臨時総会（東京都文京区連合会会議室） ● 5月29〜30日、登録事務担当者会同（東京都文京区連合会会議室） ● 6月12〜13日、第42回日本土地家屋調査士会連合会定時総会（静岡県伊東市ハトヤホテル） ● 9月8〜9日、全国会長会議（栃木県藤原町鬼怒川温泉あさやホテル） ● 10月14〜15日、企画担当者会同（東京都文京区連合会会議室）	● 1月24日、土地家屋調査士法制定35周年／会館落成記念式典（東京都千代田区ホテルエドモント）	

	歴代連合会長	連合会の歩み	土地家屋調査士制度の変遷	不動産登記制度等の変遷
昭和62 (1987) 年		● 6月11～12日、第43回日本土地家屋調査士会連合会定時総会（東京都千代田区ホテルエドモント） ● 7月29～30日、企画担当者会同（東京都文京区連合会会議室） ● 11月9～10日、全国会長会議（石川県小松市法師）	● 土地家屋調査士倫理綱領制定	
昭和63 (1988) 年		● 2月26～27日、厚生・共済担当者会同（東京都文京区連合会会議室） ● 6月8～9日、第44回日本土地家屋調査士会連合会定時総会（静岡県伊東市ハトヤホテル） ● 10月28～29日、全国会長会議（大阪府箕面市箕面観光ホテル）		● 東京法務局板橋出張所において、登記簿の最初のコンピュータ化稼働
平成元 (1989) 年	三浦福好 （所属：神奈川県土地家屋調査士会） 平成元年6月20日～平成7年6月20日	● 3月1日、消費税に関する担当者会同（東京都千代田区ホテルエドモント） ● 4月24日、公共事業担当者会同（東京都文京区連合会会議室） ● 6月19～20日、第45回日本土地家屋調査士会連合会定時総会（静岡県伊東市ハトヤホテル） ● 7月28～29日、企画担当者会同（東京都文京区連合会会議室） ● 10月26～27日、全国会長会議（岩手県花巻温泉ホテル千秋閣）		
平成2 (1990) 年		● 5月1～2日、厚生担当者会同（東京都千代田区八重洲富士屋ホテル） ● 6月20日、第46回日本土地家屋調査士会連合会定時総会（東京都港区高輪ホテルパシフィック） ● 11月7～8日、全国会長会議（神奈川県箱根湯元ホテルおかだ）	● 6月20日、土地家屋調査士制度制定40周年記念式典（東京都港区高輪ホテルパシフィック）	
平成3 (1991) 年		● 4月1日、連合会機構改革 ● 6月10～11日、第47回日本土地家屋調査士会連合会定時総会（静岡県伊東市ハトヤホテル） ● 10月16～17日、報酬担当者会同（静岡県熱海市つるやホテル） ● 10月27～28日、全国会長会議（福岡県福岡市ホテル日航福岡）	● 11月22日、報酬体系変更、改正報酬額表民三第5784号認可 ● 12月1日、土地家屋調査士報酬額運用基準施行	
平成4 (1992) 年		● 1月17～18日、全国会長会議（東京都千代田区ホテルエドモント） ● 6月18～19日、第48回日本土地家屋調査士会連合会定時総会（東京都千代田区ホテルエドモント）		
平成5 (1993) 年		● 1月13～14日、全国会長会議（東京都文京区連合会会議室） ● 6月15～16日、第49回日本土地家屋調査士会連合会定時総会（静岡県熱海市ホテル水葉亭） ● 12月20～21日、境界鑑定研究講座〈パイロット研修〉（東京都文京区連合会会議室）	● 11月12日、土地家屋調査士法一部改正〔行政手続法の施行に伴う関係法律の整備に関する法律37条による改正〕（法律第89号）	● 4月23日、不動産登記法の一部改正（法律第22号） ● 7月29日、不動産登記法施行細則一部改正（法務省令第32号） ● 7月29日、不動産登記事務取扱手続準則一部改正（民三第5319号民事局長通達）
平成6 (1994) 年		● 1月12～13日、全国会長会議（東京都文京区連合会会議室） ● 2月13～15日、業務（企画）担当者会同（静岡県熱海市ホテル水葉亭） ● 3月17～18日、指導者養成研修講座〈パイロット研修〉（東京都文京区連合会会議室） ● 6月13～14日、第50回日本土地家屋調査士会連合会定時総会（静岡県熱海市ホテル水葉亭）	● 10月3日、全国土地家屋調査士松本大会（長野県松本市松本市民会館） 土地家屋調査士制度発祥の地碑建立、除幕（長野県松本市ライラック公園）	

日本土地家屋調査士会連合会の歩み並びに土地家屋調査士制度及び不動産登記制度の変遷

	歴代連合会長	連合会の歩み	土地家屋調査士制度の変遷	不動産登記制度等の変遷
		● 7月20〜21日、広報担当者会同（千葉県千葉市富士通システムラボラトリ） ● 8月24〜25日、境界鑑定研究講座〈パイロット研修〉（東京都文京区連合会会議室） ● 9月5〜6日、登録事務研修会（静岡県熱海市ホテル大野屋） ● 10月3日、全国会長会議（長野県松本市美ヶ原温泉ホテル） ● 10月20〜21日、経理担当者会同（東京都文京区連合会会議室） ● 11月16〜18日、境界鑑定研究講座〈パイロット研修〉（東京都文京区連合会会議室） ● 12月13日、民事行政審議会に三浦福好会長（当時）が出席し、法務大臣からの法務局・地方法務局の適正配置の基準等に関する諮問に対する答申の策定に尽力（平成7年7月4日まで計6回開催）		
平成7 (1995) 年	水上要蔵 （所属：東京土地家屋調査士会） 平成7年6月20日〜平成13年6月23日	● 1月11〜12日、全国会長会議（東京都文京区連合会会議室） ● 3月4〜8日、初級研修（神奈川県綾瀬市石川島研修センター） ● 4月10日、全国土地家屋調査士松本大会「決議」の取扱い「法務省へ要望書提出」 ● 6月19〜20日、第51回日本土地家屋調査士会連合会定時総会（東京都港区高輪ホテルメリディアンパシフィック東京） ● 9月6〜7日、広報担当者会同（富士通システムラボラトリ） ● 11月16〜17日、総務担当者及び綱紀委員長会同（東京都目黒区五反田ゆうぽうと）	● 1月1日、土地家屋調査士報酬額運用基準施行 ● 3月27日、土地家屋調査士の処理件数及び報酬額の報告の廃止（法務省令第14号）、4月1日施行 ● 6月19日、土地家屋調査士制度制定45周年記念式典（東京都港区高輪ホテルメリディアンパシフィック東京）	
平成8 (1996) 年		● 1月11〜12日、全国会長会議（東京都文京区連合会会議室） ● 1月22〜24日、境界鑑定研究講座（東京都文京区連合会会議室） ● 2月5〜9日、初級研修（Aコース）（ソキア研修所） ● 3月4〜8日、初級研修（Bコース）（ソキア研修所） ● 6月17〜18日、第52回日本土地家屋調査士会連合会定時総会（東京都港区高輪ホテルメリディアンパシフィック東京） ● 9月4〜5日、財務（厚生）担当者会同（静岡県熱海市後楽園ホテル） ● 10月23〜24日、基準点測量研修（東京都目黒区五反田ゆうぽうと） ● 10月28〜29日、全国会長会議（東京都目黒区五反田ゆうぽうと）		
平成9 (1997) 年		● 1月13〜14日、全国会長会議（東京都文京区連合会会議室） ● 1月20〜22日、境界鑑定研究講座（東京都文京区連合会会議室） ● 6月16〜17日、第53回日本土地家屋調査士会連合会定時総会（東京都港区高輪ホテルパシフィックメリディアン東京） ● 10月30〜11月1日、基準点測量講座（静岡県熱海市ホテル水葉亭） ● 11月27〜28日、業務担当者会同（静岡県熱海市ホテル水葉亭）		

	歴代連合会長	連合会の歩み	土地家屋調査士制度の変遷	不動産登記制度等の変遷
平成10 (1998)年		● 1月12〜13日、全国会長会議（東京都新宿区京王プラザホテル） ● 1月22〜24日、境界鑑定研究講座（静岡県熱海市翠光園ホテル） ● 6月18〜19日、第54回日本土地家屋調査士会連合会定時総会（東京都港区高輪ホテルパシフィックメリディアン東京） ● 日本土地家屋調査士会連合会に常勤役員制導入決議（第54回定時総会） ● 9月27〜28日、基準点測量講座（東京都中野区セミナープラザ東中野） ● 11月6〜7日、全国会長会議（静岡県熱海市後楽園ホテル） ● 11月22〜23日、境界鑑定研究講座（東京都中野区セミナープラザ東中野） ● 11月24〜25日、ブロック新人研修担当者会同（東京都文京区連合会会議室）	● 1月、土地家屋調査士報酬額運用基準発行 ● 4月7日、土地家屋調査士の補助者の員数制限規定の廃止（法務省令第17号）、10月1日施行	
平成11 (1999)年		● 1月25日〜、土地家屋調査士制度制定50周年事業「伊能ウォーク」※「土地家屋調査士サポート隊」として協力開始。同サポート隊は平成13年1月1日東京のゴールまで以下のとおり第5ステージまで行われ、地元の土地家屋調査士会を協力団体としてボランティア的協力を行った。 第1ステージ 東京発（平成11年1月）〜札幌着（平成11年5月） 　東京→千葉→茨城→福島→宮城→岩手→青森→北海道 第2ステージ 青森発（平成11年5月）〜長野着（平成11年8月） 　青森→秋田→山形→福島→栃木→茨城→群馬→埼玉→東京→山梨→長野 第3ステージ 長野発（平成11年8月）〜大阪着（平成11年12月） 　長野→新潟→富山→石川→福井→滋賀→京都→奈良→三重→和歌山→大阪 第4ステージ 大阪発（平成12年1月）〜指宿（鹿児島）着（平成12年6月） 　大阪→兵庫→岡山→香川→徳島→高知→愛媛→広島→山口→福岡→佐賀→長崎→熊本→鹿児島 第5ステージ 名護（沖縄）発（平成12年8月）〜東京着（平成13年1月1日） 　沖縄→鹿児島→宮崎→大分→福岡→山口→島根→鳥取→兵庫→京都→滋賀→岐阜→愛知→静岡→神奈川→東京 ※朝日新聞社創刊120周年記念事業。伊能忠敬研究会、日本ウォーキング協会と三者で主催のイベント。 ● 2月25〜26日、全国会長会議（東京都千代田区ホテルエドモント） ● 6月25〜26日、第55回日本土地家屋調査士会連合会定時総会（東京都新宿区京王プラザホテル） ● 10月29日、全国会長会議（静岡県伊東市ハトヤホテル）	● 土地家屋調査士試験問題の公表・持ち帰りが認められる。（平成11年度の土地家屋調査士試験から） ● 12月8日、土地家屋調査士法一部改正〔民法の一部を改正する法律の施行に伴う関係法律の整備等に関する法律8条による改正〕（法律第151号） ● 12月22日、土地家屋調査士法一部改正〔中央省庁等改革関係法施行法318条による改正〕（法律第160号）	〔関係法令〕 5月14日、行政機関の保有する情報の公開に関する法律の施行に伴う関係法律の整備等に関する法律（法律第43号） 12月8日、民法の一部を改正する法律の施行に伴う関係法律の整備等に関する法律（法律第151号） 12月22日、電気通信回線による登記情報の提供に関する法律（法律第226号）

日本土地家屋調査士会連合会の歩み並びに土地家屋調査士制度及び不動産登記制度の変遷

	歴代連合会長	連合会の歩み	土地家屋調査士制度の変遷	不動産登記制度等の変遷
		● 10月30日、制度制定50周年記念事業担当者会同（静岡県伊東市ハトヤホテル） ● 11月22～23日、地籍問題研究講座（東京都中野区セミナープラザ東中野）		
平成12 (2000) 年		● 1月30～31日、境界鑑定講座（東京都中野区セミナープラザ東中野） ● 2月25～26日、全国会長会議（東京都新宿区京王プラザホテル） ● 3月22～23日、ブロック新人研修担当者会同（東京都文京区連合会会議室） ● 6月24日、第56回日本土地家屋調査士会連合会定時総会（東京都新宿区京王プラザホテル） ● 10月12日、明海大学不動産学部と『「不動産学」の教育・研究に関する協定』を締結。 ● 11月10～11日、第2回地籍国際シンポジウム（東京都千代田区東京コンファレンスセンター） ● 11月11日、臨時全国会長会議（東京都千代田区東京コンファレンスセンター） ● 12月10～11日、境界鑑定講座（東京都中野区セミナープラザ東中野）	● 地籍調査事業（外注型）への土地家屋調査士の参画 ● 第5次国土調査事業十箇年計画（平成12年5月23日閣議決定） ● 6月23日、土地家屋調査士制度制定50周年記念式典（東京都新宿区京王プラザホテル）	
平成13 (2001) 年	西本孔昭 （所属：愛知県土地家屋調査士会） 平成13年6月23日～平成17年6月25日	● 2月11～12日、地籍問題研究講座（東京都中野区セミナープラザ東中野） ● 2月23～24日、全国会長会議（東京都新宿区京王プラザホテル） ● 6月22～23日、第57回日本土地家屋調査士会連合会定時総会（東京都新宿区京王プラザホテル） ● 10月2日、土地家屋調査士記念碑移転完成式（松本市） ● 11月22日、全国会長会議（東京都千代田区ホテルエドモント） ● 12月9～10日、境界鑑定専門講座（東京都中野区セミナープラザ東中野）	● 6月8日、土地家屋調査士法一部改正〔弁護士法の一部を改正する法律附則4条による改正〕（法律第41号） ● 土地家屋調査士制度発祥の地碑移設（長野県松本市総合体育館北隣）	● 2月16日、不動産登記法施行細則一部改正（法務省令第21号） ● 2月16日、不動産登記事務取扱手続準則一部改正（民二第444号民事局長通達）
平成14 (2002) 年		● 1月27～28日、地籍講座（東京都中野区セミナープラザ東中野） ● 3月7日、臨時全国会長会議（東京都千代田区ホテルエドモント） ● 6月21～22日、第58回日本土地家屋調査士会連合会定時総会（東京都新宿区京王プラザホテル） ● 11月、総務・業務担当者会同（各ブロック協議会へ出張）	● 5月7日、土地家屋調査士法一部改正〔司法書士法及び土地家屋調査士法の一部を改正する法律2・3条・附則13条による改正〕（法律第33号） ・事務所の法人化 ・資格試験制度の整備 ・懲戒手続の整備（官報公告） ・会則記載事項からの報酬に関する事項の削除（平15.8.1施行） ・研修・資格者情報の公開	
平成15 (2003) 年		● 1月14～15日、全国会長会議（東京都千代田区ホテルエドモント） ● 2月・3月、境界鑑定講座出張研修（各ブロック協議会へ出張） ● 6月25～26日、第59回日本土地家屋調査士会連合会定時総会（東京都港区第一ホテル東京） ● 8月・9月、総務・事務局事務打合せ会、自家共済制度見直しに係る説明会、報酬担当者会同（各ブロック協議会へ出張）	● 8月1日、日本土地家屋調査士会連合会の民間法人化 ● 8月1日、会則記載事項からの報酬に関する事項の削除（8月1日改正法施行）	〔関係法令〕 5月30日、個人情報の保護に関する法律（法律第57号） 7月9日、民事訴訟法の一部改正（法律第108号）

	歴代連合会長	連合会の歩み	土地家屋調査士制度の変遷	不動産登記制度等の変遷
		● 9月21〜23日、土地境界基本実務講座（東京都中野区セミナープラザ東中野） ● 10月3日、法制審議会不動産登記法部会に西本孔昭会長（当時）が出席し、法務大臣からの諮問である不動産登記のオンライン化及びその現代語化を主な内容とする「不動産登記法の改正についての要綱（骨子）」の策定に尽力（11月26日まで計3回開催） ● 11月12日、全国会長会議（東京都千代田区ホテルメトロポリタンエドモント）		
平成16 (2004)年		● 1月16日、日調連ADRシンポジウム（東京都千代田区東京コンファレンスセンター） ● 1月17日、全国会長会議（東京都千代田区ホテルメトロポリタンエドモント） ● 6月25〜26日、第60回日本土地家屋調査士会連合会定時総会（東京都新宿区京王プラザホテル） ● 9月・10月、土地家屋調査士業務に関するブロック担当者会同（各ブロック協議会へ出張）境界鑑定指導者養成講座平成16年9月18〜20日（東京都中野区セミナープラザ東中野）	● 6月2日、土地家屋調査士法一部改正〔破産法の施行に伴う関係法律の整備等に関する法律45条による改正〕（法律第76号） ● 6月9日、土地家屋調査士法一部改正〔電子公告制度の導入のための商法等の一部を改正する法律11条による改正〕（法律第87号） ● 6月18日、土地家屋調査士法一部改正〔不動産登記法の施行に伴う関係法律の整備等に関する法律20条による改正〕（法律第124号）	● 6月18日、不動産登記法の全部改正（法律第123号） ・電子申請導入 ・登記識別情報制度導入 ● 12月1日、不動産登記令の全部改正（政令第379号） 〔関係法令〕 12月1日、裁判外紛争解決手続の利用の促進に関する法律（法律第151号）
平成17 (2005)年	松岡直武 （所属：大阪土地家屋調査士会） 平成17年6月25日〜平成23年6月22日	● 1月17〜18日、第61回日本土地家屋調査士会連合会総会（臨時）（東京都千代田区ホテルメトロポリタンエドモント） ● 3月7日〜8日、全国会長会議（東京都千代田区ホテルメトロポリタンエドモント） ● 6月24〜25日、第62回日本土地家屋調査士会連合会定時総会（東京都新宿区京王プラザホテル） ● 6月30日、日本土地家屋調査士会連合会自家共済制度廃止 ● 10月22〜23日、オンライン登記申請に係る中央伝達研修会（東京都中野区セミナーハウスクロスウェーブ東中野） ● 12月9日、日本土地家屋調査士会連合会認証サービス認定（電子署名及び認証業務に関する法律第4条第1項の規定に基づく特定認証業務の認定）	● 4月13日、土地家屋調査士法一部改正〔不動産登記法等の一部を改正する法律3条による改正〕（法律第29号）・筆界特定手続代理関係業務・民間紛争解決手続代理関係業務 ● 7月26日、土地家屋調査士法一部改正〔会社法の施行に伴う関係法律の整備等に関する法律129条による改正〕（法律第87号）	● 2月18日、不動産登記法施行細則の全部改正、不動産登記規則（法務省令第18号） ● 2月25日、不動産登記事務取扱手続準則の全部改正（民二第456号民事局長通達） ● 3月、不動産登記のオンライン申請制度の運用開始 ● 4月13日、不動産登記法の一部改正（法律第29号） ・筆界特定制度導入 ● 11月7日、登記手数料令の一部改正（政令第337号） ● 11月11日、筆界特定申請手数料規則（法務省令第105号）
平成18 (2006)年		● 1月16日〜17日、全国会長会議（東京都千代田区ホテルメトロポリタンエドモント） ● 2月〜3月、オンライン登記申請に係るブロック伝達研修会（各ブロック協議会へ出張） ● 6月19〜20日、第63回日本土地家屋調査士会連合会定時総会（東京都千代田区赤坂プリンスホテル） ● 7月、不動産登記規則第93条不動産調査報告書に係る説明会（各ブロック協議会へ出張） ● 11月12〜14日、第5回国際地籍シンポジウム／土地家屋調査士全国大会 in Kyoto（京都国際会議場） ● 11月14日、全国会長会議（京都国際会議場）	● 6月2日、土地家屋調査士法一部改正〔一般社団法人及び一般財団法人に関する法律及び公益社団法人及び公益財団法人の認定等に関する法律の施行に伴う関係法律の整備等に関する法律232条による改正〕（法律第50号） ● 民間紛争解決手続代理関係業務に係る土地家屋調査士特別研修の開始	〔関係法令〕 6月2日、一般社団法人及び一般財団法人に関する法律（法律第48号） 6月2日、公益社団法人及び公益財団法人の認定等に関する法律（法律第49号） 6月2日、一般社団法人及び一般財団法人に関する法律及び公益社団法人及び公益財団法人の認定等に関する法律の施行に伴う関係法律の整備等に関する法律（法律第50号） ● 筆界特定制度開始（平成18年1月） ● 地図情報システムの導入開始

	歴代連合会会長	連合会の歩み	土地家屋調査士制度の変遷	不動産登記制度等の変遷
平成 19 (2007) 年		● 1月15日～16日、全国会長会議（東京都千代田区ホテルメトロポリタンエドモント） ● 2月24日～25日、業務担当者説明会（東京都中央区晴海グランドホテル） ● 5月12日、裁判外紛争解決手続の利用の促進に関する法律第5条に規定する認証申請に関する説明会（東京都千代田区ホテルメトロポリタンエドモント） ● 6月18～19日、第64回日本土地家屋調査士会連合会定時総会（東京都新宿区京王プラザホテル） ● 9月27日～28日、全国会長会議（東京都千代田区ホテルメトロポリタンエドモント）	● 4月1日、登記特別会計法廃止施行	● 3月31日、登記特別会計法廃止（法律第23号）施行：4月1日 ● 登記所保管の各種図面の電子化作業開始
平成 20 (2008) 年		● 1月17日～18日、全国会長会議（東京都千代田区ホテルメトロポリタンエドモント） ● 4月1日、連合会事務所移転（東京都千代田区） ● 6月16～17日、第65回日本土地家屋調査士会連合会定時総会（東京都新宿区京王プラザホテル） ● 9月18日～19日、全国会長会議（東京都千代田区ホテルメトロポリタンエドモント） ● 9月25日～26日、広報担当者会同（東京都千代田区土地家屋調査士会館） ● 10月～12月、業務・研修・社会事業に関するブロック担当者会同（各ブロック協議会へ出張） ● 12月3日、一般社団法人 全国測量設計業協会連合会と基本合意書取り交わし	● 12月1日、土地家屋調査士法施行規則の一部改正〔一般社団法人及び一般財団法人に関する法律及び公益社団法人及び公益財団法人の認定等に関する法律の施行に伴う関係法律の整備等に関する法律の施行による改正〕（法務省令第70号） ・土地家屋調査士法等違反に関する調査 ・公嘱協会の届出、報告及び検査 ・公嘱協会に対する懲戒処分の通知	● 登記所における登記簿のコンピュータ化完了 ● 新登記情報システムによる業務の全国展開開始 ● 登記事項証明書の交付事務等（乙号事務）の包括的民間委託開始
平成 21 (2009) 年		● 1月19日～20日、全国会長会議（東京都千代田区土地家屋調査士会館） ● 2月21日～22日、ADR認定土地家屋調査士活用支援のための研修会（東京都千代田区土地家屋調査士会館） ● 3月2日、地籍シンポジウム in Tokyo（東京都千代田区アルカディア市ヶ谷） ● 3月6日、「登記基準点」の商標登録 ● 6月15～16日、第66回日本土地家屋調査士会連合会定時総会（東京都新宿区京王プラザホテル） ● 10月29日～30日、全国会長会議（東京都千代田区土地家屋調査士会館）	● 4月1日、土地家屋調査士専門職能継続学習制度（CPD）の開始	
平成 22 (2010) 年		● 1月～3月、総務・研修・社会事業に関するブロック担当者会同（各ブロック協議会へ出張） ● 1月14日、地籍シンポジウム in Tokyo（東京都港区東京プリンスホテル） ● 1月14日～15日、全国会長会議（東京都千代田区土地家屋調査士会館） ● 6月～10月、業務・広報担当者会同（各ブロック協議会へ出張） ● 6月24日、第67回日本土地家屋調査士会連合会定時総会（東京都文京区東京ドームホテル） ● 10月3日、記念シンポジウム／土地家屋調査士全国大会（東京都千代田区日比谷公会堂）	● 4月1日、法務局又は地方法務局の長は、土地家屋調査士法等違反に関する調査を土地家屋調査士会に委嘱することができる。（平成22年4月1日施行） ● 官民境界基本調査（地籍調査）事業への土地家屋調査士の参画 ● 第6次国土調査事業十箇年計画（平成22年5月25日閣議決定） ● 6月23日、土地家屋調査士制度制定60周年記念式典（東京都文京区東京ドームホテル）	● 3月29日、不動産登記事務取扱手続準則の一部改正（民二第807号民事局長通達） 〔関係法令〕 　3月31日、国土調査促進特別措置法及び国土調査法の一部を改正する法律（法律第21号） ● 4月1日、不動産登記規則の一部改正（法務省令第17号）

	歴代連合会長	連合会の歩み	土地家屋調査士制度の変遷	不動産登記制度等の変遷
平成23 (2011) 年	竹内八十二 (所属：東京土地家屋調査士会) 平成23年6月22日～平成25年6月19日	● 1月13日～14日、全国会長会議 (東京都港区東京プリンスホテル) ● 3月11日～継続対応 東北地方太平洋沖地震に関する災害対策本部会議、打合せ、救援物資搬送等対応 ● 3月26日、土曜ワイド劇場「愛と死の境界線　～隣人との悲しき争い～」放映（テレビ朝日系） ● 6月14日、e-ラーニングによる土地家屋調査士の研修の導入、実施 ● 6月21日～22日、第68回日本土地家屋調査士会連合会定時総会 (東京都文京区東京ドームホテル) ● 6月22日、土地家屋調査士の日 (7月31日) の制定		
平成24 (2012) 年		● 1月19日～20日、全国会長会議 (東京都港区東京プリンスホテル) ● 6月19日～20日、第69回日本土地家屋調査士会連合会定時総会 (東京都文京区東京ドームホテル) ● 10月18日～20日、全国会長会議 (北海道札幌市札幌グランドホテル) ● 10月19日、国際地籍学会総会、第8回国際地籍シンポジウム（北海道札幌市札幌グランドホテル)	● 6月21日、司法書士法施行規則及び土地家屋調査士法施行規則の一部改正〔住民基本台帳法の一部を改正する法律（平成21年法律第77号）による、外国人住民を住民基本台帳法（昭和42年法律第81号）の適用対象に加える等の改正（平成24年7月9日施行。)〕(法務省令第27号) ・「出入国管理及び難民認定法及び日本国との平和条約に基づき日本の国籍を離脱した者等の出入国管理に関する特例法の一部を改正する等の法律」(平成21年法律第79号) によって、新しい在留管理制度が導入されたことに伴う外国人登録制度の廃止。 ・土地家屋調査士法施行規則の登録の申請に係る条文中に「外国人登録に関する証明書」との用語が存していることから、所要の改正が行われた。(平成24年7月9日から施行)	● 6月6日、不動産登記事務取扱手続準則の一部改正 (民二第1416号民事局長通達)・出入国管理及び難民認定法及び日本国との平和条約に基づき日本の国籍を離脱した者等の出入国管理に関する特例法の一部を改正する等の法律等の施行に伴う不動産登記事務の取扱いの改正平成24年6月6日（民二第1417号民事局長通達) ● 10月1日、不動産登記規則の一部を改正する省令 (法務省令第38号)
平成25 (2013) 年	林　千年 (所属：岐阜県土地家屋調査士会) 平成25年6月19日～平成29年6月21日	● 3月7日～8日、全国会長会議 (東京都千代田区土地家屋調査士会館) ● 土地家屋調査士が保有する業務情報公開システムの構築に関する説明会 (2月～4月各ブロック協議会へ関係役員が出張) ● 6月18日～19日、第70回日本土地家屋調査士会連合会定時総会 (東京都文京区東京ドームホテル) ● ブロック担当者会同 (9月～12月にかけ、「日調連特定認証局の民間認証局への移行について」及び「土地家屋調査士特別研修の受講促進について」をテーマに関係役員が出張) ● 10月16日～17日、全国会長会議 (東京都文京区東京ドームホテル)		〔関係法令〕 3月29日、測量法第34条に基づく作業規程の準則の一部改正（国土交通省告示第286号)
平成26 (2014) 年		● 1月15日～16日、全国会長会議 (土地家屋調査士会館) ● 3月25日、土地家屋調査士白書2014発刊 ● 6月17日～18日、第71回日本土地家屋調査士会連合会定時総会 (東京都文京区東京ドームホテル) ● 「認定登記基準点伝達研修会」(8月～翌年3月の間に6ブロック協議会において実施)	● 11月27日、空家等対策の推進に関する土地家屋調査士会の参画（自治体との協定の締結、都道府県による連絡協議会構成員、市区町村による協議会構成員、立入調査の委任等)	〔関係法令〕 11月27日、空家等対策の推進に関する特別措置法の公布（法律第127号) (施行は、平成27年5月26日)

2 日本土地家屋調査士会連合会の歩み並びに土地家屋調査士制度及び不動産登記制度の変遷

	歴代連合会長	連合会の歩み	土地家屋調査士制度の変遷	不動産登記制度等の変遷
		● 9月25日〜26日、全国会長会議（東京都文京区東京ドームホテル） ● 10月30日、セコムパスポート for G-ID 土地家屋調査士電子証明書の発行開始 ● 11月14日「2014日調連公開シンポジウム　土地境界紛争が起きない社会」を開催（東京都千代田区よみうりホール） ● 12月14日〜16日、「実務講座」―土地境界実務（東京都中央区晴海グランドホテル）		
平成27 (2015) 年		● 1月14日〜15日、全国会長会議（東京都文京区東京ドームホテル） ● 3月15日、日本土地家屋調査士会連合会特定認証業務の廃止 ● 6月16日〜17日、第72回日本土地家屋調査士会連合会定時総会（東京都文京区東京ドームホテル） ● 10月28日〜29日、全国会長会議（東京都文京区東京ドームホテル）	● 10月16日 1 日本土地家屋調査士会連合会特定個人情報の適正な取扱いに関する基本方針の新設。 2 日本土地家屋調査士会連合会特定個人情報取扱規程（1、2いずれも平成28年1月からのマイナンバー制度が実施されるに当たり、「特定個人情報の適正な取扱いに関するガイドライン（事業者編）」に基づき新設。）	● 6月1日、オンライン登記申請による不動産の表示に関する登記の申請又は嘱託における法定外添付情報の原本提示の省略の運用開始
平成28 (2016) 年		● 1月13日〜14日、全国会長会議（東京都文京区東京ドームホテル） ● 不動産登記規則第93条調査報告書（改定）及び不動産登記法第14条地図作成作業に関する説明会（1月〜2月の間に8ブロック協議会に関係役員が出向） ● 3月、土地家屋調査士白書2016発刊 ● 4月15日〜継続対応、平成28年熊本地震に対する対策本部設置。対策会議・救援物資、義援金、業務に関連する通達等の周知連絡、情報収集等対応 ● 6月21日〜22日、第73回日本土地家屋調査士会連合会定時総会（東京都文京区東京ドームホテル） ● 10月6日、日本土地家屋調査士会連合会会則の一部改正 ・特別の法律により設立される民間法人の運営に関する指導監督基準に基づく外部理事（役員（理事）への当該業種（土地家屋調査士）の関係者又は所管する官庁の出身者以外の者）及び外部監事（監査役員（監事）への当該業種（土地家屋調査士）の関係者又は所管する官庁の出身者以外の者）の登用 ● 10月12日〜13日、全国会長会議（東京都文京区東京ドームホテル） ● 12月1日〜2日、土地家屋調査士会ADR担当者会同（東京都千代田区土地家屋調査士会館）	● 筆界特定制度創設10周年記念講演会の開催	● 3月24日、不動産登記事務取扱手続準則の一部改正（民二第268号民事局長通達） 行政不服審査法及び関係法令の施行に伴う改正（民二第269号民事局長通達） 行政不服審査法等の施行に伴う不動産登記事務の取扱いについて
平成29 (2017) 年	岡田潤一郎 （所属：愛媛県土地家屋調査士会） 平成29年6月21日〜令和元年6月19日	● 1月18日〜19日、全国会長会議（東京都文京区東京ドームホテル） ● 3月24日、境界紛争ゼロ宣言ロゴマークの商標登録 ● 6月20日〜21日、第74回日本土地家屋調査士会連合会定時総会（東京都文京区東京ドームホテル） ● 10月24日〜25日、全国会長会議（東京都文京区東京ドームホテル）		● 4月17日、不動産登記法の一部を改正する省令（法務省令第20号） ・法定相続情報証明制度の創設

	歴代連合会会長	連合会の歩み	土地家屋調査士制度の変遷	不動産登記制度等の変遷
		● 11月24日、土地家屋調査士会員徽章の商標登録		
平成30 (2018) 年		● 1月17日〜18日、全国会長会議（東京都文京区東京ドームホテル） ● 3月25日、土地家屋調査士白書2018発刊 ● 6月19日〜20日、第75回日本土地家屋調査士会連合会定時総会（東京都文京区東京ドームホテル） ● 6月20日、日本土地家屋調査士会連合会会則等の一部改正 ・土地家屋調査士倫理規程の一部改正 ・日本土地家屋調査士会連合会会則第8章の資産及び会計における規定の一部改正 ・日本土地家屋調査士会連合会特別会計規程の一部改正 ● 10月9日〜10日、全国会長会議（東京都文京区東京ドームホテル） ● 11月14日〜15日、平成30年度土地家屋調査士会総務担当者会同（土地家屋調査士会館）		〔関係法令〕 6月13日、所有者不明土地の利用の円滑化等に関する特別措置法（法律第49号）の公布（完全施行は令和元年6月1日）
平成31 ／令和元 (2019) 年	國吉正和 （所属：東京土地家屋調査士会） 令和元年6月19日〜令和3年6月15日	● 1月16日〜17日、全国会長会議（東京都文京区東京ドームホテル） ● 3月19日、法制審議会民法・不動産登記法部会に当時の連合会会長が同審議会の構成員として出席（岡田潤一郎会長（第1回〜第4回まで）、國吉正和会長（第5回〜第26回））し、法務大臣からの諮問である、所有者不明土地の発生を予防する仕組みや、所有者不明土地を円滑かつ適正に利用する仕組みについて協議を行い、それらの仕組みについての整備構築に尽力（同審議会は令和3年2月2日まで計26回開催） ● 6月1日〜3日、令和元年度土地家屋調査士新人研修（東京都調布市NTT中央研修センタ） ● 6月18日〜19日、第76回日本土地家屋調査士会連合会定時総会（東京都文京区東京ドームホテル） 日本土地家屋調査士会連合会会則等の一部改正 ・全国会長会議への連合会会長の指示による連合会役員の出席 ・全国会長会議及び全国ブロック協議会長会同の運営に関し、必要な事項を別に定める旨の付加 ● 10月9日〜10日、全国会長会議（東京都文京区東京ドームホテル）	● 6月12日公布、土地家屋調査士法の一部改正（法律第29号） ・「使命規定」の新設 ・懲戒権者を法務大臣へ ・懲戒処分のうち戒告の際の異議申立権等手続保証確立 ・懲戒の対象となる事由について除斥期間を設ける ・「一人法人の可能化」	〔関係法令〕 5月24日、表題部所有者不明土地の登記及び管理の適正化に関する法律（法律第15号）の公布 「所有者等探索委員」制度（令和元年11月22日施行）開始 ● 11月11日、土地家屋調査士等が電子申請の方法により表示に関する登記の申請又は嘱託をする場合における添付情報の原本提示の省略に係る取扱い（調査士報告方式）の運用開始
令和2 (2020) 年		● 1月15日〜16日、全国会長会議（東京都文京区東京ドームホテル） ● 6月16日、第77回日本土地家屋調査士会連合会定時総会（東京都千代田区土地家屋調査士会館）（※） 日本土地家屋調査士会連合会会則等の一部改正 ・司法書士及び土地家屋調査士法の一部を改正する法律の公布による改正等 日本土地家屋調査士会連合会役員選任規則の一部改正 ● 10月26日、土地家屋調査士制度制定70周年記念シンポジウム（東京都千代田区東京国際フォーラム） ● 10月27日、全国会長会議（東京都文京区東京ドームホテル）	● 8月1日、土地家屋調査士職務規程の施行 ● 12月10日、土地家屋調査士研修制度基本要綱の一部改正「連合会が指定する研修」（義務研修）として、令和3年度から「新人研修」及び「年次研修」を指定。	

	歴代連合会会長	連合会の歩み	土地家屋調査士制度の変遷	不動産登記制度等の変遷
		● 12月21日〜23日、令和2年度土地家屋調査士新人研修（東京都千代田区土地家屋調査士会館）（※）		
令和3 (2021) 年	岡田潤一郎 （所属：愛媛県土地家屋調査士会） 令和3年6月15日〜	● 1月13日〜14日、全国会長会議（電子会議） ● 1月13日〜14日、全国会長会議（東京都千代田区土地家屋調査士会館）（※） ● 3月29日、公益社団法人全日本不動産協会との事業提携基本協定の締結 ● 4月1日、土地家屋調査士年次研修（第1期）の開始 ● 6月6日〜8日、令和3年度第1回土地家屋調査士新人研修（茨城県つくば市つくば国際会議場）（※） ● 6月15日、第78回日本土地家屋調査士会連合会定時総会（東京都文京区東京ドームホテル）（※） ● 10月18日、全国会長会議（東京都文京区東京ドームホテル）（電子会議）	● 4月1日、土地家屋調査士法施行規則の一部改正 ● 4月1日、日本土地家屋調査士会連合会公式SNS（YouTube及びFacebook）運用基準の新設 ※ Facebook 2021年7月29日開設、YouTube 2011年3月23日開設。 ● 6月1日、土地家屋調査士業務取扱要領運用開始	● 3月31日、土地基本法等の一部を改正する法律公布 ● 4月21日、「民法等の一部を改正する法律」及び「相続等により取得した土地所有権の国庫への帰属に関する法律」が成立。4月28日公布 上記法律と「不動産登記法の一部を改正する法律」の施行により以下の制度運用開始 (1) 相続登記の申請義務化や相続人申告登記の創設（令和6年4月1日施行） (2) 住所等の変更登記の申請義務化（令和8年4月27日までの政令で定める日までに施行） (3) 相続等により土地の所有権を取得した者が土地を手放すための制度（相続土地国庫帰属制度）の創設（令和5年4月27日施行） (4) 所有者不明土地の利用に関連する民法の規律の見直し（令和5年4月1日から施行） ● 5月26日、土地基本方針閣議決定 ・所有者不明土地、管理不全の土地への対応 ・土地の境界・所有者情報の明確化に関する措置等の基本的事項を規定 ● 5月26日、第7次国土調査事業十箇年計画閣議決定
令和4 (2022) 年		● 2月2日、全国会長会議（電子会議） ● 2月14日〜16日、令和3年度第2回土地家屋調査士新人研修（東京都千代田区土地家屋調査士会館） ● 6月21日〜22日、第79回日本土地家屋調査士会連合会定時総会（東京都文京区東京ドームホテル） ● 6月26日〜28日、令和4年度第1回土地家屋調査士新人研修（茨城県つくば市つくば国際会議場） ● 10月12日、全国会長会議（電子会議）	● 3月24日、土地家屋調査士会初のODR（オンラインでの紛争解決手続）の取組開始 ● 6月7日、経済財政運営と改革の基本方針2022がかく議決定され、登記所備付地図整備の促進に関する記述が盛り込まれた。	● 9月20日、重要施設周辺及び国境離島等における土地等の利用状況の調査及び利用の規制等に関する法律施行
令和5 (2023) 年		● 1月18日〜19日、全国会長会議（東京都文京区東京ドームホテル） ● 6月20日〜21日、日本土地家屋調査士会連合会第80回定時総会（東京都文京区東京ドームホテル） ● 10月17日〜18日、全国会長会議（東京都文京区東京ドームホテル）（電子会議） ● 10月22日〜23日、令和5年度土地家屋調査士新人研修（東京）（東京都墨田区KFC hall&rooms） ● 10月24日、狭あい道路シンポジウム（兵庫県神戸市神戸文化ホール）	● 10月1日、適格請求書等保存方式（インボイス制度）施行。施行に伴い、日本土地家屋調査士会連合会会則施行規則附録第9号様式を対応したものへ変更した。	● 4月1日、所有者不明土地・建物の管理制度の運用開始 ● 4月1日、管理不全土地・建物の管理制度の運用開始 ● 4月27日、相続土地国庫帰属制度の運用開始
令和6 (2024) 年		● 1月17日〜18日、全国会長会議（東京都文京区東京ドームホテル）（電子会議） ● 2月18日〜19日、令和5年度土地家屋調査士新人研修（大阪）（大阪府大阪市ホテルフクラシア大阪ベイ）		● 4月1日、相続登記の申請義務化、相続人申告登記の制度運用開始

（※）新型コロナウイルス感染症の感染拡大防止の観点から、ライブ配信又は縮小規模にて開催

参考資料　土地家屋調査士会員徽章

日本土地家屋調査士会連合会会則施行規則　附録第 5 号
会員徽章
横 13.0mm×縦 13.0mm×厚 2.0mm
五三桐模様　　銀台鋳燻し仕上、文字金張り

　1951 年（昭和 26 年）10 月に現在使用している桐の徽章が制定された。法務省関係であるというところから五三の桐を採用し、その中に「調」の文字では調停委員と間違えられるからという理由で「測」の文字を入れることに決定した。また、司法書士の徽章が色のついたものになったので、こちらは銀色に決定した。
　なお、昭和 48 年に徽章の規格が改定されて、現在の大きさになっている。
　また、特許庁へ商標登録を行った。（登録日：平成 29 年 11 月 24 日）

　バッジ制定の当時には「調」という文字を入れることで、官主導型になりますけれども、法務省といろいろ協議をしたなかで、当時、進駐軍の物資調達庁のマークが、白い桐で「調」の字が入っていた。それから、調停委員のマークのなかにも「調」の字が入っているので紛らわしいということで、「測」という字に決まったわけでございます。この字が適当であるかどうかというのは別問題として、われわれは調査・測量が主体であるから「測」の字が適当である、こういう経過があります。
　　　　　　　　　　　　多田光吉元日調連会長談（平成元年度日調連全国会長会議議事録抜粋）

2

日本土地家屋調査士会連合会の歩み並びに土地家屋調査士制度及び不動産登記制度の変遷

国土交通省発表
「土地白書」から

参考資料　国土交通省発表「土地白書」から

　以下の資料は、国土交通省が毎年発表する「土地白書」（https://www.mlit.go.jp/statistics/file000006.html）から、我が国の国土利用の現況をはじめ土地家屋調査士に関連する統計について、同省及び株式会社不動産経済研究所から了解を得て、本白書に参考資料として掲載したものである。

　これら社会経済情勢の変化に注目する必要がある。

● 我が国の国土利用の現況

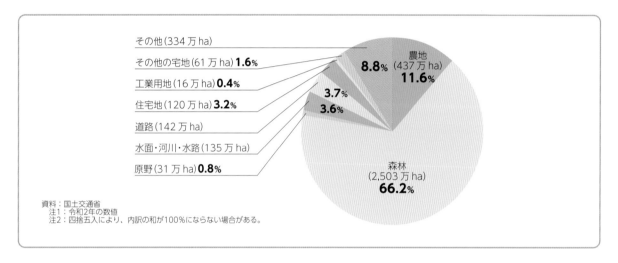

その他（334 万 ha）
その他の宅地（61 万 ha）**1.6**%
工業用地（16 万 ha）**0.4**%
住宅地（120 万 ha）**3.2**%
道路（142 万 ha）
水面・河川・水路（135 万 ha）
原野（31 万 ha）**0.8**%

農地（437 万 ha）**11.6**%
8.8%
3.7%
3.6%
森林（2,503 万 ha）**66.2**%

資料：国土交通省
注1：令和2年の数値
注2：四捨五入により、内訳の和が100％にならない場合がある。

● 全国の宅地供給量の推移

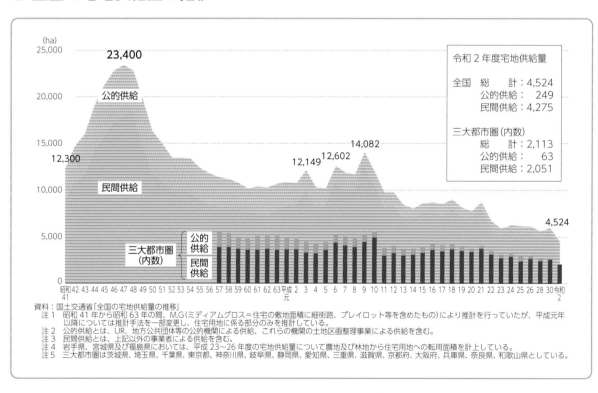

令和 2 年度宅地供給量

全国　総　計：4,524
　　　公的供給：249
　　　民間供給：4,275

三大都市圏（内数）
　　　総　計：2,113
　　　公的供給：63
　　　民間供給：2,051

資料：国土交通省「全国の宅地供給量の推移」
注1　昭和 41 年から昭和 63 年の間、M.G（ミディアムグロス＝住宅の敷地面積に細街路、プレイロット等を含めたもの）により推計を行っていたが、平成元年以降については推計手法を一部変更し、住宅用地に係る部分のみを推計している。
注2　公的供給とは、UR、地方公共団体等の公的機関による供給、これらの機関の土地区画整理事業による供給を含む。
注3　民間供給とは、上記以外の事業者による供給を含む。
注4　岩手県、宮城県及び福島県においては、平成 23～26 年度の宅地供給量について農地及び林地から住宅用地への転用面積を計上している。
注5　三大都市圏は茨城県、埼玉県、千葉県、東京都、神奈川県、岐阜県、静岡県、愛知県、三重県、滋賀県、京都府、大阪府、兵庫県、奈良県、和歌山県としている。

● 開発許可面積及び土地区画整理事業認可面積の推移

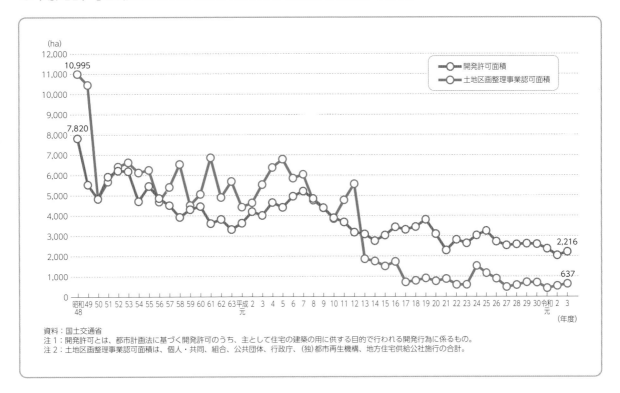

資料：国土交通省
注１：開発許可とは、都市計画法に基づく開発許可のうち、主として住宅の建築の用に供する目的で行われる開発行為に係るもの。
注２：土地区画整理事業認可面積は、個人・共同、組合、公共団体、行政庁、(独)都市再生機構、地方住宅供給公社施行の合計。

● 新設住宅（利用関係別）着工戸数の推移

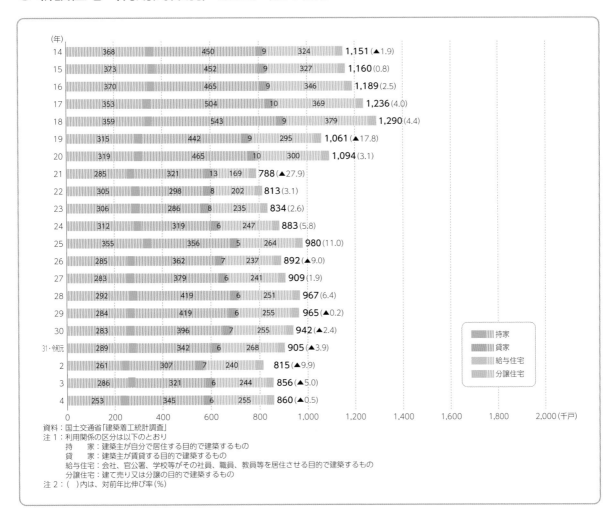

資料：国土交通省「建築着工統計調査」
注１：利用関係の区分は以下のとおり
　　持　　家：建築主が自分で居住する目的で建築するもの
　　貸　　家：建築主が賃貸する目的で建築するもの
　　給与住宅：会社、官公署、学校等がその社員、職員、教員等を居住させる目的で建築するもの
　　分譲住宅：建て売り又は分譲の目的で建築するもの
注２：（　）内は、対前年比伸び率（%）

● 新設住宅（利用関係別、地域別、資金別）着工戸数

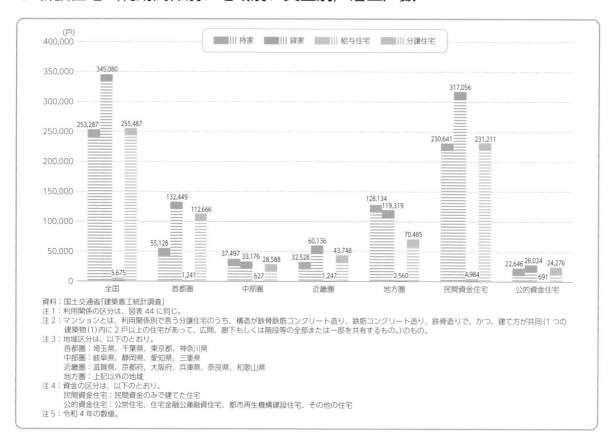

資料：国土交通省「建築着工統計調査」
注1：利用関係の区分は、図表44に同じ。
注2：マンションとは、利用関係別で言う分譲住宅のうち、構造が鉄骨鉄筋コンクリート造り、鉄筋コンクリート造り、鉄骨造りで、かつ、建て方が共同（1つの
　　　建築物(1)内に2戸以上の住宅があって、広間、廊下もしくは階段等の全部または一部を共有するもの。）のもの。
注3：地域区分は、以下のとおり。
　　　首都圏：埼玉県、千葉県、東京都、神奈川県
　　　中部圏：岐阜県、静岡県、愛知県、三重県
　　　近畿圏：滋賀県、京都府、大阪府、兵庫県、奈良県、和歌山県
　　　地方圏：上記以外の地域
注4：資金の区分は、以下のとおり。
　　　民間資金住宅：民間資金のみで建てた住宅
　　　公的資金住宅：公営住宅、住宅金融公庫融資住宅、都市再生機構建設住宅、その他の住宅
注5：令和4年の数値。

● 圏域別新築マンションの供給戸数の推移

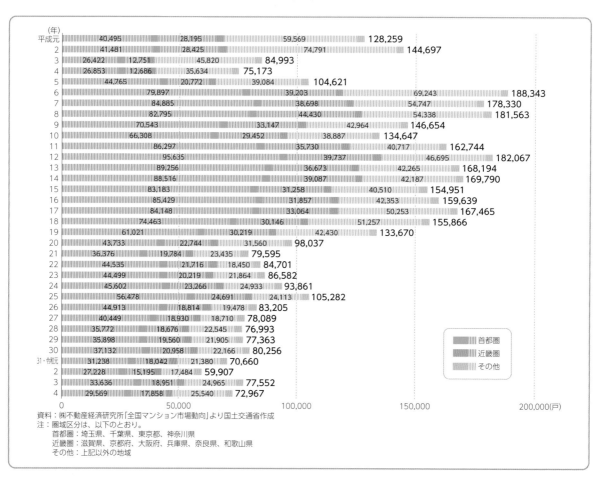

資料：㈱不動産経済研究所「全国マンション市場動向」より国土交通省作成
注：圏域区分は、以下のとおり。
　　首都圏：埼玉県、千葉県、東京都、神奈川県
　　近畿圏：滋賀県、京都府、大阪府、兵庫県、奈良県、和歌山県
　　その他：上記以外の地域

参考資料　国土交通省発表「土地白書」から

◉ 国土（宅地・農地及び森林・原野等）の所有主体別面積

（万 ha、%）

年度	昭和 55	60	平成 7	17	27	令和元	2
国公有地	1,106 (34.0)	1,109 (34.0)	1,121 (34.8)	1,183 (37.0)	1,193 (37.5)	1,196 (37.7)	1,196 (37.8)
国 有 地	897 (27.5)	896 (27.5)	894 (27.7)	877 (27.4)	876 (27.5)	877 (27.6)	877 (27.7)
公 有 地	209 (6.5)	213 (6.5)	227 (7.0)	306 (9.6)	317 (10.0)	319 (10.1)	320 (10.1)
私 有 地	2,156 (66.0)	2,150 (66.0)	2,102 (65.2)	2,018 (63.0)	1,989 (62.5)	1,978 (62.3)	1,973 (62.2)
合計	3,266	3,259	3,223	3,201	3,183	3,174	3,169

資料：財務省「国有財産増減及び現在額総計算書」、総務省「公共施設状況調」より作成
注 1：国公有地は「財政金融統計月報」及び「公共施設状況調」から求め、私有地は、国土交通省が調査した合計面積から国公有地を差し引いた残り
　　　としている。
注 2：合計は道路等を除いた値。
注 3：（　）内は、構成比（%）。

参考資料　国土交通省発表「土地白書」から

〈編 者〉

日本土地家屋調査士会連合会

東京都千代田区神田三崎町 1-2-10
土地家屋調査士会館

Tel. 03-3292-0050　Fax. 03-3292-0059

URL　https://www.chosashi.or.jp/

表　紙：熊本城
　　　　（熊本県熊本市）
撮影者：松村充晃

大　扉：法務省旧本館
　　　　（赤れんが棟）
　　　　（東京都千代田区）
撮影者：中山敬一

裏表紙：クラーク博士像
　　　　（北海道札幌市）
　　　　（さっぽろ羊ヶ丘展望台）
撮影者：荒木崇行

土地家屋調査士白書 2024

2024 年 7 月 10 日　初版発行

編　　者　　日本土地家屋調査士会連合会

発行者　　和　田　　裕

発行所　　日 本 加 除 出 版 株 式 会 社

本　　　社　　郵便番号 171-8516
　　　　　　　東 京 都 豊 島 区 南 長 崎 3 丁 目 16 番 6 号

組版・印刷・製本　㈱アイワード

定価はカバー等に表示してあります。

落丁本・乱丁本は当社にてお取替えいたします。
お問合せの他、ご意見・感想等がございましたら、下記まで
お知らせください。

〒 171-8516
東京都豊島区南長崎 3 丁目 16 番 6 号
日本加除出版株式会社　営業企画課
電話　　03-3953-5642
FAX　　03-3953-2061
e-mail　toiawase@kajo.co.jp
URL　　www.kajo.co.jp